読むだけですっきりわかる世界地理
増補改訂・最新版

後藤武士

宝島社

まえがき　変化に流されず冷静な視点を持つ第三者であるために

後藤武士

いつでもできることはいつまでもできることではない
いつでもあえるひとはいつまでもあえるひとではない
いつでもいけるばしょはいつまでもいけるばしょではない

七年前に父親を亡くした折に降りてきたフレーズ。「そうだ、いましか行けないところに行こう」とアフリカや中東など、いつ行けなくなるかわからない地域に取材に出かけたのが２０１６年。そして翌年、旧版『読むだけですっきりわかる世界地理』を編み上げた。あれから早６年。ランドセルで背中が見えなくなるようないたいけな幼児が、変声期や思春期を迎え、大人と子供の狭間・青春の入り口に差し掛かるまでに成長するだけの年月。

日本にとって、そして世界にとってもまた、この６年間の変化はあまりにも急激で過激なものだった。新型コロナことＣＯＶＩＤ－19の発生と世界的なパンデミック。ＢＬＭと略されるブラック・ライヴズ・マターと呼ばれる一連の積極的政治運動やＬＧＢＴ問題への対応から生じたものの些か行き過ぎた趣すら感じられるポリティカルコレクトネス。世界レベルで進行しつつある大規模な気候変動と、その対策か急激に存在感を増したＳＤＧ sなどの指標。EUの積極的な移民受け入れから加速したグローバル化とボーダーレス社会の急進。そして人種でも宗教でもない対立軸から世界を大きく巻き込む長期戦に発展してしまったロシア・ウクライナ紛争。

かつての日本では政治家や学者、商社マンなど一部のエリートを除けば、そうしたニュースや情報は必ずしも知らなくとも生きていけるものだったけれど、いまや円安による生活苦や、合法違法問わず増加した外国籍の在住者の存在など、パスポートも持っていない人にとっても、知らない知らなかったでは済まされない事象となってしまった。

世界「地理」の分野においてもこうした政治的な事情により多くの関心を割かずにはいられなくなった。そこで今回『読むだけですっきりわかる世界地理』においても加筆増補版を上梓させていただく運びとなった。当時のまえがきを読んで驚いた。的確な視点とその的中度。まさに6年前の私が危惧していた状況が現在の世界と日本を襲っている。今の私には当時の凄みはないが、この本が知識への関心を引き起こし、偏見でも過剰な自虐でもないそれこそグローバルな基準での距離感の育成を促し、さながら外来種の前に無防備に曝された在来種を守る一助になってくれることを祈っている。

2023年10月4日

まえがき

（2017年版より）

日本のパスポート最強説というのをご存知だろうか。日本のパスポートは世界の殆どの国にビザなし入国が可能で、なおかつ信頼度も高いというもの。果たして本当にそうなのかとあれこれ調べてみると、ビザ（査証）なし入国可能のみでカウントするか、アライバルビザが取得可能な場合もOKとするかなど、調査によって基準が微妙に違うのだけれど、それでも5位グループだったり8位グループだったりと、ほとんどのランキングで日本のパスポートはトップテン内にあった。

ということで結果としては「最強は言い過ぎだが最強クラスであることは間違いない」ということがわかった。これは実に頼もしいことなのだが、半面上位ランカー国の顔ぶれを見て心配になったことがあった。それはパスポート以外についてはどうだろう、という危惧だ。日本は島国、そして場所も極東、言語も日本人以外で母国語とする人はまずいない日本語で、それはそれで英語を使わずとも経済を維持できたという素晴らしいことではあるけれど、国際交流となるとやや不利なのは否めない。

言語だけではない。たとえばこれも本来は良いことだと思うのだが、日本人は宗教に極めて寛容。だから、それが災いしてキリスト教やイスラム教など一神教を信仰する人々にとって、無頓着では済まされない部分にも「いいってことよ。こめけぇことは気にするな」の精神を発揮してしまい、トラブルの種を蒔いてしまったり、予期せぬ嘲(あざけ)りを受けてしまったりすることがある。治安についてもそうだ。日本は世界の中では極めて治安が良い。だがそれをスタンダードにしてしまっているため、海外で犯罪被害に巻き込まれるケースも少なくない。さらに歴史や地理への無知や無関心もある。日本は世界でも数少ない「元からあった」国だが、世界の多くの国の国土は外交や戦争によって画定したもの。さらに国号も支配民族も国教とする宗教も血と涙の結果として定まったものであり、独立は尊い多くの命の上に勝ち取られたものだったりする。だから、自国や周辺諸国の歴史や地理には無関心ではいられない。故にそういうことに無関心でいる者は、教養のない信頼するに足らない者だとされる。

世界の様々な地域に関する自然、成り立ち、産業等の知識は、言うなれば無形のパスポートと言えるだろう。そして無形のパスポートは赤や紺のパスポートと同じように、それを持つ人を守り、信頼を担保し、スムーズで誤解のない交流を可能にしてくれるはず。本書ではそんな無形のパスポートを手に入れるための活字旅行が用意されている。なにぶん文庫本なのでファーストクラスとはいかないけれど、プレミアムエコノミーくらいのサービスは受けられると思う。それでは出国審査を済ませた方から順次ゲートの方へ。

人生半世紀のツアーコンダクター後藤武士

読むだけですっきりわかる世界地理 増補改訂・最新版 目次

第三章　西ヨーロッパ…71

第四章　北ヨーロッパ…93

第五章　東ヨーロッパ…117

第六章 東アジア…157

第七章 東南アジア…181

第八章 南アジア…215

第九章 中央アジア…231

第十章 中東(西アジア)…239

第十一章 北米…267

第十二章 中米・カリブ海諸国…287

第十三章 南米…311

第十四章 オセアニア…329

第十五章 北極と南極…345

※各国の正式名称と首都は欄外にあります（本文に載っていない場合）。
※日本については既刊の『読むだけですっきりわかる日本地理　令和版』をご参照ください。

第一章 アフリカ

ボツワナ、サファリ（写真：著者）

●悲しい過去と明るい未来？　暗黒大陸の今

かつては暗黒大陸と呼ばれたアフリカ。その不自然なまでに真っ直ぐな国境線は欧州列強に翻弄(ほんろう)された過去の悲しい遺産。しかし第二次世界大戦後、世界的な人権意識の高まりから植民地支配への批判が大きくなり、また経営コストも見合わなくなったことから、旧宗主国は植民地支配への見直しを始める。この機を逃さずアフリカのネイティブたちも独立運動を展開。1955年にはアジア＝アフリカ会議も開催され、当時同じく発展途上の地域とされていたアジア諸国と連携し、米ソどちらの陣営にも属さない第三世界としての立場を標榜。60年には実に17カ国が独立。この年は**アフリカの年**と呼ばれるようになった。

20世紀後半、アフリカの未来は明るかった。だが、21世紀に入ってアジア＝アフリカ会議の中心だった中華人民共和国とインド、さらに東南アジア諸国が、欧米をも上回るほどの勢いで発展を続けている一方、一部を除くアフリカの各国は今なお激しい内戦に明け暮れ国民は貧困に喘(あえ)いでいる。なぜアフリカは苦しみ続けるのか、アフリカに未来はあるのか。そんなことを考えながら、アフリカの地理に触れてみたい。

●アフリカ大陸の地形と気候

アフリカ大陸は地球の陸地全体の約5分の1を占める広大な大陸。面積は約3000万平方キロメートル。南北の長さはおよそ8000キロ。ちなみに日本の本州の長さが約1500キロメートルなので、アフリカ大陸の南北はだいたいその5倍。これを長いと見るか、案外短いと見るか。緯度にして北緯37度から南緯35度までをカバー。概ねその真ん中を赤道が貫いている。一方、東西の幅はおよそ7400キロ。アフリカの形を知る人にとっては予想外に長いと感じられるだろうが、もちろんこれは最長のところで測ったらの話。セネガルからソマリアの出っ張りあたりの距離のことだ。

最北端は地中海に面しているため、意外にも沿岸部の気候は温帯の**地中海性気候**。夏は高温乾燥、冬は多雨だが比較的暮らしやすい気候。しかし内陸に入ると事情は異なる。そこは年間降水量が少ないため背丈の短い草しか育たない草原を意味する名称の**ステップ気候**に属する地域。さらに内陸に進むと今度はその草原すら成立しない**砂漠気候**となる。広大な土地を擁するアフリカが農業の困難な暗黒大陸となってしまった原因の一つが砂漠の存在。北アフリカの内陸には世界最大規模の**サハラ砂漠**があり、同じく南部には赤い土で有名な**カラハリ砂漠**や、今や一大観光地となっているナミビアのナミブ砂漠などもある。

この中でもサハラ砂漠は広さにおいてアフリカ大陸の約3分の1を占め、面積世界第三位の大国アメリカ合衆国の面積に匹敵する。ところでこのサハラ砂漠の位置を見ると、

アフリカ全土図

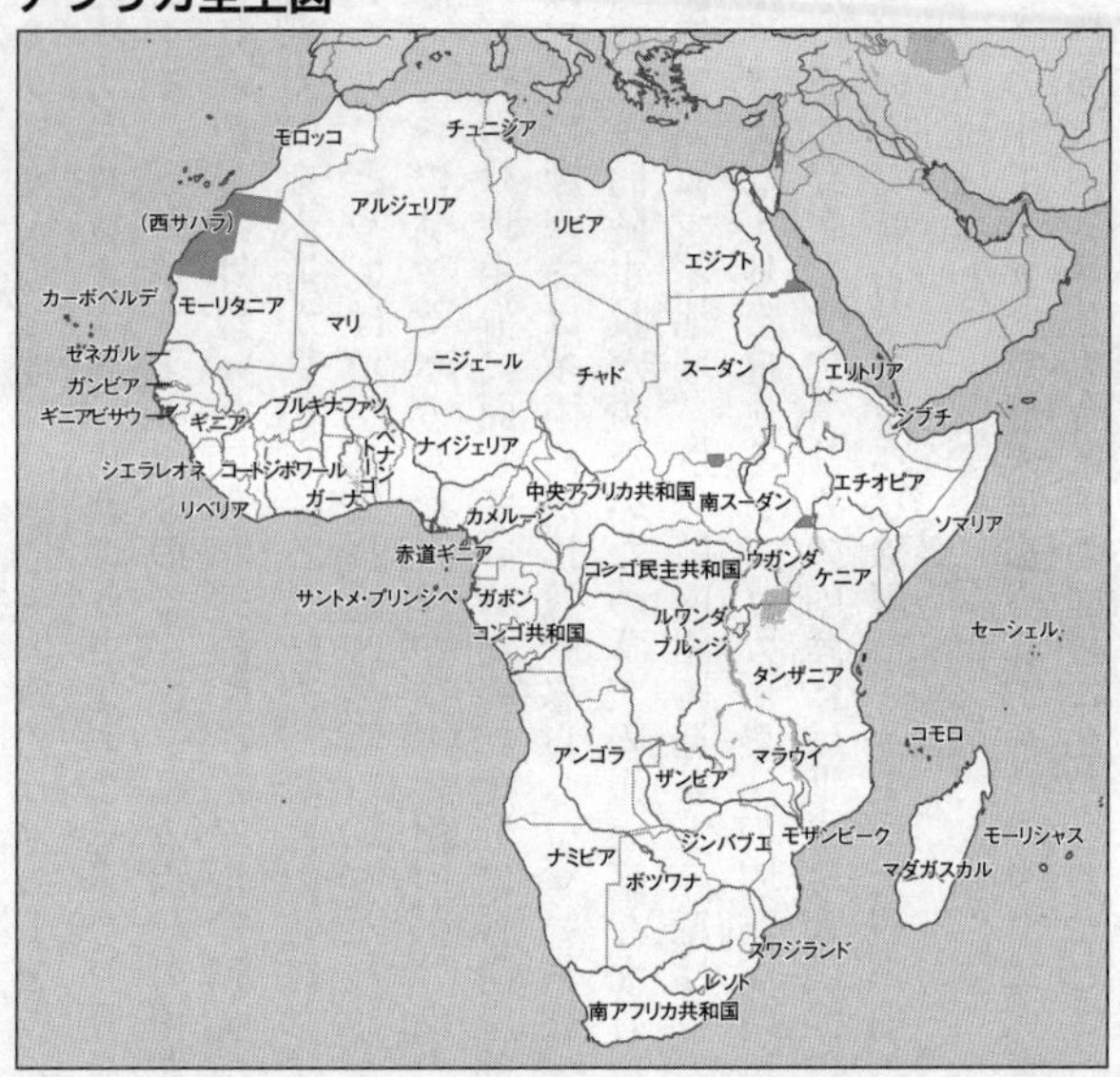

中心部は確かに水資源に乏しそうだが、北は地中海からそれほど遠くもなく、東にも紅海があり、西には大西洋が広がる。緯度的にも温帯に属することから、どうしてここまで広大な砂漠が形成されてしまったのかと疑問が生じたりもする。ついでに言えば、サハラ砂漠の東部には世界最大の長さを誇るあの**ナイル川**も流れている。ううむ、やはり不思議だ。

その答えは意外な地形にあった。「山」である。この地域には目立った大きな山がない。山がないと雨が降っても水はあっという間に消えてしまう。また数千年前の地球規模の気候変動により、もともと多雨だったこの地域が、ほとんど雨が降らない地域になってしまったことも、砂漠が形成されてしまった理由の一つ。

ちなみに、これまた日本人の多くは砂漠と言えば、鳥取砂丘のように砂で覆われた地形を想定しがちだが、実は砂漠には**砂砂漠**もあれば**岩沙漠**（**岩石砂漠**）や**礫沙漠**（れきさばく）もある。実際サハラも、ラリーや観光で知られる砂砂漠の部分は全体の2割ほどでしかなく、残りは、植物はほとんど見られないが岩石が点在する地形である。砂漠はアフリカを分断し、その発展を遅らせた原因の一つだが、現在ではそれ自体が観光資源となっているうえに、砂が建設用コンクリートの材料としても利用されている。もっとも砂漠化が進む一方で、貴重なその砂は風で運ばれたり業者によって採掘されたりなど、急激に減少しつつある。そう言えば鳥取の砂丘も風で運ばれてくる種子から育つ草の除去に多大な人力をかけないと維持が難しいとか。砂漠は衰退や没落の例えとして用いられがちだが、意図的に守る必要があるものなのだ。

アフリカ大陸のくびれにあたるのが、西の**ギニア湾**から東は**アフリカの角**とも呼ばれる**ソマリ半島**を結ぶ仮想線。そのやや南に位置するのが赤道。アフリカ東部には南北7000キロに及ぶ広大な谷、**アフリカ大地溝帯**（**グレート・リフト・バレー**）が存在する。アフリカ北東のシナイ半島に端を発し、紅海、エチオピア、アフリカ最高峰**キリマンジャロ**を経てモザンビークまで連なるこの地裂は**プレートテクトニクス**によるものとされ、今なお活動は続いているという。かなり遠い未来ではあるが、いずれはここを境界に大陸は東西に広がり分裂するとも言われている。もっとも、そんな頃には人類が生存しているかどうかも怪しいのだが。

砂漠のイメージからか大河に乏しい印象のあるアフリカだが、世界一の長さを誇るナイル川は言わずもがなとして、他にも中部には**コンゴ川**、西アフリカにはギニア湾にそそぐ**ニジェール川**、そして南アフリカには世界三大瀑布の一つ、**ビクトリアフォールズ**のある**ザンベジ川**などがあり、水源としてはもちろん水運や観光用途でも役立てられている。

赤道付近は熱帯に属し、雨の多い地域はジャングルの広がる**熱帯雨林気候**に、その周辺には、ところどころに乾燥に強い大木が見られるものの概ね草原（サバンナ）に覆われる**サバナ気候**に分類される地域が広がる。アフリカの南部は緯度の関係で砂漠付近を除いて温帯に属するが、南半球のため夏と冬は北半球と逆になる。

●北部アフリカ

古くは1964年東京五輪の男子マラソンで金メダルを獲得したアベベや、箱根駅伝で活躍した留学生オツオリやマヤカなど、芸能においては映画『ブッシュマン』の主役として一躍人気者になったニカウさんや日本のテレビバラエティで一時は引っ張りだこだったサンコンさんなど、アフリカと言われるとどうしても黒人のイメージが強い。しかし北部に多く居住するのは**アラブ人**。人によって肌の色の濃色の違いはあるが、白人系や我々黄色人種よりも薄い有色の人々。

地中海に面しているためイベリア半島や南欧諸国との繋がりもあり、通商においては開けた地域となっている。宗教に関してはは概ねイスラム教の信者が多く、そのため西アジアのイスラム諸国との連携が見られ、北アフリカはアフリカというよりはアラブ諸国の括りで捉えた方がしっくりくるかもしれない。実際**エジプト**の首都**カイロ**にはアラブ21カ国からなるアラブ諸国の共同体**アラブ連盟**の本部があり、イスラエルとの間に繰り広げられた**中東戦争**においても、アラブ諸国は幾度も行動を共にしており、その意味でも北アフリカはまごうことなくアラブ地域の一角と言える。

サハラ砂漠上に存在しているが、地中海沿岸である恩恵を受け、砂漠気候だけではなく、夏は高温で少雨ながら冬は温暖で雨の多い地中海性気候に属する地域もある。この暮らしやすい気候に加えて、世界最長のナイル川の氾濫による肥沃土、地中海に加えて**紅海**にも面しているという交通の利もあって、世界でも最も早く文明が発達した地域となったのがエジプト。**エジプト文明**がもたらした**ピラミッド**や**スフィンクス**という古代遺跡は、現在、観光資源としてエジプトの民に恩恵を与えている。

エジプト→エジプト・アラブ共和国

●アラブの春に翻弄されたエジプト、リビア

そのエジプトは紀元前後、あの**クレオパトラ**の時代にローマの侵略を受け、その属州となった。その後トルコ系の**オスマン帝国**の支配下となりイスラム圏に組み込まれる。19世紀末には、イギリスの保護国になった。20世紀に入って1922年に独立を果たすが、イギリスはその独立したエジプトを実質支配下に置き続けた。イギリスにとってエジプトにおける大きな利権だったのが**スエズ運河**の存在だった。

中米にあるパナマ運河と並んで、海運上大きな意味を持つスエズ運河。なにせこの運河の通航ができないと、地中海からインド洋に出るためにアフリカ大陸最南端まで迂回しなければならない。地中海両岸の諸国はもちろん大西洋や北海沿岸の西欧諸国にとっても、この運河は通商上も軍事上も是非とも利用したい。**ジブラルタル海峡**すら押さえているイギリスが、ここに無関心なはずはない。フランスとエジプトによって開かれたこの運河は、こうした事情からイギリスの管轄下に置かれた。第二次世界大戦後の56年にイギリスからスエズ運河の奪還を宣言したのがエジプト大統領**ナセル**。その後紆余曲折を経て現在はエジプトがこれを管轄している。2015年には拡張工事も完成した。

ナセルの後継者**サダト**、さらにサダトを継いだ**ムバラク**が長期政権を維持。そのため治安も比較的安定していたが、一方で長期独裁による強権政治に国民の不満は増大、つ

リビア（首都トリポリ）

いに11年、**アラブの春**と呼ばれる一連の民主化運動でエジプトでもムバラクが辞任に追い込まれる。だがそれは同時に混迷を招き、今なお国内情勢は混乱している。

お隣の**リビア**もアラブの春の際に、あのアメリカにも屈しなかった**カダフィ大佐**による40年以上に及んだ長期独裁政権が崩壊。リビアはアフリカではナイジェリアと並んで産油国であるために、原油価格にも影響を与えかねない。

●面積最大のアルジェリア、観光資源豊富なチュニジアとモロッコ

やはり原油で経済発展を進めているのが隣国**アルジェリア**。意外にもアフリカで面積が最大の国はこの国だったりする。原油と並んで天然ガスも豊富で貴重な外貨獲得手段となっているが、2013年、日本も参加している天然ガス精製施設がアル＝カイダ系のテロリスト集団の襲撃を受け、日本人技術者も犠牲者となった。知る人ぞ知る親日国だったアルジェリアで日本人が殺害された衝撃は大きく、一時は日本との外交関係に懸念も生じたが、どうやら今後も良好な関係が継続する見通しだ。

かつてローマ帝国とも戦った**カルタゴ**があったのがリビアとアルジェリアに挟まれた臨海国**チュニジア共和国**。この国も観光や金融でアフリカ大陸の中で比較的順調な発展を遂げつつあったのだが、やはりアラブの春の影響で情勢は極めて不安定になっている。民主的な観点から見れば**開発独裁**は許されるものではないのだが、多くの部族からなる

アルジェリア→アルジェリア民主人民共和国（首都アルジェ）、チュニジア共和国（首都チュニス）

アフリカ諸国においては、たとえそれが軍部をバックに持つ独裁者であっても政治経済の軸であり要としての役割は大きかったわけで、このあたり、いいとこ取りといかないのが考えさせられるところでもある。

名画の舞台**カサブランカ**や、南の真珠、神の国と称される美しい街**マラケシュ**がある観光大国**モロッコ王国**。年配の方には性転換手術や駄菓子モロッコフルーツヨーグルトを思い浮かべる方もあるだろうが、前者は、現在はタイで行われるのが主流であり、後者に至ってはモロッコとの関連性は皆無に近い。インターネットもなく海外渡航も容易ではなかった頃、人々は様々な国のイメージを勝手に描いた。現在の北アフリカの中では比較的治安が良いのはモロッコの成長にとっても大きなプラスになるだろう。

●中部アフリカ

日本人が抱くアフリカのイメージを体現していると言えるのが中部。黒人主体で**ブラックアフリカ**とも。エイズと呼ばれる**後天性免疫不全症候群（HIV）**発祥の地と疑われたり、**エボラウィルス**が発見され、**エボラ出血熱**の感染が広まったのもこの地域。また部族ごとの内戦も頻繁で、残念だが渡航をためらう人が多い地域でもある。

アフリカのくびれが赤道にあたり、当然その近辺は灼熱の地。**コンゴ盆地**を中心とする地域は年中高温多雨の密林地帯である熱帯雨林であり、人々に過酷な生活を強いてい

モロッコ王国（首都ラバト）、シエラレオネ共和国（首都フリータウン）

アフリカ赤道付近拡大図

る。

●内戦を引きずるギニア湾岸諸国

西のギニア湾岸には熱帯雨林の過酷さこそ薄れるものの世界でもっとも平均寿命が短い国のひとつといわれる**シエラレオネ共和国**、ダイヤモンドや金の採掘はあるものの、度重(たびかさ)なる内戦で疲弊している胡椒海岸沿岸の**リベリア共和国**、サッカーファンにはすっかりお馴染みになった旧宗主国フランスの言葉で象牙海岸を意味する国名を抱く**コートジボワール共和国**といった国々がある。内線続きだったこれらの国々、いまは小休止といったところ。平和が続けば大いなる発展も。

チョコレートの名前にも冠されている**ガーナ共和国**は**黄金海岸**と訳すことができる、かつての**英領ゴールドコースト**。その名の通り金やダイヤモンドの産地でもあるのだが、日本ではむしろ先ほど紹介し

リベリア共和国（首都モンロビア）、コートジボワール共和国（首都ヤムスクロ）、ガーナ共和国（首都アクラ）

たチョコレートの影響か、**カカオ豆**の産地として有名。**汎アフリカ主義**を標榜しアフリカの独立と地位の強化を目指した**ンクルマ**によってイギリスから独立を遂げた時点では、ブラックアフリカ最先端とも言われる進歩的な国家でもあったのだが、やはり相次ぐクーデタは発展の妨げとなっている。以前は千円札にも肖像が描かれ偉人扱いされていたが、最近では悪童であったことが知られ評価を下げてしまった野口英世が、黄熱病研究の最中に命を落としたのもこの地。余談だが、渡航や入国にあたって、黄熱病の予防接種を受けたことの証明書であるイエローカードの提示が義務付けられている国が世界にはたくさんあるが、特に中部アフリカ諸国にはそうした国が多い。

●人口大国ナイジェリア、あのお騒がせのカメルーン

人口2億を超える世界第七位の人口大国が**奴隷海岸**沿いの**ナイジェリア**。日本ではあまり知られてないのだが、ここは産油国。原油というと中東のイメージが濃いのだが、中央部を中心にアフリカにも油田は存在する。ナイジェリアは原油の恩恵もあって**GDPアフリカ第一位**。**国連の非常任理事国の常連**ともなっている。ただ中央アフリカの国々の例に漏れず、多民族、多部族、多言語、そして多宗教ゆえの混乱からは逃れられず、イスラム教を信奉する過激派組織**ボコ・ハラム**などの反政府テロによってなかなか治安は安定しない。日本においてややマイナーな国々の知名度を高めることに貢献した

ナイジェリア→ナイジェリア連邦共和国（首都アブジャ）

のが1990年代以降のサッカー人気の高まり。このナイジェリアの代表チームもスーパーイーグルスの愛称で親しまれ国際大会でも時折、好成績を挙げている。

ナイジェリアの東、**カメルーン**こそ、まさに日本においてはサッカーで一気に人口に膾炙（かいしゃ）した国と言えるだろう。カメルーン代表チームは02年日韓ワールドカップにおいて、なかなか来日せず合宿地だった大分県中津江村をヤキモキさせ、サッカーファン以外にもその名が知られるようになった。原油やカカオなどの輸出が経済を支えているが、経済的にも治安においてもまだまだ多くの問題を抱えている。

内陸の中部アフリカ諸国はいずれも資源には恵まれているものの、それを活かしきることができず、相次ぐ内戦やクーデタ、政情不安、前近代的な人種差別や極端な男尊女卑という問題を今なお抱えている。一方で、豊富な鉱物資源はもとより、世界遺産級の多くの風光明媚の地、最後の秘境と呼ぶに相応しい壮大な自然は、インフラと治安さえ調えば強力な観光資源と化す可能性を秘めており、潜在能力は極めて高い。

●首都1000万人のコンゴ、世界最古の独立国エチオピア、サファリのケニア

アフリカ第二位、世界でも第十一位の面積を誇る**コンゴ民主共和国**の首都が**キンシャサ**。あのボクシング伝説の世界チャンピオン、**モハメド・アリ**がタイトル剥奪から7年

カメルーン→カメルーン共和国（首都ヤウンデ）

アフリカの主な世界遺産

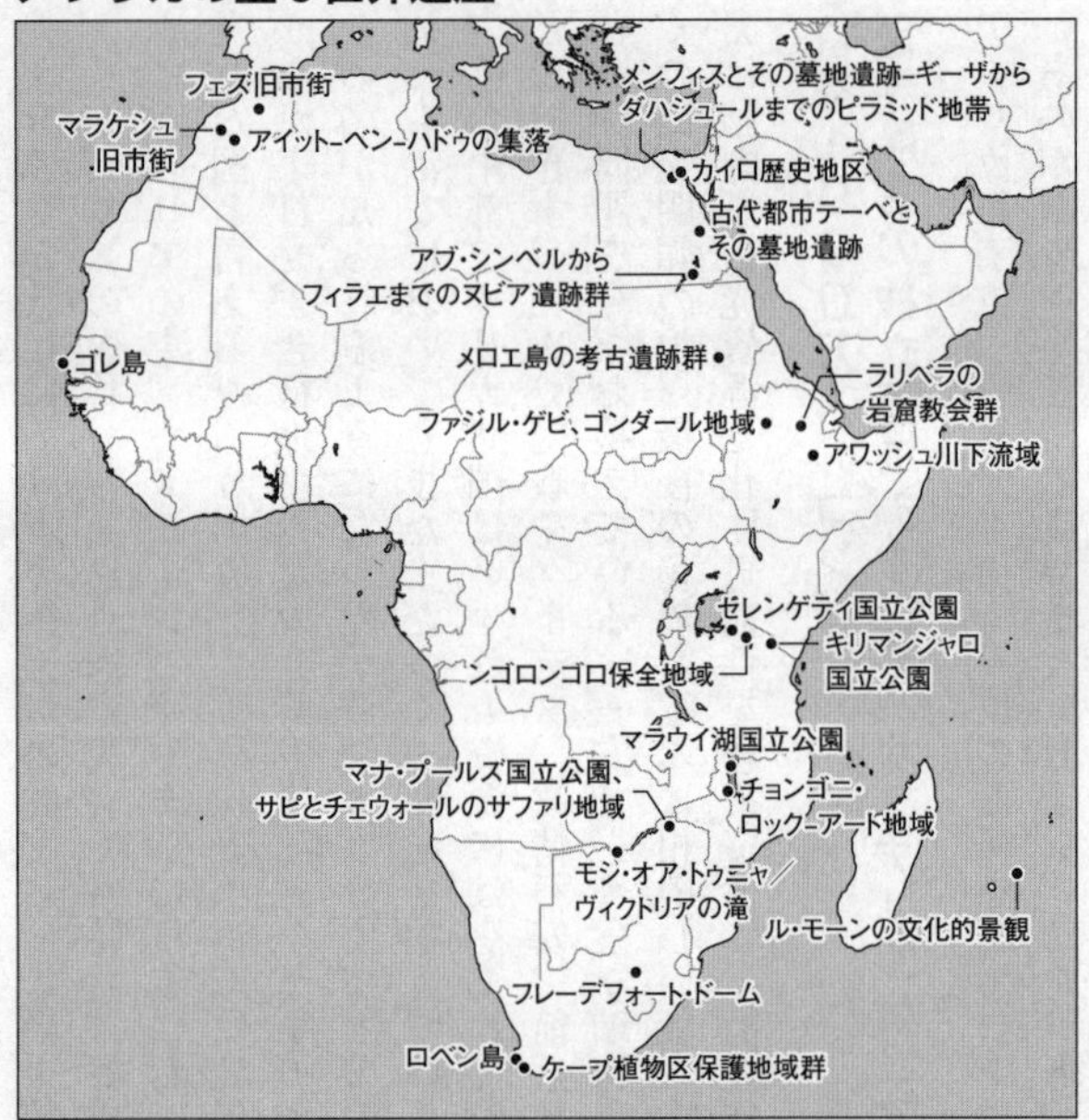

近くの空白期を経て、WBC・WBA統一王者ジョージ・フォアマンに下馬評を覆して勝利した**キンシャサの奇跡**で、あまりにも有名なその街は人口1000万を超えるという超巨大都市。ただ残念なことに、アフリカにはありがちなのだが、こういう利便性の高い都市ほど治安が悪い。一方でアフリカ人特有の人懐っこさと親切さを見せてくれる住民が住んでいるようなところは、並大抵の覚悟と知識ではたどり着けないほど交通インフラが脆弱で過酷だ

ったりする。ある意味当然の帰結とは言え、実にもったいない感がある。

話の舞台を東に移す。東にも、もったいない国々がある。まずは**エチオピア**。現在は共和制国家であるエチオピアは1970年代までは帝政国家であった。その最後の皇帝で1930年にソロモン朝の復興を宣言し即位した**ハイレ・セラシエ**は大日本帝国憲法下の日本を模範に憲法を制定し、立憲君主国としてエチオピアの近代化を推進した人物で、なんとあの旧約聖書の登場人物**シバの女王**の末裔とされていた。日本ではイージー・リスニングの名曲でも知られるあのシバの女王だ。

ハイレ・セラシエは昭和天皇とも親交が深かった。第二次世界大戦前にそんなエチオピアを併合してしまったのが、のちに日本の同盟国となるムッソリーニ独裁下のイタリア。そして更に皮肉なことにエチオピアをイタリアから解放したのは、当時日本の敵国だったイギリスだったりする。もしエチオピア王朝が継続していたら日本と並んで現存する世界最古の王朝となっていたのだが、今のエチオピアにそんな印象を抱く人は少ない。ただしイタリアによる併合までは、世界最古の独立国の一つであったことには変わりはなく、それ故エチオピアは多くの歴史遺産を擁している。

また**ダナキル砂漠**や世界一低い活火山**エルタ・アレ**など天然の絶景地も多く、日本や欧州などからのアクセスもアフリカの中では比較的良い方なだけに、経済においても治安においても最貧国レベルに甘んじているのがなんとも惜しいところ。特にエチオピア

エチオピア→エチオピア連邦民主共和国（首都アディスアベバ）

の復興の妨げになっているのが、ソマリア・エリトリア・南北スーダンといった近隣諸国の紛争とそれを逃れた難民の流入で、21世紀の国際社会においては悲しいことではあるが、**人道的見地に立つ政策と経済および治安の向上は必ずしも同一方向には連動しない**という現実を見せつけられる。

持てるものを活かしきれていないという点ではエチオピアの南に位置する**ケニア共和国**も同様。日本では抜群の知名度を持つケニア、首都**ナイロビ**はいくつかの国際機関の本部も設置される国際都市で、サファリの拠点としての観光業はもちろん、コーヒー豆などの農業、食品加工などの工業で順調な経済成長を進めていた。しかしアフリカの例に漏れず安定しない政情、干ばつなどの異常気象に苦しめられ、さらに周辺諸国の紛争にも積極的に介入しているため、アフリカ内の後発組に追い越されつつある。

●やっと落ち着きを見せ始めたソマリア紛争

干魃や虫害、有害なウイルスや風土病、これらはアフリカの人々の暮らしを過酷なものとしているが、それらにも増してアフリカの人々を苦しめているのが相次ぐ部族対立と紛争であるのは、なんとも悲しいことだ。中部アフリカ東部の地にはその不名誉な代表例と挙げられる紛争が二つある。一つが**ソマリア紛争**、もう一つは**南スーダンの内戦**。中部アフリカの話を締めくくるにあたって、この二つの紛争のそこに至った経緯と現状

エリトリア→エリトリア国（首都アスマラ）

および展望についてまとめておきたい。

まずは**ソマリア**。アフリカ大陸の中央、その東端に紅海とインド洋の航海を監視する関所のように出っ張り突き出した部分がある。ここがアフリカの角と呼ばれる一帯。この一帯を中心に住んでいた人々がソマリ人。ソマリ語を話しイスラム教を信仰する黒人。故に言語、宗教、身体的特徴が対立の火種にはならないはずなのだが、部族単位で生活を営んでおり、部族に対する帰属意識が極めて高い人々であることが災いしてしまい、現在なおも継続する内戦の加害者となり同時に被害者にもなってしまう。

19世紀の欧米列強による一方的なアフリカの分割および植民地支配において、アフリカの角の北部はイギリス、南部はイタリアの支配下に置かれた。その後、第二次世界大戦下に一旦はイタリアが南北を統一支配するも、戦後は戦前の状態に復帰、北部が英領、南部がイタリアの信託統治領となる。この頃、アジアとともにアフリカでも民族自決の機運が高まり、一方統治者の側の欧米列強も、人種差別への批判と人権思想が定着する中、植民地支配が経済的にコストに見合わぬものとなったため、両者の利害が一致。各地で旧宗主国からの独立が展開される。

こうした流れの中、17カ国が独立を果たしたアフリカの年と呼ばれる1960年、南北ソマリアも独立を果たす。まずは北が**ソマリランド**として先行独立、5日後には南部も独立を果たし、南北独立ソマリアが統合し**ソマリア共和国**が樹立された。しかしかつ

旧宗主国と独立年

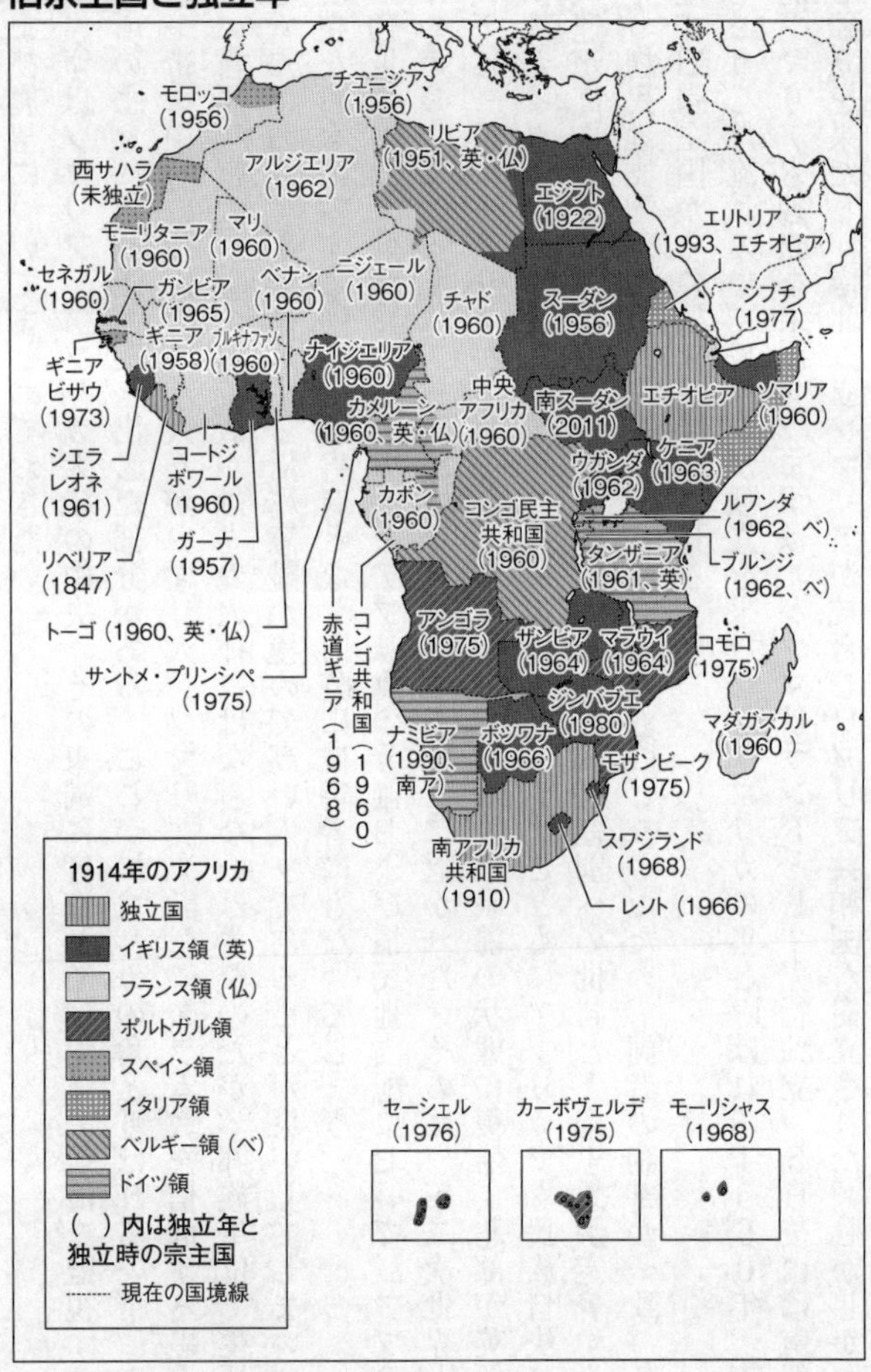

モロッコ (1956)
チュニジア (1956)
西サハラ (未独立)
アルジェリア (1962)
リビア (1951、英・仏)
エジプト (1922)
モーリタニア (1960)
マリ (1960)
エリトリア (1993、エチオピア)
セネガル (1960)
ガンビア (1965)
ベナン (1960)
ニジェール (1960)
チャド (1960)
スーダン (1956)
ジブチ (1977)
ギニア (1958)
ブルキナファソ (1960)
ナイジェリア (1960)
ギニアビサウ (1973)
中央アフリカ (1960)
南スーダン (2011)
エチオピア
ソマリア (1960)
カメルーン (1960、英・仏)
シエラレオネ (1961)
コートジボワール (1960)
ウガンダ (1962)
ケニア (1963)
ガボン (1960)
コンゴ民主共和国 (1960)
ルワンダ (1962、ベ)
ガーナ (1957)
リベリア (1847)
タンザニア (1961、英)
ブルンジ (1962、ベ)
トーゴ (1960、英・仏)
アンゴラ (1975)
ザンビア (1964)
マラウイ (1964)
コモロ (1975)
サントメ・プリンシペ (1975)
赤道ギニア (1968)
コンゴ共和国 (1960)
ジンバブエ (1980)
ナミビア (1990、南ア)
ボツワナ (1966)
マダガスカル (1960)
モザンビーク (1975)
スワジランド (1968)
南アフリカ共和国 (1910)
レソト (1966)
1914年のアフリカ
独立国
イギリス領 (英)
フランス領 (仏)
ポルトガル領
スペイン領
イタリア領
ベルギー領 (ベ)
ドイツ領
( ) 内は独立年と独立時の宗主国
現在の国境線
セーシェル (1976)
カーボヴェルデ (1975)
モーリシャス (1968)

ての東南アジア諸国やアフリカの他の独立諸国が経験したように、旧宗主国というタガの外れた国家の新たなリーダーとなったのは軍部を背景にした独裁者で、開発独裁という社会主義的一元管理体制下での国力増強、産業振興、経済発展が志向されるようになった。ソマリアもご多分に漏れず、69年のバーレ少将による軍事クーデタで、翌70年から一党独裁社会主義体制に移行している。ソマリ人は隣接するエチオピア領にも居住していたが、大統領となったバーレは、ソマリアへの帰属を求めて蜂起した在エチオピアソマリ人の活動を支援。これを抑えようとした**エチオピアと国境紛争**に突入する。歩みを始めたばかりの国家はこの戦争で大いに疲弊。加えて南部部族出身のバーレが自らの出身部族を優遇し北部の部族を冷遇したため、80年代に入ると各地で反政府闘争が引き起こされ、ついには**内戦に発展**してしまう。そして91年には北部がソマリアからの分離独立を宣言。**ソマリランド**として独立する。さらに98年には角の突端が**プントランド**として、これまた分離独立。

一方南部のソマリア本土ではバーレを追放したアイディード将軍による軍事政権が成立。米軍を中心として国連軍も組織され武力介入もなされていたが、著名な戦争映画『**ブラックホーク・ダウン**』の題材となったある事件をきっかけに国連軍も撤退することになる。その事件というのが、93年の**モガディシュの戦闘**。ソマリア首都**モガディシ**ュでヘリコプターによる奇襲からのアイディードの身柄の確保を目標に米軍が単独で作戦を決行。米軍は一定の戦果は得たものの18名もの戦死者を出し、これが国内世論を動かして撤退を余儀なくされた。国連軍の撤退後、内戦はさらに加速、荒れ果てた国土に産業復興への望みは尽き、収入を得るために彼らが手を染めたのが海賊行為である。特に2010年前後にその被害はピークに達するが、日本をはじめとする国連加盟各国の艦艇派遣が功を奏したのか現在は目立った被害はない。肝心のソマリア本土は12年に21年ぶりの統一政権を樹立、新たにソマリア連邦共和国として一応の平静を保っている。

●まだまだ紛争が続く南スーダン内戦

曲がりなりにも落ち着いた方向に向かいつつあるように見えるソマリアに対し、いまだ行く末の見当が皆目つかないのが南スーダン。日本からも自衛隊が派遣されており他人事ではない地域であり紛争であった（2017年5月に自衛隊は撤退）。南スーダン、正式名称、**南スーダン共和国**という名から想像できるように、この国は元々スーダンの一角だった。かつてアフリカ最大の国土を誇ったスーダン。その語源はアラビア語でストレートに「黒人」。古代にはエジプトの影響を受けクシュ王国、メロエ王国などが栄えたが、その後キリスト教、イスラム教の伝播、オスマン帝国配下のエジプト総督の支配下を経て、19世紀末にはイギリスとエジプトの統治下に置かれた。

アラブ系のイスラム教徒が多い北部に対し南部はアフリカ系黒人キリスト教徒が多く、

南スーダン共和国（首都ジュバ）

人種構成や宗教の違いから、南部は宗主国に対し分離独立を訴え続ける。何度かの弾圧の後、日本が国連に加盟した1956年に南北合わせて**スーダン共和国**という形で独立を果たすも、北部優先の政治に南部の独立派は幾度となく蜂起、数次にわたる内戦を経て、2011年に国連監視の下で独立の是非を問う住民投票が実施され、**南スーダンの独立**が決まった。

ところが困ったことに南北スーダンの国境付近には油田が存在した。**いつの時代、いつの地域でも資源は人を救う一方で対立のきっかけとなり多くの人命と人権を奪う。**南北スーダンでも翌年には国境紛争が勃発。更に翌年には南スーダン国内で政府軍と反政府組織との間で内戦が開始。今もなお収拾のつかない状態が続いている。

●南部アフリカの雄、経済発展著しい南アフリカ

中東地域との関係が深く共通点も多かった北アフリカ。ギニア湾岸、内陸部、東アフリカと各々様々な事情を抱えているものの、過酷な自然環境や政情不安という点で一致するアフリカ中部。これらの地域とは全く異なる様相を見せているのがアフリカ南部の国々だ。キリスト教徒が多く欧米的な近代化が進む国が多いこの地域、あえて造語を許されるのなら筆者は**ブラックユアロップ（黒いヨーロッパ）**と呼びたい。資源開発と観光を中心に大きな可能性を認められながらも今ひとつ波に乗りきれていない他の地域を

よそにアフリカ南部の諸国は着実な成長を遂げている。

まずはその中心となっている**南アフリカ共和国**。南アと称されるこの国は、エジプト、ケニアと並んでアフリカの国の中では、日本での知名度が非常に高い国でもある。その理由は教科書の太字項目でもあり入試の最頻出事項でもあった**アパルトヘイト**。言わずと知れた白人層による黒人への人種隔離政策だ。

欧州人が呼称するところのブッシュマンやホッテントットに端を発し、その後南下してくるアフリカ人らの居住地となっていたこの地に、１４８８年、ポルトガル人**バルトロメウ・ディアス**が到達する。いわゆる**地理上の発見**の一環。**地球球体説**を信じアフリカ航路でのインド到達を目指した彼は欧州人として初めて**喜望峰**に到達した。また１４９７年には同じポルトガル人の**ヴァスコ・ダ・ガマ**が再度喜望峰に到達し、そのままモザンビークを経由してインドにたどり着くことに成功した。スペインとともに一大海洋大国となったポルトガルだったが、やがて国力は衰退、17世紀には新興のオランダが海洋支配に乗り出す。１６５２年、オランダの国策企業で世界初の株式会社と言われる**オランダ東インド会社**が現在のケープタウンを中心に**ケープ植民地**を設立。その後自主的な移民や奴隷として連れてこられた黒人たちによって人口は増加。現地の白人は**アフリカーナー**あるいは**ボーア人**と呼ばれ一大勢力を築く。だがこの地で金とダイヤモンドが発見されると、さらに新興のイギリスが侵入。19世紀に入るとケープ植民地を中心とする南アはイギリスの植民地支配を受けることとなった。

歴史上、常に黒人は白人の支配下に置かれたという誤解があるが、この南アではやや様相は異なった。先住していたオランダ系白人を抑圧するために、イギリスはオランダ人が連れてきた黒人奴隷を解放する。こうして南アではイギリス系白人↓黒人↓オランダ系白人（アフリカーナー、ボーア人）というヒエラルキーが構築された。もちろんアフリカーナーたちはこれに不満を抱き、**トランスヴァール共和国**、**オレンジ自由国**といった国家を建国して抗ったが、二度にわたるイギリスとの**ボーア戦争**に敗れてしまう。こうして南アの地はイギリスの完全な統治下に置かれ、アフリカーナーらは同じ白人でありながら貧困な労働者層を形成することとなった。

1910年イギリス連邦に属する自治領として**南アフリカ連邦**が成立。第一次世界大戦後、主に黄色人種以外に対しての民族自決が認められるようになり南アフリカ連邦は事実上独立国となり、イギリスも南ア連邦に対し最低限の内政的干渉に留めるようになった。そういった状況下で合法的に多数派となったアフリカーナーは、第二次世界大戦における連合国側としての貢献も認められ、次第に南アの支配権を掌握する。圧倒的多数の黒人を制御し富と権力に勝っていたイギリス系住民を牽制すべく、アフリカーナーは黒人への人種隔離政策を導入、これがアパルトヘイトに他ならない。

61年に英連邦から完全に離脱し**南アフリカ共和国**として独立を果たすと、アフリカーナーはさらにアパルトヘイトを推進。こうして国連をはじめ世界中から強い批判を受けながらも、金とダイヤモンドの力、そしてアフリカにおける**反共の砦**としての役割の大きさから、それらをねじ伏せるヒール国家・南アフリカ共和国が誕生した。なお第二次世界大戦の敗戦国ながら世界有数の経済大国となっていた日本は南アにとっても大切なお客様であり、日本人は非白人の黄色人種でありながら**名誉白人**として処遇されていたという名誉なのか不名誉なのかわからない事実もある。

大国にどんな批判を受けようがどんな経済制裁を受けようが聞く耳を持たずアパルトヘイトを維持していた南アフリカだったが、反共の立場から介入していた**アンゴラ内戦**は88年に敗戦が決定的になり撤退、さらに南アフリカ領南西アフリカとして植民地支配していた地域が、黒人のアパルトヘイトへの反発から90年に**ナミビア**として独立すると、周囲を黒人国家に囲まれ、非人道的という批判を封じる力は残っていなかった。

かくして94年、初めての黒人も参加する総選挙が行われ、政治犯として終身刑の判決を受け27年も投獄されていた**ネルソン・マンデラ**が初の黒人大統領に就任。アパルトヘイトを撤廃し新生南アフリカとしてのスタートを切った。90年にマンデラが釈放されたとき、ケープタウン市役所のバルコニーで行った演説は、日本では、同じ黒人活動家のマーティン・ルーサー・キング・ジュニアの演説とともに、英語のリーダー教材の定番となっているから、ご存じの方も多いことだろう。

現在南アの街中では観光客以外の白人をほとんど見かけることがない。現地の住民に問うたところ、香港返還の折にカナダのバンクーバーなどに逃げ出した香港華僑のように一部の不在資本家を除いて国外脱出を図った白人が多いとのこと。国策によって土地の収用、税法上の差異を容易に設けることができる新設国家においては、よくある光景ではある。

アフリカと言えば一つの輸出品目に経済を依存するモノカルチャー経済が想起されるが、南アでは第三次産業従事者の割合が非常に高く、また自動車工業なども盛んで、その限りではない。アフリカでは中古、それもまだ動くのかと驚かされるような年代物のトヨタ車が大活躍しているのだが、南アでは自国生産の車以外には膨大な課税がなされるため、自国産の自動車が街にあふれている。もっとも、それがフォルクスワーゲンゴルフIだったり、日本でもバブル期に若者に人気だったカローラFXだったりしたのは、こうした車が南アでは最近まで生産されていたことによる。

元々白人が土台どころか立派な家屋まで増設していたものを、そっくりそのまま受け取ることができたのは英語の効用も大きい。アフリカでは現地語の他はフランス語やポルトガル語が使われる国が多い中、南アは住民の多くが英語を使える。このあたりは共に2000年以降の経済発展が著しいとされる地域BRICsに数えられているインドにも共通するところであり、日本人からすれば羨ましいところでもある。

アフリカの主な空港

ちなみに、アフリカで一番日本人の長期滞在者が多い国が南アである。その数およそ3000人近く。その南アの主要空港も日本人によく知られるヨハネスブルグ国際空港だったが、2006年に名称変更され、O・R・タンボ国際空港となった。アパルトヘイト闘争の英雄、オリバー・タンボにちなんでの改称であった。

これまでの説明では言うことなしのように見える南アだが、サッカー・ワールドカップの開催地にもなった**ヨハネスブルグ**をはじめ、空港内や観光地を除いて治安は決して良いとは言えない。その理由は黒人間の貧富差にある。都市部は第三次産業、第四次産業の職も多いが、それ以外の地域では貧しい農業従事者や鉱山労働者も多い。そうした環境を嫌って都市部に出てきても一定の教育水準に達していなければ、なかなか思うような仕事にはつけない。近代的な都会をほんの少し離れるとそこには古びたトタン屋根の家屋が密集していたりもする。とは言え、それは他の先進国にも見られる光景であり、危なっかしくはあるものの南アの成長が周辺諸国をも支えているのは事実だろう。

●ダイヤモンド鉱山と観光でアフリカの優等生、ボツワナ

アフリカ南部には南アの他にも驚異の経済成長を遂げたと言われる国がある。2002年、有名な格付け会社ムーディーズによって国債が日本と同列の確実性と評価されたその国の名は**ボツワナ**。**ケニアのマサイマラ**や**タンザニアのセレンゲティ**と並んでサファリを楽しむ観光客で賑わう**チョベ国立公園**を擁する国。アフリカ最高の成功モデル、アフリカの優等生と呼ばれたボツワナだが、日本では「なんでアフリカの名前も聞いたことのない国と格付けが一緒なのだ？」レベルの認知が一般的だ。ボツワナはその歴史において非常に幸運な国で交通の要衝でもない内陸国で資源にも乏しく、故に大国間の争奪の対象となることを免れた。

そんなボツワナには日本未公開の映画『ア・ユナイテッド・キングダム』でも描かれ

ボツワナ→ボツワナ共和国（首都ハボローネ）

ている逆玉ならぬ逆シンデレラストーリーがある。黒人であるツワナ人のングワト族王子セレツェと彼が留学先のイギリスで知り合った白人行員ルースの結婚から始まるボツワナのサクセス・ストーリー。当時のボツワナは英領ベチュアナランド。その経済は隣国南アによって左右されていた。アパルトヘイト政策を採る南アは黒人であるセレツェと白人のルースの結婚を認めるわけにはいかず強硬な圧力をかける。紆余曲折の末、セレツェは婚姻を維持するために王位継承を放棄。帰国を許されたセレツェは政党を結党、独立運動を開始する。留学経験を活かした穏健的で現実的な外交と人種差別に反対する人道的支持や同情、憐憫などからセレツェはイギリスをはじめとする白人先進国の支持を得て、1966年ボツワナを独立に導き初代大統領に就任する。

産業に乏しいボツワナだったが、なんと独立の翌年、隣国南アを潤しているあの鉱物がボツワナからも発見された。世界最大級のダイヤモンド鉱山。この鉱山を後ろ盾に欧米各国の財政支援を取り付けたボツワナは驚異的な成長を遂げる。同じような過程をたどったアフリカの他国が開発独裁から内戦というルートを選んだのに対し、セレツエは各部族に属する人々に対し、ツワナ人、ボツワナ人としてのアイデンティティを育成することに成功。自分たちの国家ボツワナに誇りと愛着を感じるようになった国民は内戦を引き起こすことはなかった。そんなボツワナだが貧富の格差は激しい。またダイヤモンド依存の経済はモノカルチャー経済そのものであり、将来的な枯渇も危惧されていて決して先行きは安泰ではない。今後ボツワナがどうなるのか、見守っていきたい。

●ガス田の発見で注目されるモザンビーク、ナミブ砂漠のナミビア

資源に事欠かぬアフリカ南部の国々の中で、近年大いに注目を浴びているのが南アの北にある**モザンビーク**だ。南アやボツワナが英語圏だったのに対し、この国は旧宗主国がポルトガルだったのでポルトガル語を公用語としている。1975年に独立、その後、例によって壮絶な内戦を繰り広げたのだが、92年に和平が成立、以後落ち着きを見せている。この国もまたアルミニウム、石炭など資源に恵まれているのだが、近年沖合でかなりの埋蔵量が予想されるガス田が見つかり世界の注目を集めている。

南アから独立を果たした**ナミビア共和国**、ここには昨今旅行者の間でとみに人気が高まっているナミブ砂漠がある。「何もない」を意味するその名の通り、ただ赤い砂が広がるこの絶景地は2013年に世界遺産にも登録された。そのナミビアもやはり貧富の格差は激しいのだが、治安は比較的安定している。もちろんそうは言っても日本のようなわけにはいかないが。ダイヤモンドやウランなど鉱山資源にも恵まれており、隣国南アの恩恵も受けている。この国も公用語が英語であることが有利に作用しているのか、首都**ウィントフック**には欧米資本のチェーン店やホテルも進出している。

モザンビーク→モザンビーク共和国（首都マプト）

●超ハイパーインフレで有名になったジンバブエ

南アとボツワナとモザンビークに囲まれた国がハイパーインフレであまりにも有名になった**ジンバブエ共和国**。この地はかつてイギリスのケープ植民地相だった**セシル・ローズ**にちなんで**ローデシア**と呼ばれていた。かつて日本でも絶大な人気を誇ったイギリスの元祖ビジュアル系バンドJAPANの隠れた名曲「熱きローデシア」の舞台である。ここもまた激しい独立戦争の結果、北部が英連邦の**ザンビア**として独立、そして南部が現在のジンバブエとなった。

典型的な開発独裁者である**ムガベ大統領**は当初は背後にある先進国との関係性も考慮して白人との共存を進めていたが、90年代から**白人の所有する農場の強制収用**を開始する。国内の黒人貧困層の支持を維持するための政策だったと言われるが、これにより欧米先進国からの積極的支援は見込めなくなり、皮肉なことに白人農場主が国外退去したことで職を失う黒人労働者が増え治安は悪化した。さらにコンゴ民主共和国内で発生したツチ族とフツ族による内戦、**第二次コンゴ紛争**にも派兵。その理由はコンゴ大統領との個人的な友情、コンゴ領内の夫人にプレゼントしたダイヤモンド鉱山の存在が噂され、派兵による財政負担は深刻なインフレを招いた。このハイパーインフレの最中、**100兆ジンバブエドル**などという嘘のような紙幣も発行した。

アフリカ地形図

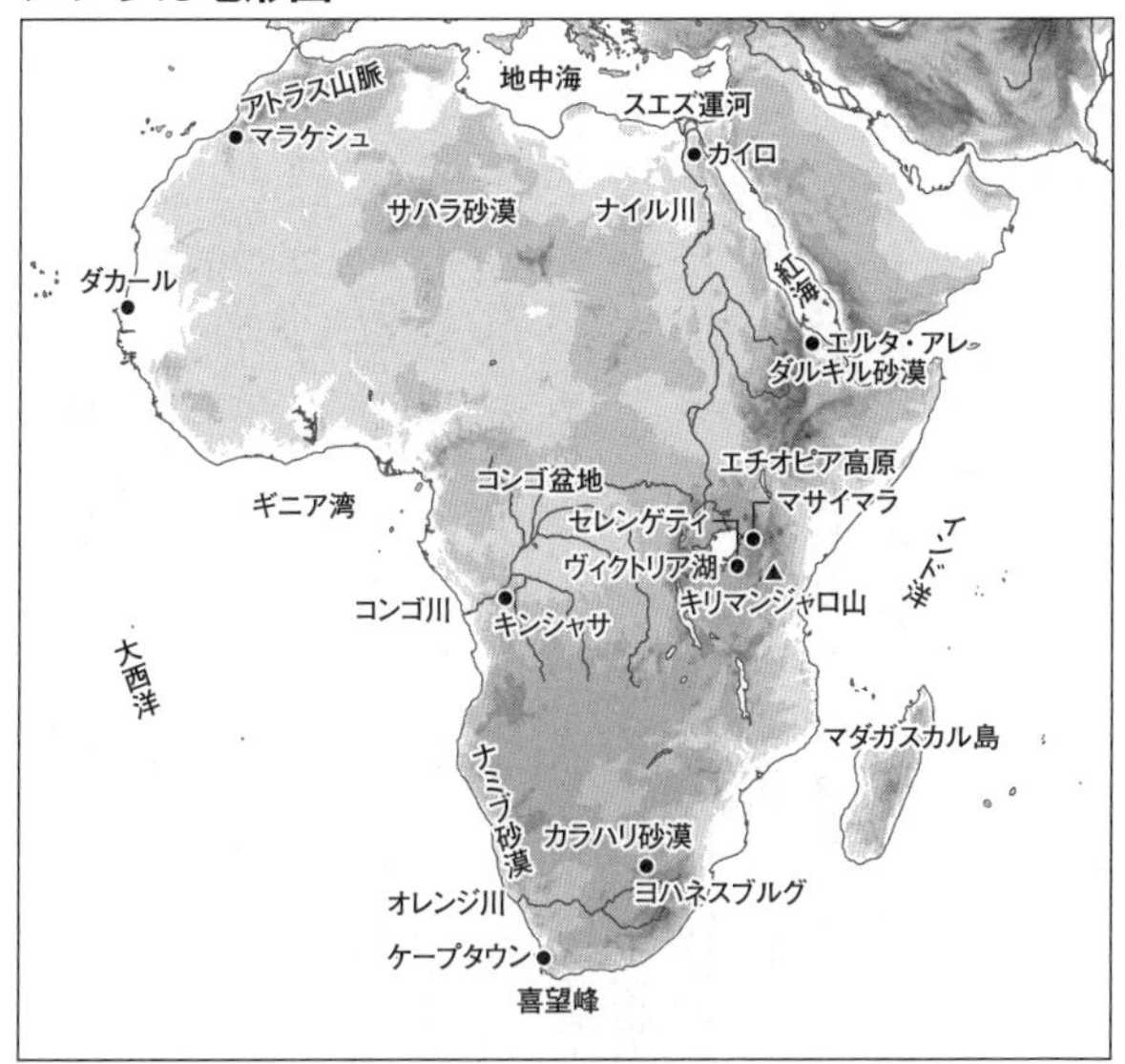

さすがにこんな通貨は信用されず、南アフリカの通貨ランドを経て現在は米ドルが専ら取引に利用されている。ちなみに、とんでもない桁の数字の並んだジンバブエドルは土産物として数ドルで売られており、ジンバブエとザンビアの国境にある名瀑ヴィクトリアの滝の近くを歩いていると、五本の指に紙幣を挟んだ黒人から購入することができる。もっとも一度購入したら、ひっきりなしにつきまとわれるから、どうしても欲しくて必要な分以外はきっぱりと断れる人以外には購入をお勧めはしない。

●アフリカで存在感を強める中国

ここまでアフリカ南部の様々な国を紹介したが、黒人中心とは言え英語が公用語でキリスト教徒が多数派ということが大いに恩恵を与えていることを再確認したい。まさにブラックユアロップなのだ。

資源が豊富で可能性を秘めた地域なので欧米以外の資本も積極的に支援、進出している。しかし昨今この地への投資においてダントツで群を抜いているのは、近年不動産バブルがはじけたと言われるものの、いまだに半ば強引な拡張路線を継続している中国こと中華人民共和国である。このダントツというのが重要で、実は**国際貢献において一位と二位では雲泥の差がある**。これはちょうど代表権を持つには至れなかった大株主と代表権を得ることに成功したトップの株主の関係に似ている。二位だろうが三位だろうがトップでないと記憶にとどめてもらえず、また見返りも期待できない。人道主義はもちろん大切だが、税を財源とした支援や投資をする以上、当然納税者たる国民の権益のためには見返りも得なければならない。そうでなければただのバラマキであり公権力者によるマネーロンダリングになってしまう。

中国の強みは資本主義と社会主義のいいとこどりにある。そして対外投資においては全体主義たる一党独裁社会主義のメリットを活かしたスピードで規模の大きな金額が投入される。もっとも、そうした中国の投資はライバルである欧米資本主義諸国だけではなく、当の投資先であり援助先であるアフリカの国々からも警戒を受けたり問題視されたりしている。というのも中国の財政支援はその国の指導者には利益をもたらすものの、国民には不利益しか与えないことも少なくないからだ。

そのもっともわかりやすい例がスリランカである。中国から借金して港湾整備をしたものの、借金を返せなくなったために、せっかく整備した港湾を99年間中国に貸与する羽目になった。なんのためのインフラ整備だったのか、なんのための借金だったのか。建設においても日本の場合、日本人指導者を派遣するが現地人を雇用するなど、現地住民の経済への寄与も行われるが、中国の場合、現地労働者はおろか、彼らのための宿泊施設や飲食施設、さらには娯楽施設などまで自前で賄ってしまうという。要するに、その国とその国の人々にお金を落とさないのだ。

そんなことから最初は感謝していた現地人も途中から感情を悪化させるケースが少なくない。それどころか昨今ではそうした反中感情が住民レベルにとどまらず国家レベルに発展するケースも見られるようになった。中国の資金援助でナイル川中流に建設が進められている**大エチオピア・ルネサンスダム**。これに対して、古代から「エジプトはナイルの賜物」とまで言われ、今でもその水資源のほぼすべてをナイル川に依存しているエジプトは猛反発。この問題はエジプト、エチオピアの二国間の問題にも見えるが、エチオピアの背後には、世界中で水利獲得、水源確保に力を入れている中国の思惑があると言われている。

2019年に開通したインド洋岸のタンザニアから大西洋岸のアンゴラまでを結ぶ**アフリカ大陸横断鉄道**も中国の影響下でのプロジェクト。ここでも施設の維持や関係各国の中国への借金返済が今後問題になってくるのではないかと懸念されている。もっとも中国がやっていることは、そのまま欧米列強が19世紀から20世紀中盤までに発展途上の国や地域に対してやってきたことでもある。

だからと言って見過ごすのも違うのだけれど。バラマキと揶揄されても仕方がないような実にならないお金の使い方が続く昨今の日本の政治。それを思うと、人道的な問題は論外として、効果的な対外投資という点では中国のそれにも学ぶべきところはあると認めざるをえない。いささか癪ではあるのだが、日本も、もう少しうまく立ち回ってくれないかと思ってしまうのである。

第二章

南ヨーロッパ

イタリア、フィレンツェ（写真：鈴木克洋／アフロ）

●ああ、憧れのヨーロッパ

なんだかんだ言っても、日本人にとっていまだにヨーロッパは憧れの地。実際はともかくアフリカや南米、中東には治安の悪そうな印象がついてまわっているし、アジアは馴染み深い地ではあるけれど有り難みがない。北米はエラそうだし、オセアニアは遠い割にはありふれているし。なんて随分勝手なことを言っているけれど、ネットを通して幻滅させるような現状を知らされても、やはりどこか惹かれてしまうのがヨーロッパ。

だけど日本人の関心と知識はなんとなく西欧に偏っていて東欧や南欧になると微妙に怪しい。様々なジャンルの芸術作品の舞台になるヨーロッパだけに聞いたことのある地名が多いけれど、その位置を聞かれると突拍子もない場所を指してしまいそうだったりする。だからこそ、そんなヨーロッパをもう一度系統立てて学び直してみよう。

●ヨーロッパの位置関係

ここに国際連合（国連）が作った東西南北に分けたヨーロッパの地図がある。これに違和感を覚える人はヨーロッパ通かもしれない。ヨーロッパに限らず世界の各地域の分類の仕方には様々なものがあるが、ここで紹介したものは国の存在する位置だけを基準にしたもの。だからイギリスが北欧に分類されていたりする。そんなわけでちょっと異

国連によるヨーロッパ区分

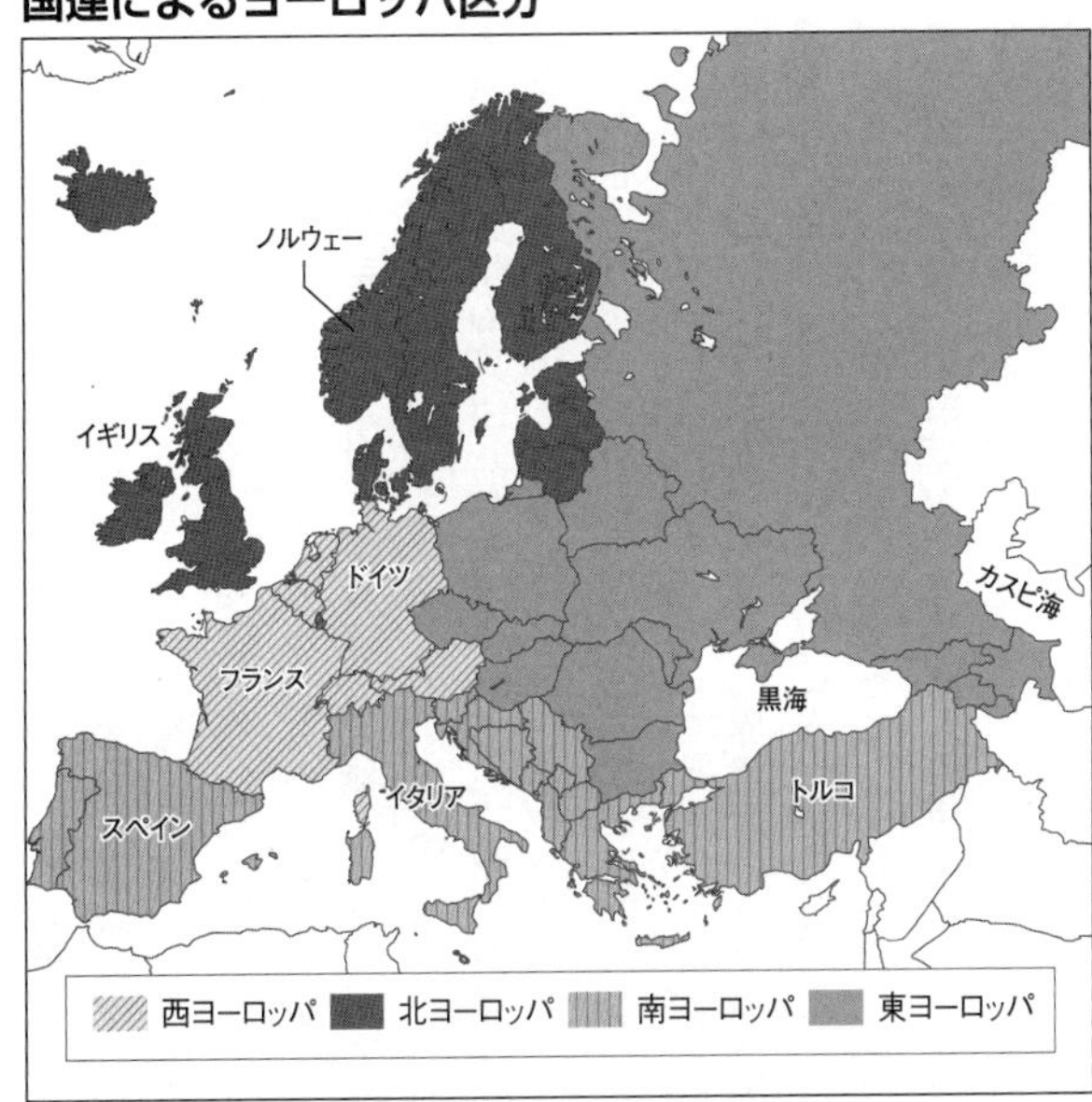

論を唱えたくなる地図なのだが、各国の位置関係を捉えるには向いている。まずはこの地図で大まかな位置関係を把握してほしい。

●黒海、アジアとヨーロッパの狭間

東ヨーロッパの南にある黒海。その真ん中よりやや北にひし形の半島が見える。**2014年にロシアがウクライナから併合してしまったこの半島がクリミア半島。**その際ロシアは半島にあったウクライナ直轄の軍港**セヴァストポリ**も占領してしまった。ロシア

の国土は北方。強力な艦隊を維持したくとも軍港は冬になるとことごとく凍ってしまうため、それは難しい。故に冬も凍らぬ**不凍港**はロシアにとって今も昔も喉から手が出るほど欲しい場所。さらにクリミア半島にはロシア人の居住者も多い。ロシアが国際世論を敵に回してでもクリミア半島にこだわった理由はそういったところにある。

黒海の南に鎮座する国がトルコことトルコ共和国。アジアとヨーロッパの架け橋にあたる**オスマン帝国**の末裔トルコは、人種的にはアジア系でありイスラム教徒が多数を占めるため、アジアに分類されることも少なくないが、EUへの加盟を申請中である他、北米および欧州の集団安全保障体制である**北大西洋条約機構（NATO）**の加盟国でもある。サッカーでもヨーロッパの協会であるUEFA（欧州サッカー連盟）に所属するなど、近年はヨーロッパに分類するのが一般的になっている。

このトルコの国土の大半を占めるのがヨーロッパ人から**小アジア**と呼ばれた**アナトリア半島**。ここには首都アンカラや世界遺産のカッパドキアがある。目玉のような形をした**黒海**を左目に喩えたときに目尻に当たる部分、ここは、地図で見るとどんなに視力に自信のある人でも繋がっているようにしか見えないが、実は幅1キロ弱から4キロ弱程度の川のように細い海峡がある。それが**ボスフォラス海峡**。この距離だからやろうと思えば泳ぐこともできる。実際地元では年に一度海峡横断水泳大会が実施されている。ここを泳いで渡るということはアジアとヨーロッパを泳いで渡ったことになるわけで、ちょっとだけやってみたい気持ちにさせられてしまう。ただ治安や交通の事情を考えると大会時以外に挑むのは無謀だろう。

ボスフォラス海峡にあるあまりにも有名な都市がよくトルコの首都と間違われる**イスタンブール**。かつてのオスマン帝国の都であり、帝国支配以前は東ローマ（ビザンティン）帝国の都**コンスタンティノープル**として、ローマ・カトリックと並ぶキリスト教の大きな一派である**東方正教会**の聖地として大いに栄え、今なお交通の要衝として、さらには商業・観光の街として繁栄している。

ボスフォラス海峡の西が風光明媚でロマンチックを売りにしているエーゲ海だが、このエーゲ海を庭としている**ギリシア共和国**のイメージが昨今あまりにもよろしくない。国民のほとんどが公務員だとか、その人たちの手当を厚くしているので財政が破綻寸前だとか、一体どこの社会主義国かと思わずツッコミたくなってしまう。ギリシアに失望しているのは日本人だけではない。むしろヨーロッパ人の方がその落胆は大きい。なぜならギリシアはヨーロッパ文化の基軸であり原点であるローマ文化のさらなるルーツ。オリンピック発祥の地でもあり首都**アテネ**のアクロポリスは世界遺産としても名高い。

ちなみにヨーロッパ人にとって、あえて学ばなくてもいつの間にか身につけているような類の教養が3つある。それは、聖書にあるエピソード、シェイクスピアの作品の主な登場人物やそのセリフ、そしてギリシア神話だ。それゆえギリシアはヨーロッパ人か

トルコとギリシア

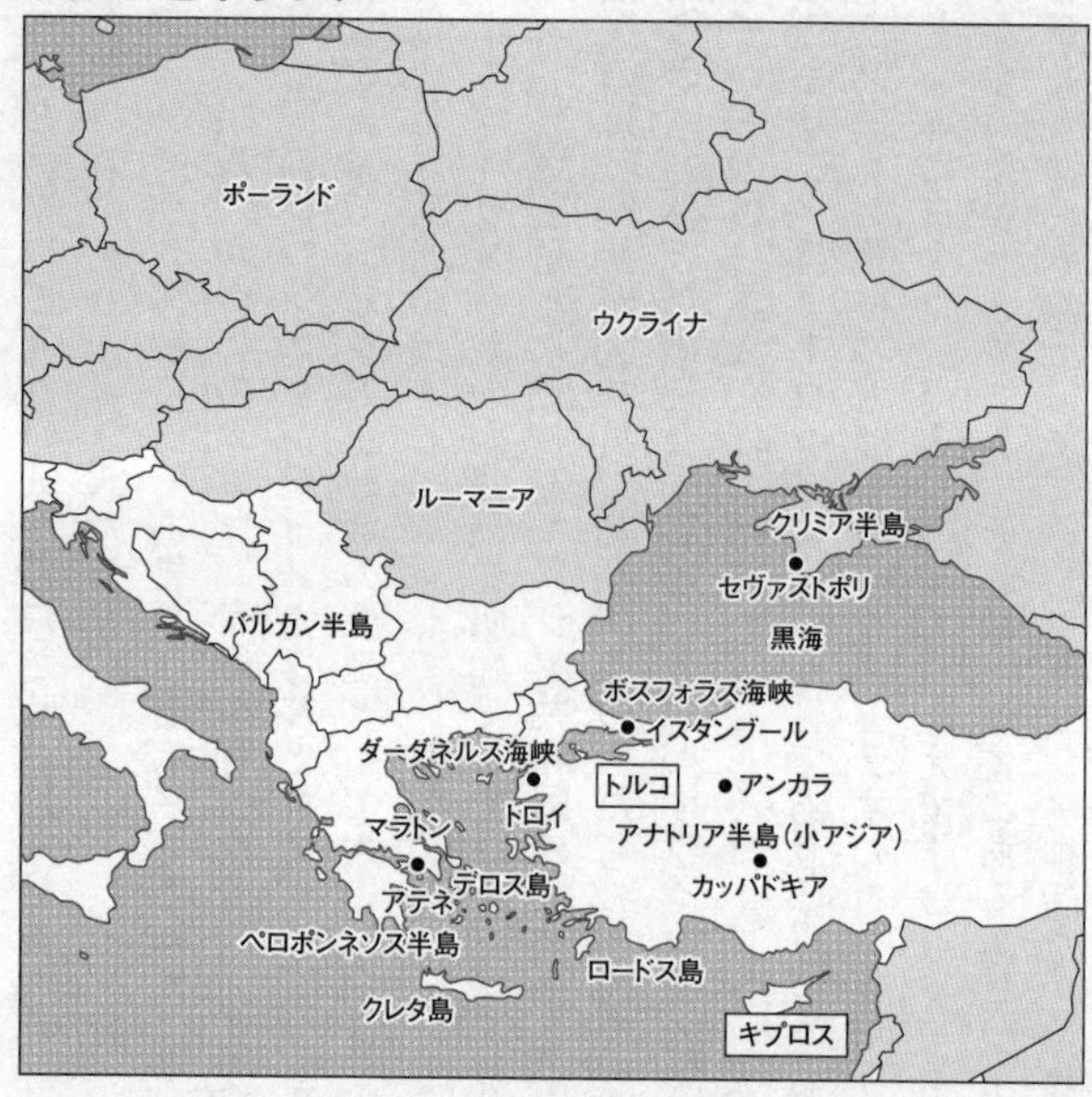

ら敬意を集めており、悪く言えば過保護な扱いさえ受けていた。

現にオスマン帝国からギリシアが独立を目指した際にはヨーロッパ中の世論が後押ししヨーロッパで著名な文化人の中には義勇兵として参戦する者まであった。それ以降もギリシアはヨーロッパ人にはことごとく甘やかされている。ある意味、今の経済危機もヨーロッパの他の国の人々が甘やかせてきた結果といえるのかもしれない。

●アドリア海とアルバニア共和国

ギリシアのある**バルカン半島**の西側が**イオニア海**。イオニア海を北上し向かい側にブーツの形をしたイタリア半島を臨む一帯が**アドリア海**。そのアドリア海岸に沿って北上するとギリシアの陰に隠れて見落とされがちな幾つかの国に出会う。まずはギリシアの北にある**アルバニア**。一般にはマイナーだが驚きの歴史を持つ国だったりする。

共産主義国のアルバニアは、1970年代後半から鎖国状態に入ったけれど、冷戦の終結とともに東欧諸国が社会主義から脱却。アルバニアの指導者層も90年に民主化に踏みきる。翌年アルバニア共和国が成立。民主化とともに鎖国を解消し門戸を開いたアルバニア。当然世界からは様々なものや文化が一挙になだれ込んでくる。そういったものの一つに**ねずみ講**があった。長年鎖国下に置かれていたアルバニア国民にとってねずみ講は、見たことも聞いたこともないものだったために、誰もが（もちろん真っ先に自分が）幸せになれる素晴らしいシステムに見えてしまった。かくしてアルバニア国民は次々とねずみ講に加入、ねずみ講は当然破綻、多くの国民がなけなしの財産を失い、ある者は路頭に迷い、ある者は難民となり、ある者は暴動に参加した。

あれから25年、現在のアルバニアはそこそこ治安も回復し、観光客からの評判も上々。それもこれもアルバニア人の、ひとの良さがもたらしたものだろうか。世界に世知辛さが蔓延しつつある現在、アルバニアは旅人にとって数少ない安らぎを得られる場所として新たな存在感を見せている。

●旧ユーゴスラビアの国々

かつてバルカン半島のアドリア海の東岸には日本の本州と四国を足したくらいの面積の国が鎮座していた。その名はユーゴスラビア連邦人民共和国、略してユーゴスラビア、国号の意味は南スラブ人の国。ただしその名に反してこの連邦国家には多くの民族が存在していた。曰く「ユーゴスラビアには七つの国境と六つの共和国と五つの民族、四つの言語と三つの宗教と二つの文字がある」。この複雑な国家を統治していたのがカリスマ指導者**チトー**。彼はスターリンの独裁と化しているソ連の実情を素早く認識、ソ連の支配からの離脱を図る。その結果、ユーゴスラビアは社会主義国でありながらソ連や東欧諸国とは一線を画し、アメリカともＮＡＴＯとも良好な関係を維持する稀有な国家として発展を遂げた。

ユーゴスラビアはチトーの各民族への絶妙なバランス感覚と政治センスで成立していた連邦国家だった。ということはチトーがいなくなれば連邦は崩壊する。１９８０年、チトーが没する。その後、ソ連が開放政策に向かい、東欧に社会主義離脱と民族自決の嵐が吹き荒れる。当然ユーゴスラビアもこの影響をモロに受けた。何しろ、そもそも火

旧ユーゴスラビアとアルバニア

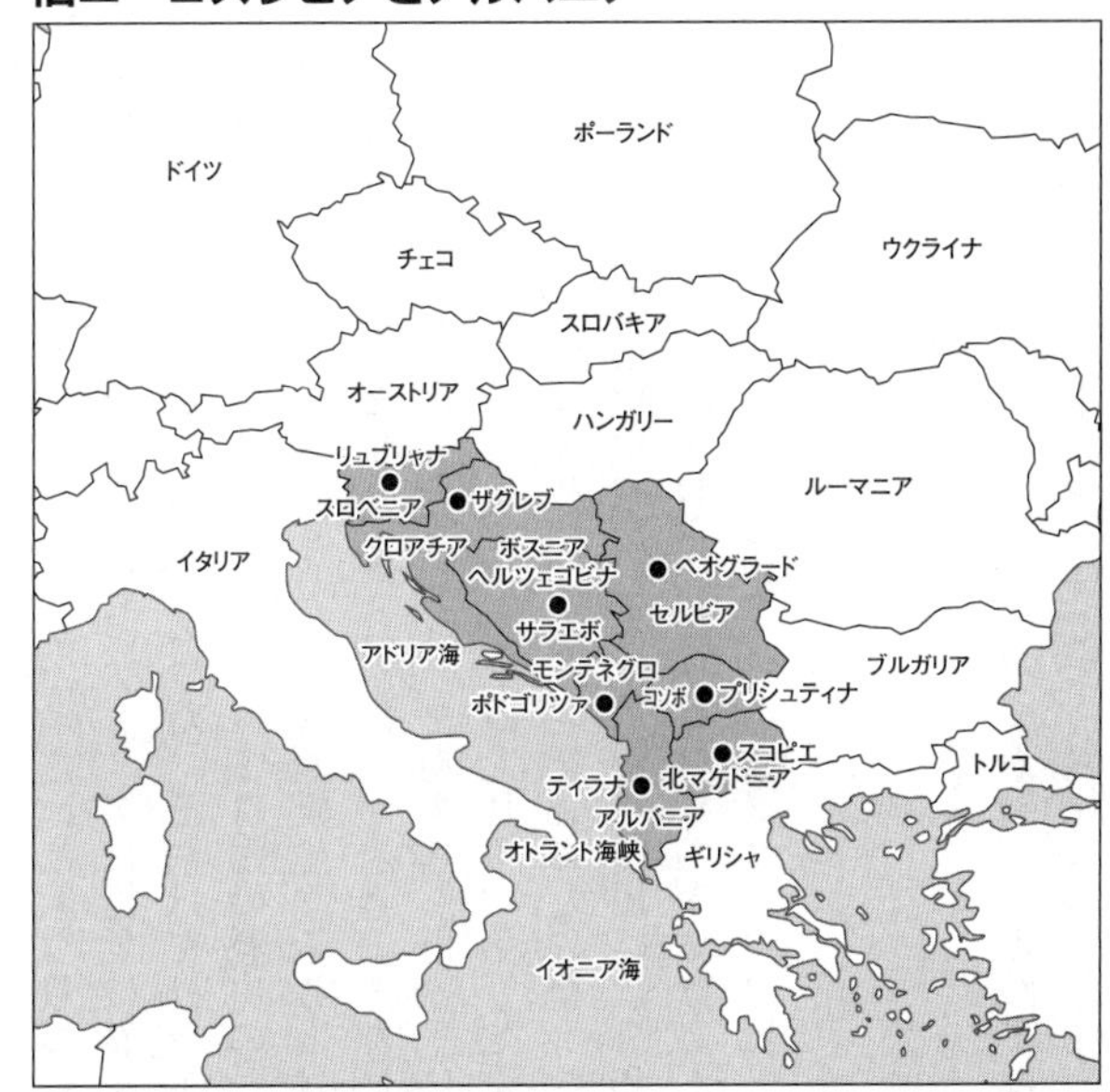

種を孕んでいた国なのだから。かくしてユーゴスラビアは悲劇の地となる。血で血を洗う民族と民族の対立の結果、この地には七つの国家が誕生した。

アルバニアの東にある九州の3分の2ほどの小さな国がマケドニアこと**北マケドニア**。以前はマケドニア旧ユーゴスラビア共和国だった。この代わった国号にはマケドニアの抱える悩みが隠されていた。旧ユーゴスラビア連邦から分離独立した国の中で、マケドニアは唯一無血独立を果たしている。その偉業の陰には、

北マケドニア→北マケドニア共和国（首都スコピエ）

かつてパルチザンでチトーの戦友だった政治家グリゴロフの姿があった。巧みな調整能力と粘り強い交渉力のおかげでマケドニアは紛争に巻き込まれることなく独立を果たす。ただし思わぬところから横槍が入った。それはギリシア。あのアレクサンドロス大王を生んだマケドニアは、ギリシアにとって自国の歴史の一部だった。ギリシアの立場からすれば別途マケドニアを名乗る独立国が誕生することは、自国内に居住するマケドニア人の分離独立や併合を招くおそれがあり、看過できないことだった。

時代を考えると、ここでギリシアを巻き込んだ紛争に発展してもおかしくはなかったのだが、グリゴロフはこの主張を受け入れる。そして妥協策として国連が提唱したマケドニア旧ユーゴスラビア共和国の国名を呑んだのだった。これはむやみに血を流すことを回避した有能な選択だったと言えるが、国民には日和(ひよ)った印象に受け取られたようで、建国の父であるにもかかわらずグリゴロフの人気は高くない。しかし今では国名が変わり北マケドニア共和国となった。まさにグリゴロフは名を捨てて実をとったのだ。彼こそ本当の愛国者だったと言えるだろう。

●コソボとセルビア

アルバニアとマケドニアの間に乗っかかっている岐阜県と同じくらいの面積の小さな国が**コソボ紛争**という不名誉なことで有名になってしまったコソボことコソボ共和国。住

コソボ共和国(首都プリシュティナ)

民の9割をアルバニア人が占めるコソボは自治州とされていたが、旧ユーゴ連邦に対し共和国への昇格を要請し逆に自治権を縮小されるなど、すでに崩壊前から火種の多い地域だった。そんなコソボがユーゴ崩壊をきっかけに独立を目指すのは当然のことなのだが、厄介なことに、この地域には少数ながらセルビア人も居住しており、彼らの救済を建前に旧ユーゴの政治的中核を占めていたセルビアは、コソボの独立を阻止すべく軍を投入する。かくしてコソボ紛争が勃発。多くの人々が犠牲に遭い難民となった。

事態を重く見たNATOの介入でセルビア軍はようやく撤退、その後国連の暫定統治を経て2008年に独立を宣言している。日本はコソボを国家として承認しているが、国連加盟は認められておらず、それを果たすことが当面のコソボの目標である。

コソボとマケドニアの北にある北海道と同じくらいの大きさで長野県のような形をした国が、かつてのユーゴの中心だった**セルビア共和国**。コソボの北と述べたが、セルビアはコソボの独立を認めていないので、セルビア的にはコソボは未だ独立しておらずセルビアの一州という扱いになる（ただし関係は改善中）。首都は**ベオグラード**。

あまり特定の国だけを悪者にするのは気がひけるのだが、一連の独立紛争において常にヒールだったのがこのセルビア。というのも当時のセルビアの指導者**ミロシェビッチ**はセルビア人による連邦国家の維持という**大セルビア主義**を掲げる独裁者で、旧ユーゴ連邦の武器を用い諸国の独立にことごとく反対し軍事介入をし続けたから。後に因果応報で人道に対する罪による訴追を受けている。ミロシェビッチは判決がくだされる前に獄中で死去したため最終的に戦争犯罪人とはならなかったが、民族愛ゆえとはいえ彼のせいで多くの元同胞達が命を落とし財産を失った。

●モンテネグロ、ボスニア・ヘルツェゴビナ

そのセルビアからミシェロビッチ死去後の2006年に平和裏に分離独立を果たしたのが**モンテネグロ**。福島県に匹敵する面積で人口は船橋市とほぼ同じ62万人。位置はセルビアの南西、ということはモンテネグロの独立によりセルビアは内陸国になってしまったということだが、それにもかかわらずセルビアがあっさり独立を認めるとは、国なんてものは指導者によってどうとでもなってしまうということがよくわかる。

モンテネグロの北にあるのがキーボード使い泣かせの国名を持つ**ボスニア・ヘルツェゴビナ**。ここは何と言ってもその首都が有名。中心よりやや南東に位置する首都の名は**サラエボ**。第一次世界大戦のきっかけとなった**サラエボ事件**で知られる。この地でオーストリアの皇太子夫妻がセルビア人青年によって暗殺されたという事件。おそらくそれだけ聞かされたときは、なぜそれが世界大戦の引き金になるのかわからなかった人が多いのではなかろうか。そもそもオーストリアはともかくセルビアなんて初耳だったろう。しかしユーゴからの分離独立を次々に妨害したのが大セルビア主義を信奉するセルビア

モンテネグロ（首都ポドゴリツァ）

人のミロシェビッチだったことを知ったあとならば、それも納得できるのではなかろうか。ちなみにオーストリアはドイツと同じゲルマン人の国。いかにもプライドが高そうな民族同士が衝突のきっかけを与えられてしまった。

経緯をたどって独立を果たした国と言える。ボシュニャク人、セルビア人、クロアチア人が各々の居住区を拡大するため**民族浄化**と呼ばれる他の民族の虐殺を行った。ボスニア・ヘルツェゴビナの悲劇もまた異なる宗教を信仰する多民族が居住する地域であることがきっかけだった。現在世界はグローバル化を善とし日本もまたその流れに乗っかっているが、こうして旧ユーゴの悲劇の歴史を眺めていると、**単一民族主体の、宗教に寛容な多神教の国であることの幸福感**を感じずにはいられない。

●クロアチアとスロベニア

国旗の中央に描かれた国章、そこにあるのは赤と白の市松模様。日本のサッカーファンは、もしかしたらこの赤白チェックは見るのも嫌かもしれない。98年の初出場以来、サッカーW杯の本大会で3度の対戦、日本代表の天敵となっているのが、ボスニア・ヘルツェゴビナの北にカタカナの「フ」を鏡に映したような形で乗っかっている**クロアチア共和国**。

クロアチア共和国（首都ザグレブ）

このクロアチアもチトーの死から分裂への流れの中で独立に至る。戦禍は免れなかったものの幸いなことに単一民族としての独立を達成できたため、国家の建て直しは早かった。外交においては２００９年にＮＡＴＯ加盟、13年にＥＵへの加盟も認められ、治安も安定している。クロアチアの海岸線にはアドリア海のブルーに白壁とオレンジ色の屋根が映える、世界遺産にも登録され、ジブリ映画『魔女の宅急便』や『紅の豚』の舞台とも言われるアドリア海の真珠こと**ドブロヴニク**の市街地がある。そして、ボスニア・ヘルツェゴビナ国境近くにある16の湖と92の滝があまりに美しい**プリトヴィチェ湖国立公園**とともに、観光を主要産業とするクロアチア経済を支えている。クロアチアは旧ユーゴ国家としてはかなりの成功を遂げている国家と言える。

旧ユーゴから独立した国家として最後に紹介するのがスロベニアこと**スロベニア共和国**。西をイタリア、北をオーストリア、東をハンガリーに囲まれた四国とほぼ同じ面積に２００万人が暮らす国。今の位置説明にもあったようにこの国は旧ユーゴで最も北にあったため、ご近所にも豊かな国が多く、その恩恵を受けて早くから旧ユーゴ地域の中では別格的に経済状態が良かった。スロベニアにしてみれば連邦は足を引っ張る存在でしかなかったのだ。そんなスロベニアが独立に向かうのは当然のこと。旧ユーゴの中で真っ先に独立を宣言したのはスロベニアである。

もちろんセルビア中心の連邦政府はこれを許さず軍を派遣したが、わずか10日で撤退してしまう。なぜか？　それはスロベニアの南に位置したクロアチアがスロベニアに感化されて独立を宣言したから。こうなるとセルビアにとってはスロベニアなどどうでもいい。いや、どうでもよくはないがクロアチアを抑える方が優先される。クロアチアはクロアチアで、セルビアがやめろと言ったところで「はい、そうですか」と引っ込むわけはない。かくしてセルビアから離れていること、間にクロアチアがあったことなどが幸いし、スロベニアはあっさり独立を果たしてしまった。いち早く独立したスロベニアは04年にEUに加盟。地の利も活かし、経済も順調に発展。一人当たりの国民総所得もバルカン諸国と東欧の中では最高水準に成長する。

●Buongiorno Italia

旧ユーゴ諸国に続いて紹介するのは老若男女を問わず高い人気のイタリアことイ**タリア共和国**。高級ブランドにカルチョ（サッカー）にイタ飯、フェラーリにアルファ・ロメオ、ローマ帝国にへタリアと話題には事欠かない国。日本の5分の4ほどの広さに日本の半分ほどの人が住んでいる。これまでの国と違って知名度の高い都市がたくさん、それもそのはず、そもそもイタリアでは都市国家が栄え統一国家が成立したのは19世紀後半になってからのこと。ちなみに同じく統一が遅れた国としてドイツが挙げられる。統一が遅れたために帝国主義的植民地争奪戦にも乗り遅れ、そのために両国は第一次、第二次と二度の世界大戦で少数派に回る羽目に。ただし生真面目なドイツと違いイタリアはちゃっかりどちらの大戦でも最終的には戦勝国側になってしまうのだから、その調子の良さには呆れてしまう。ついでに言えば両国ともサッカーの国内リーグが盛んで代表チームもかなり強いが、都市間の争いが激しかった歴史がその遠因になっているのかもしれない。

●北部イタリアの都市

イタリアの特徴であり現在進行形の問題でもあるのが南北の経済格差の激しさ。古くから栄え工業や商業が充実した北イタリアに対し、南イタリアは農業や水産業中心で比較的貧しい。北イタリアは**アルプス山脈**の南から始まる。まずはアドリア海の北岸**ヴェネツィア（ヴェニス）**。地図だとわかりにくいが実は島である。街中を網の目のように水路が張り巡らされたこの街は**アドリア海の女王**とか**水の都**と讃えられている。このヴェネツィアだが、実はその寿命は長くないという物騒な話もある。というのも地球温暖化などの影響で水没の危機にあるというのだ。ヴェネツィアが沈みつつあるのは事実のようで、また高潮の影響で数年に一回レベルで道路に関しては本当に水没してしまうこともある。島には車が入り込めないので住むには不便な街だが、やはりこの美しさはなんとしても保全してほしいところだ。

ヨーロッパ地形図

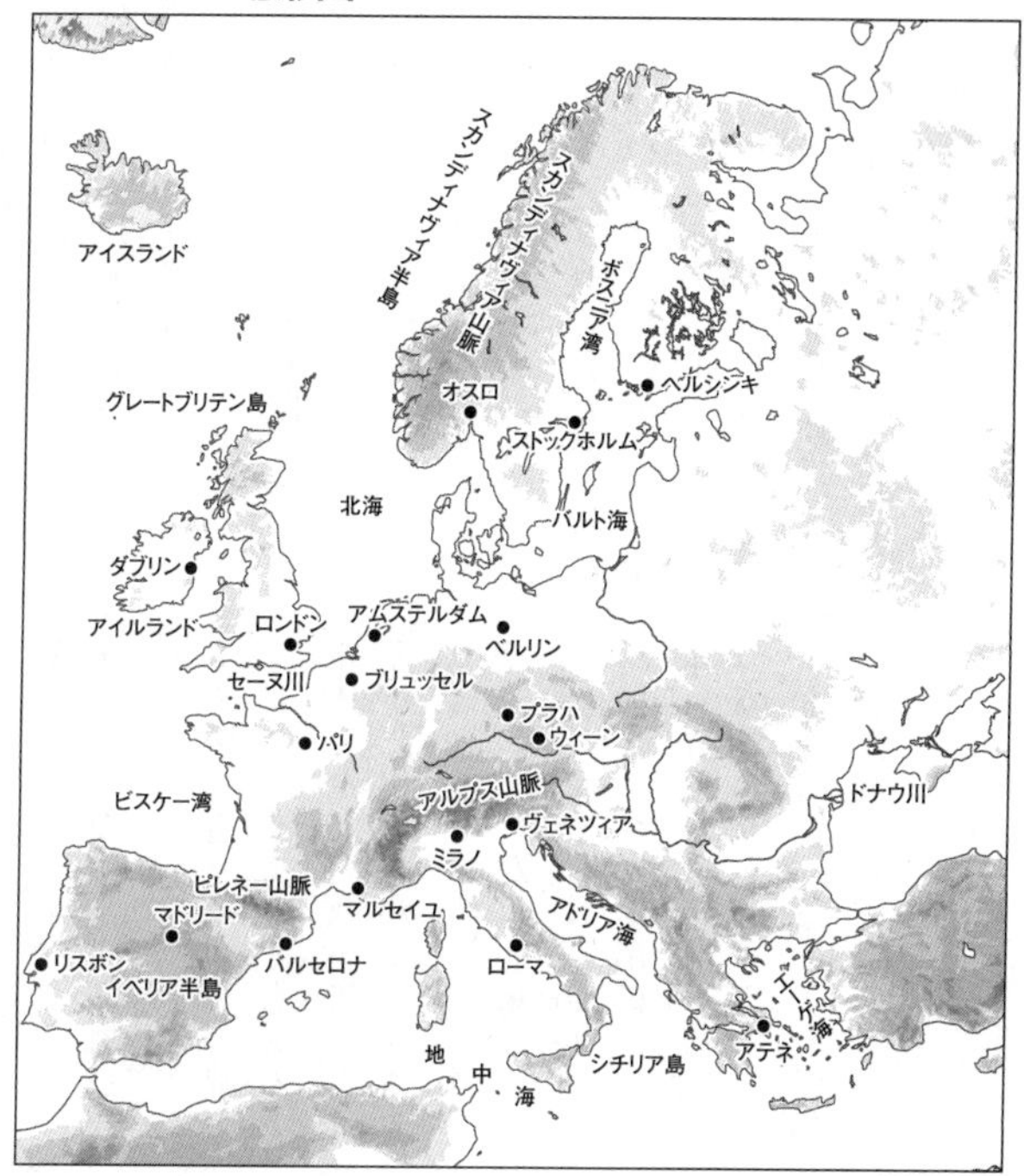

ヴェネツィアからほぼ真西へ240キロほど先、スイス国境近くにあるのがイタリアにおいて人口第二位、都市圏での人口では第一位を誇る工業都市**ミラノ**。ファッションの街に相応しく様々な有名ブランドの本社がある。もちろん自動車関係も充実している。またロ**ンバルディア同盟**の一画をなす自治都市として、**ヴィスコンティ家**の支配

するミラノ公国として長く繁栄した歴史を持ち、**レオナルド・ダ・ヴィンチの「最後の晩餐」**が飾られる**サンタ・マリア・デッレ・グラツィエ教会**や**ミラノ大聖堂**のような観光資源たる歴史遺産も多い。

ミラノの西南西125キロ、フランス国境近くには、イタリア第二の工業都市トリノがある。サッカーの名門チームユベントスの本拠地でもあるトリノはイタリア最大の自動車メーカー、フィアットの企業城下町として発展した。以前は100万都市だったが急激な人口減少に見舞われており治安が悪化しているのがややさみしい。

今度はトリノから南東へやはり124キロ進みリグリア海岸へ。そこにあるのがイタリア最大の貿易港**ジェノバ**。そして、ジェノバから北東に120キロ進むとそこには生ハムで有名な美食の都**パルマ**がある。パルマが属する州がエミリア・ロマーニャ州。その州都はやはり美食の街ボロネーゼパスタ発祥の地**ボローニャ**。マセラティや、今はアウディ傘下のランボルギーニなどの本社が所在する他、やはりアウディ傘下のバイクメーカー、ドゥカティの本社もある。ついでに言えばパルマとボローニャの中間あたりにあるのがフェラーリで有名なモデナ。本社所在地はモデナ県のマラネッロだが**モデナ**もマラネロもフェラーリの市販モデルの名に冠されている。

●中央イタリア

北イタリアを後にして中央イタリアへ向かう。イタリアには領土内にミニ国家が二つある。一つは世界最小の国として有名な**バチカン市国**。そしてもう一つが現存する唯一の都市国家で、世界で最も古い共和国、**サンマリノ共和国**。イタリア半島を背骨のように縦貫するアペニン山脈の東、世田谷区ほどの面積に約3万人が暮らすこの国はれっきとした国連加盟国でもある。

アペニン山脈を挟んでちょうどサンマリノの反対側に当たるのがワインで有名な**トスカーナ地方**。その州都がイタリア・ルネサンス発祥の地**フィレンツェ**。毛織物業と銀行業で繁栄したフィレンツェ。ルネサンスは大銀行家**メディチ家**がパトロンとなることで開花する。芸術家だって食べなきゃ生きていけないのだ。万能の天才レオナルド・ダ・ヴィンチをはじめ、美術の**ミケランジェロ**、**ラファエロ**、**ボッティチェリ**。文学のジャンルにも『**神曲**』**のダンテ**や『**デカメロン**』**のボッカチオ**がいて、さらに言えば政治を科学的かつプラグマティックに捉えた権謀術数**マキャベリズムの**『**君主論**』**のマキャベリ**を生み出したのもフィレンツェだ。ちなみにここからリグリア海に向かって70キロほども走れば、あの**ピサの斜塔**があるピサの街もある。

料理を見ればその国の農業がわかる。例えば牧畜と小麦の**混合農業**、それにブドウの栽培がさかんなフランスには、肉とパンとワインのフランス料理が存在する。コメと野菜が中心の和食も日本の農業に合致している。翻(ひるがえ)ってイタリアはと言えば当然イタ飯。

サンマリノ共和国（首都サンマリノ）

パスタにピッツァとなると必需品はオリーブオイルに南米発祥のトマト、おやおやまさしく地中海式農業の典型的な農産物じゃないか。トスカーナ地方からローマまで車で約3時間(高速鉄道なら1時間半)。その間、車窓から見えるのは田園風景。ファッションの国イタリアだが、EUの中でフランス・ドイツに次ぐ農業生産高を誇る農業大国でもある。年中温暖な気候を利用して多くの農産物が穫れ、それらを加工してオリーブオイルやトマトペースト、ワインが製造され、食卓を賑やかにしてくれるのだ。

誰もがその名を知る古都であり大都会である首都**ローマ**。人口は275万人。帝政ローマ以前の共和政ローマの頃からすでにこの地域に君臨しており**コロッセオ**をはじめ数えきれないほどの歴史遺産がローマを埋め尽くす。あのグレゴリー・ペックとオードリー・ヘップバーンの名作『ローマの休日』に登場した**スペイン広場**や**トレヴィの泉**も健在。さすがは石造りのヨーロッパ。

そのローマ市内にある世界最小の国家が先程も紹介したバチカン市国。正直バチカンは厳密には国と言ってよいのか微妙なところ。というのもここはローマ・カトリックの総本山。全世界のカトリック教会を運営統括する**ローマ教皇庁**があり、皇居の半分ほどの面積に800人程が生活しているのだが、全員がカトリック関係者であり、バチカンの他に出身国等の国籍も保持する二重国籍者。というのもバチカンには永住権はなく、居住するのは在職時のみだから。ついでに言えばバチカンを守る衛兵はスイス人による傭兵部隊。これは名誉ある職務でカトリック信者のスイス市民だけがなれる。

●南イタリアと南仏

ローマの南が南イタリア。ナポリやシチリア島といった風光明媚なところ。ひとつ問題なのは、これらの地域は経済力のある北イタリアとは異なり、貧しい人も多くそのために治安もよろしくないこと。そもそもイタリア自体ヨーロッパの中では決して治安の良い国ではないのだが、それでも概ねイタリアで旅行者が巻き込まれる犯罪は置き引きやスリ、窃盗などがメインとなる。ところがこれが南に来ると持ち物だけでなく身の危険も心配する必要が出てくる。気候に恵まれてるとはいえ、農業中心の経済はやはり安定性がない。失業率の高さや移民問題もある。

南イタリアの代表的な都市は**ナポリ**。イタリア第三の都市で「ナポリを見てから死ね」とまで讃えられた美しい街。だが現在は地元の人も恐れるほど治安が悪化しており、イタリアマフィア、カモッラの拠点でもある。

今やリゾートになっている**シチリア島**の西にあるのが二つの大きな島。北が**コルス（コルシカ）島**で南が**サルディーニャ島**。どちらも歴史がらみで名高い。コルス島はフランス領、あの**ナポレオン**の出身地。サルディーニャ島はイタリア領。かつてイタリアの統一を成し遂げた**サルディーニャ王国**の所領だった島。コルス島から北西に向かうと世界最小の国連加盟国**モナコ公国**にたどり着く。

モナコから海岸沿いに南西へ下っていくと南仏の**プロヴァンス地方**。モナコが手放したコート・ダ・ジュールの中心となる**ニース**はパリに次ぐフランス第二の観光地。そしてその先には映画祭で有名な**カンヌ**がある。フランス一の軍港**トゥーロン**から今度は北西へ進めば**マルセイユ**にたどり着く。プロヴァンス地方には一般的なフランス料理とは違って、地中海性気候に育てられたオリーブやトマトをベースに、地中海の魚介類を使ったプロヴァンス料理がある。特に白身魚やエビや貝類をふんだんに使った**ブイヤベース**はマルセイユ名物としても有名。ただし家庭料理ではなく各レストランの料理人が腕をふるっている。

●イベリア半島とスペイン

南仏を離れいよいよイベリア半島に入る。まずはスペインこと**スペイン王国**。そもそもはローマの属州ヒスパニア。この言葉はイスパニア、イスパーニャ、エスパニア、そしてスペインの語源。フランスとスペインを分けるようにそびえているのが**ピレネー山脈**。実際この山脈があったことで、スペインやポルトガルはフランスに取り込まれないで発展することができた。

イベリア半島の5分の4を占めるスペインのフランス国境に近い地域が、**カタルーニ**

ヤ地方。州都は弓矢を使った聖火点灯が印象的だった1992年の夏季五輪の開催地であり、サッカーの強豪バルサことFCバルセロナの本拠地**バルセロナ**。世界遺産にも登録されている建設から1世紀を超えて今なお完成していない**アントニオ・ガウディ**の建築作品、**サグラダファミリア教会**でも有名だ。実はカタルーニャ、しばしばスペインからの独立を画策している。それも遠い昔の話ではなく現在進行形で。というのも元々スペインの中心マドリッドとは言語も風習も異なるのが、このカタルーニャ地方。そもそもは国家も別だった。なにせ夏季五輪を開催できる経済力があるわけで、カタルーニャは自立が可能。というより今はスペイン本国に足を引っ張られている感すらある。直近の住民投票は2014年に実施され独立賛成が多数を占めた。ところがスペインの憲法裁判所はこれを無効とし独立を認めなかった。現在スペインは財政難にある。それだけにカタルーニャの独立への炎はまだまだ燃えさかることだろう。

スペインの内陸、イベリア半島のド真ん中にあるのが首都**マドリード**。現在もヨーロッパで5番目に多い人口を擁するがハプスブルク帝国最盛期には大いに栄えた。FCバルセロナの好敵手レアル・マドリードの本拠地でもある。

旅行好きや歴史マニアを除くと案外知られていないのが、スペインがアフリカの真向かいにあるということ。まあスペインとアフリカは確かにイメージが違うだろうなぁ。スペインに対する日本人のイメージはやや過大気味で、ついこの間まで軍事独裁政権下

イタリアと南仏、イベリア半島

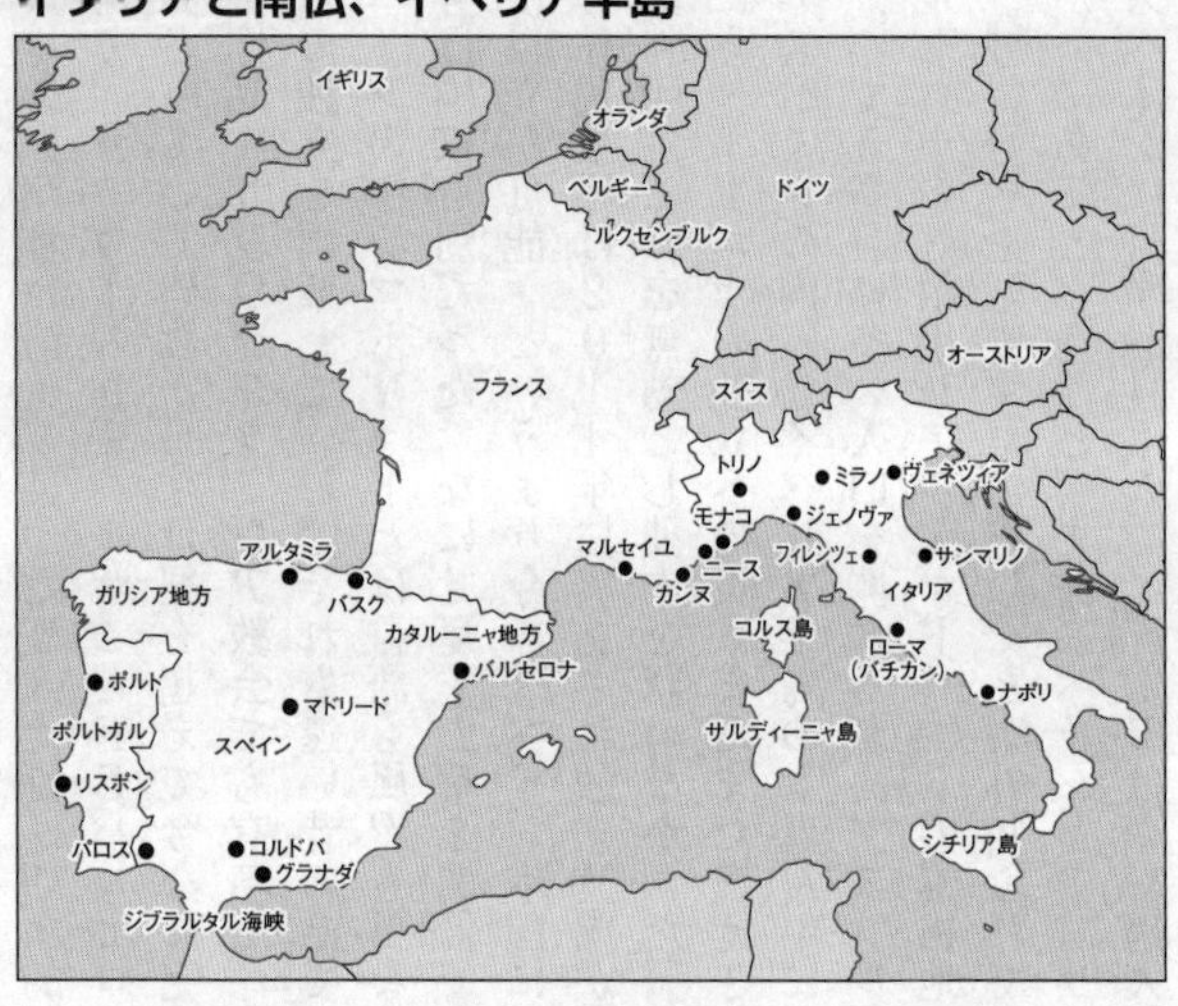

だったと聞くと驚く人は多い。話を戻すとイベリア半島は地中海を挟んで北アフリカと向かい合わせ。故にイスラム勢力の侵攻も受けており、憧れのアンダルシア州の**グラナダ**には、そんなイスラム王朝が残した**アルハンブラ宮殿**がある。イベリア半島からイスラム教徒を追い出したのが**レコンキスタ（国土回復運動）**、その完成が１４９２年のグラナダ陥落だった。敵対するイスラム勢力を駆逐したスペインは目を大洋の外に向け、大航海時代を創世し、日の沈まぬ帝国を打ち立てる。その後、イギリスの台頭と入れ替わるように凋落、キリスト教信者にも諸行無常は当てはまるようだ。

イベリア半島の南の先端にあるのが

ジブラルタル海峡。最も狭いところでは14キロ。というわけで泳ごうと思えば泳げる。ジブラルタル海峡の北岸ジブラルタルはスペイン領ではなくイギリス領。1713年にスペイン王家の継承権をめぐってヨーロッパ各国が入り乱れた戦争のとき、イギリスがどさくさに紛れて奪ってしまった。

●ポルトガル

イベリア半島にあるもう一つの国がポルトガルこと**ポルトガル共和国**。当然のことながらスペインとの関わりは深く、一緒になったり離れたりを繰り返し、現在は各々独立国になっている。ただし言語はスペインのスペイン語に対しポルトガルはポルトガル語。かつてこの両国で南米を席巻。既に先住民が存在し、生贄(いけにえ)の儀式はいただけないがそれ以外は立派な文明を持つ帝国まであったのに、ことごとく蹂躙、破壊。挙げ句の果てには二国で勝手に世界を二分することを決めちゃったりしたのだから、とんでもない話。ついでに言えば、この二国は敬虔なカトリック国なのでローマ教皇もこれを公認、いやそれどころか積極的に仲介したというのだからなんともはや。

ちなみに現在、最もポルトガル語を話す人が多い国は南米のブラジル。さらに言えばブラジルはポルトガルと血で血を洗う戦争の果てに独立を勝ち取ったのではなく、ナポレオンに占領されたポルトガル本国を逃れ植民地ブラジルに亡命したポルトガル王の息子である王子が、本国よりもブラジルを好きになっちゃって独立させたもの。

日本の4分の1の国土に1000万人強の人が暮らすポルトガルの首都は**リスボン**。ヨーロッパ最西の大都市でもあるリスボンの都市圏には、ポルトガルの人口の4分の1弱の300万人の人々が生活する。リスボンには世界遺産にも登録されている**ジェロニモス修道院**や**ベレンの塔**など大航海時代の全盛期の建物が残る。また大航海時代の探検家、**ヴァスコ・ダ・ガマ**はジェロニモス修道院に葬られている。

リスボンから海岸線を北へ向かうとポルトガル第二の街**ポルト**に出る。都市圏人口は160万人。港湾都市として発展したポルト、有名なポート・ワインとは、このポルトの港から出荷されたワインのことだ。やばい、原稿などうっちゃらかして旅に出たくなってしまった(笑)。

第三章

西ヨーロッパ

フランス、パリ凱旋門（写真：伊東町子/アフロ）

明治の近代化以降、多くの日本人にとって憧憬の地だったヨーロッパ。中でも特に西ヨーロッパは、昨今流行りの異世界転生もののアニメや小説、さらに定番のRPG（ロール・プレイング・ゲーム）の舞台のモチーフとなるほど、今なお絶大な人気を誇っている。そんな西ヨーロッパだが、地球温暖化や中国の台頭、そしてグローバル化が進む昨今においてはなかなか難しい状況にあるという。そんな西ヨーロッパの地域と国々を覗いてみよう。

●共通の祖ギリシア・ローマ

白人のキリスト教徒というかつての典型的な西欧人に共通の祖先と認識されているのが、古代ギリシアと共和政を経た上でのローマ帝国。文明の勃興という点ではオリエントと呼ばれる北アフリカや西アジアに後れをとったものの、古代的な王政による繁栄を誇ったオリエントの王朝に対し、古代ギリシアはより現代の政治体制に近い民主制を土台とし文化はもちろん軍事的にも一時代を築いた。

その古代ギリシアから言語や神話の神々などで明らかに影響を受けた共和政ローマとその後身であるローマ帝国は、結果としてキリスト教を今日まで残る世界宗教として確立したばかりか、版図においても当時の世界で最大のそれを実現し、最強の国家として君臨した。そんなローマの栄光をプライド高い西欧人たちが誇りに感じるのもいたって自然のことと言える。

●現代欧州国家の礎となったフランク王国

やがてそのローマ帝国は東西に分裂。現在のトルコや東欧・バルカン諸国あたりを所領とした東ローマ帝国に対し、西ヨーロッパ地域を支配したのが**西ローマ帝国**。しかし**ゲルマン民族の移動**などで疲弊した西ローマはやがて滅び、代わって西ヨーロッパに君臨したのがゲルマン人の一派、フランク人が建国した**フランク王国**。

このフランク王国は財産分与、すなわち相続に際して均等相続を基本としていたため、時の王カール大帝の死後、王国は西フランク、中部フランク、東フランクに三分、息子たちがそれぞれの王国を治めることに。その後紆余曲折あって、**西フランクがフランス**の、**中部フランクがイタリア（南ヨーロッパの章で紹介）**の、**そして東フランクがドイツの原型**となった。

そんなわけでヨーロッパ各国の歴史的関係性は深く、それだけにまた因縁も根深い。そこにここで名前が挙がっていないもう一つのヨーロッパを代表する超大国、イギリスこと連合王国（北ヨーロッパの章で紹介）が加わって複雑な歴史をたどったのがヨーロッパ諸国。

共に**フェニキア人の発明によるというアルファベット**に起因する言語を用い、また各国の王侯貴族の多くが親戚姻戚関係にある。そんなわけで西ヨーロッパを知るには、まずこのフランス、ドイツを知ることが手っ取り早い。それでは、フランスから見ていくことにしよう。

●意外な分野で大国のフランス

フランスと言えばフランス料理に高級ブランド。誰もがオシャレなイメージを抱いてしまう。もちろん実際にそうした面もないわけではないが、実はフランスを支えているのは日本では地味な印象を持たれる産業である農業。そう、フランスは西ヨーロッパどころか欧州屈指の農業国なのである。突然だが、筆者は常々「**料理はその国の産業と国民性を反映している**」と論じてきた。これは不思議でも何でもないことで、そもそも食や料理には素材が必要。その素材は農業と水産業に依存している。そしてその国の農業生産物と水産物は風土や気候に大きく影響を受ける。

フランスは若干高緯度ではあるものの一年中同じ方向から吹いてくる暖かい偏西風と暖流の北大西洋海流の影響を受けて、年間を通し一定の降水量も確保しつつ一定の温かさにも恵まれるという西岸海洋性気候に属する地域である。だから小麦も野菜も果実も豊富で、また牧草にも困らぬために牛などの飼育もできる。ゆえにワインと牛肉、色とりどりの野菜にパンというフランス料理を堪能できるというわけだ。

フランス→フランス共和国

この世界に名だたるフレンチことフランス料理を体現できたのは、その農業のおかげ。小麦など食料とする穀物のみならずトウモロコシなど餌つまり飼料となる作物も同時に栽培し、その横で牛や豚などを育てる牧畜も行うのが、かつての期末テストの頻出用語

フランス

の一つだった**混合農業**だ。この混合農業にブドウなどの果樹栽培、そこから発展するワインやシャンパンなどの醸造を加えると……。穀物生産量ＥＵ1位、ＥＵの穀倉と呼ばれるフランスの農業大国ぶりにも納得できることだろう。

●そしてこんな大国でも……

イメージと違うと言えばフランスにはもう一つ意外な横顔がある。それはアメリカに次ぐ世界第二位の原発大国としての顔だ。日本ほどではないにしろエネルギー資源に乏しいフランス。そんなフランスが安全面でのリスクは高いとはいえ、化石燃料への依存度を大幅に低減できる原子力発電に飛びついたのは無理もないことだ

った（ただし原子力発電に用いるウランも他国に依存）。

フランスの2021年における発電の電源比率をみると、原子力がほぼ7割を占めダントツのトップ。ちなみにこれでも欧州全体の再生可能エネルギー普及への流れを受けて、段階的に引き下げている途中での数字である。フランスの原子力開発には歴史的な背景もあって、例えばベクレルの単位に名を遺す放射線の発見者**アンリ・ベクレル**はフランス人だし、ラジウムやポロニウムを発見し「放射能（radioactivity）」という言葉を生んだ**キュリー夫妻**もフランス人だったりする。

ただフランスに限らず原子力発電に向けての世界の視線はシビアだ。特に2011年の東日本大震災における福島第一原発事故以降、その傾向は強まり、クリーンエネルギー推進への欧州全体の世論も盛り上がっている。

もっともこれには本音と建前の二面性もある。例えば2015年、隣国である環境大国を自称するドイツでクリーンディーゼル車における排ガス不正が発覚、これを受けて欧州の自動車メーカーは一斉に電気自動車推進に舵を切った。そしてその後、電気自動車の普及で米国のテスラモーターズや中国メーカーに遅れをとると、ガソリンなど内燃機関を利用するエンジンを用いた自動車の延命措置が発表されている。要するに、都合のいいようにルールをころころ変えてしまうのだ。

2022年のロシアによるウクライナ侵攻以降はさらに事態が複雑化。というのも西ヨーロッパ各国はクリーンエネルギー推進で賄いきれなくなった分をロシアから輸入する石炭などのエネルギー資源で埋め合わせていたのだが、紛争によりその供給がストップ。欧州各国も建前上ロシアに抗議しなければならないので、経済制裁として燃料輸入を止めざるを得ない。

その結果、光熱費は高騰し家計を直撃。五公五民どころか六公四民でも暴動が起こらない日本と異なり、欧州では国民の生活水準の圧迫はリーダーへのNOに直結する。そのため彼らは第三国を仲介するなどしてロシアからの輸入を継続する始末。そんな流れの中で一時は縮小を進めていた原発が見直されるようになっている。

今どきアフリカや南米のかつては奥地とされていたところですら電化されている。**アーミッシュ**や**インド洋のセンチネル族**でもない限り、電力を消費しない日常を送ることは難しい。「衣食足りて礼節を知る」とはよく言ったもので、人は最低限の生活が保障されて初めて建前で生きることができる。欧州各国がこの非常時にエネルギー獲得に本音を剥き出しているのも、一面では国民生活保護に繋がることでもあり仕方のないことなのだ。

●増え続ける移民

欧州各国を悩ませている移民問題。それはフランスにおいても例外ではない。そもそも「どこの国に行ってもいい」と言われたら、誰だって豊かな国を選ぶ。経済的に豊かなドイツや、文化的に豊かな印象のあるフランスは、その知名度も相まって移民が集まりやすい。

加えてフランスには因果応報の面もある。他の欧米列強に比べ植民地からの撤退が遅かったのだ。第二次世界大戦への反省や人権と民族自決意識の高まりが招いた植民地経営コストの上昇などから、他の戦勝国らは戦後まもなくアジアやアフリカの植民地から撤退した。ところがフランスはベトナムにしろ**アルジェリア**にしろ、なかなか手放そうとしなかった。植民地住民のエリート層は宗主国の言語を学ぶ。また植民地の生活に行き詰った者が移民に活路を見出すとき第一候補となるのは宗主国である。そんな事情からフランスには欧州難民危機以前からアフリカ系とイスラム系移民が来やすい条件が揃っていた。

良し悪しは別にしてサッカーをはじめとする様々なスポーツにおけるフランス代表の顔ぶれを見ると、かつてのヌーベルバーグ作品に登場したようなフランス人がほとんどいないことに驚かされる。フランスの前身フランク王国の躍進は、496年の国王**クローヴィス**がカトリックに改宗したことに始まった。つまりフランスは歴史上はカトリックで発展した国なのだ。もちろん後の16世紀において宗教改革を始めた**マルティン・ルター**と並び称されるカルビンことジャン・**カルヴァン**の母国でもあるから、**ユグノー**など同じキリスト教のプロテスタントも、フランスで盛んに信仰された宗教と言える。が、イスラム教はそうではない。にもかかわらず近年のフランスでは、ムスリム系移民による路上を占拠しての礼拝が各地で行われるようになっている。

●もちろん従来のイメージ通りの姿も

ここまで意外なフランスの現状を見てきたが、もちろんフランスは従来のイメージ通りの顔も併せ持っている。ルーブル美術館を擁しカンヌ映画祭が開催されるフランスは文化大国であり、**エッフェル塔や凱旋門**、**モン・サン・ミッシェル**など世界でも有数の観光地がある世界第一位の観光大国でもある。

ル・マン24時間レースが行われ、プジョー、ルノー、シトロエンといった名高い自動車ブランドで知られる欧州でドイツに次ぐ自動車大国の面も持ち、ファッション業界における世界最大のコングロマリットとも言われるＬＶＭＨ（ルイ・ヴィトン・モエ・ヘネシー）に属する数十のブランドを含む多くのアパレルやファッションブランドを擁している。アメリカのボーイング社と並ぶ世界二大航空機メーカーの一つ、ドイツとの共同出資で創始されたエアバス社の本社があるのもフランス。そのエアバスはドイツやイタリアをしのぐ予算を費やすフランスの宇宙産業をも支えている。

他にも医薬品分野など工業においてもフランスはドイツに次ぐ欧州での大国としての

存在感を放っている。

●パリ

コタンタン半島を越えると第二次世界大戦における連合国軍の勝利への転機となったノルマンディー上陸作戦でお馴染みのノルマンディー。海の向こうはイギリス。第二次世界大戦時に米兵を中心とした連合国軍はヨーロッパ本土を席巻していたナチス・ドイツを撃退すべく、ここから上陸した。このノルマンディーからパリまでは東南東に約150キロメートル。連合軍は2カ月をかけて首都パリに向かったが、今では、電車で、2時間ほどで着く（当時も戦闘がなければ、半日かからない）。

パリはロンドン、ニューヨーク、東京と並ぶ世界都市。人口約215万人。そのうちイスラム教徒が15パーセントにもなる。パリ市は、伝統的に西部に豊かな人々が住み、東部に貧困層が多い。人口の20パーセントはフランス本国以外の人々。その多くが貧困層になっているが、フランスは人権意識が強く社会福祉も充実しているから、貧困層でも生活はしやすい。それが仇になって、さらに移民が入ってくる。テロの危機と人権が諸刃の剣になっているのが悲しい。

パリには金融のBNPパリバ、先にも挙げた自動車のルノー、ファッションのルイ・ヴィトンやシャネル、化粧品のロレアルなど世界的企業の本社が並ぶ。歴史的遺産も書ききれないほど。凱旋門、エッフェル塔、ノートルダム大聖堂、ルーブル美術館など。キリがない。

●アルザス・ロレーヌ地方

パリから内陸（東）に向かうと2時間強で歴史遺産街ストラスブールに着く。そこはドイツとの国境、アルザス・ロレーヌ地方があるところ。

このアルザス・ロレーヌ地方はドイツとフランスで奪い合いの対象になった場所。なぜならヨーロッパ随一の石炭と鉄鉱石が産出されるところだから。ドイツの前身プロイセンの鉄血宰相**ビスマルク**の言葉に「**鉄は国家なり**」という言葉がある。「**鉄は産業の米**」という言葉もある。ほんの少し前までは橋、ビル、タワー、自動車、電車、船と何を造るにも鉄が使われていた。鉄がなければ頑丈なものを造ることができない。

その鉄は鉄鉱石から取り出すが、そのためには石炭が必要。鉄は鉄鉱石と石灰石と石炭を、コークス炉で蒸し焼きにした**コークス**で作られる。

質のいい鉄鉱石と石炭が大量に取れる場所が国境沿いにあれば取り合いにならぬほうが不思議だ。戦争の火種になったのも当然のこと。ストラスブールは、このアルザス・ロレーヌ地方の中心都市。旧市街は歴史遺産として登録されている。西ヨーロッパの地理的中心でもあった。そのため、現在、**欧州議会**も設置されている。

●「フランダースの犬」とベルギー王国

ベルギー王国からイメージできるものと言えばベルギービールとチョコレートくらいか。実は多くの人に知られる『フランダースの犬』の舞台もベルギー。画家になることを夢見ていた主人公の少年ネロは、貧困の末に愛犬パトラッシュとルーベンスの絵の前で天国に旅立つ。この**フランドル地方**があるのがベルギー。ネロは貧困だったが、フランドル地方は毛織物工業が発展した豊かな地で、百年戦争など多くの戦いで争奪の対象となった。現在でもベルギーは貧困ではない。実はEUで一番賃金水準が高いのがベルギー。一人当たりの国民総所得はフランスよりも高くドイツと変わらない。

ちなみに**ルーベンス**はフランダース美術の最高峰に位置する画家。ネロが見た絵「キリストの昇架」は、**アントワープ大聖堂**にあり、この大聖堂は世界遺産に登録されている。アントワープは、オランダ語ではアントウェルペンという。フランドル地方はオランダに近く、オランダ語を使う人が多い。逆に首都**ブリュッセル**に行くとフランス語を使う人が増える。ベルギーはブリュッセルの北側あたりを境に北部がオランダ語圏、南がフランス語圏となる。南北では経済格差もある。

北のフランドル地方は毛織物工業を基礎に、電子機器、自動車、石油化学工業が発達したが、ブリュッセルより南の**ワロン地方**は豊富な石炭資源をもとにした重工業地帯となった。しかし、世界のエネルギー事情が石炭から石油に替わることによって南部は衰退し失業率が急増。さらに言語の壁が労働者の自由な移動を妨げている。ワロン地域の人はフランス語を使うので、オランダ語圏のフランドルには行きづらい。

中間に位置するブリュッセルも問題を抱えている。EUの本部がブリュッセルにあることはご存じだろうか。EUがベルギーとオランダ、ルクセンブルクによる**ベネルクス関税同盟**を始まりにして発展してできたからだが、本部があるために、ブリュッセルは非常に国際色が豊かになった。特に近年は中東やアフリカからの移民も増え、イスラム教徒が多くなり、多国籍都市になりつつある。そのためにテロの標的とされやすく、移民が大きな問題になっている。EUの本部がありEUの首都とも言われるブリュッセルが抱える問題もまたEUの縮図のようだ。

ベネルクス三国

●ルクセンブルク大公国

ベルギーの内陸部が**ルクセンブルク大公国**。ベルギーもルクセンブルクもオランダも元々は**ネーデルラント連合王国**の一員であった。この王国はナポレ

ルクセンブルク大公国（首都ルクセンブルク）

らも違っていた。

オン戦争後のウィーン会議で、フランスからの独立を認められた（フランスが負けたから）。しかし、プロテスタントの国のオランダと、カトリックが多いベルギーとルクセンブルクとでは、そりが合わない。一方で神聖ローマ帝国以来の歴史を持つルクセンブルクはオランダと同一の王を抱く同君連合で、ベルギーとは言語も歴史も違っていたし王も違っていた。結局ルクセンブルクはベルギーとも袂をわかつ。

そして、1890年、ルクセンブルクはオランダと同君連合を解消し、アドルフがルクセンブルク大公となる。ルクセンブルクは永世中立国でベルギーと同じく立憲君主制国家。金融と情報通信産業が発達し、一人当たりの国民総所得は世界トップクラスの7万5000ドルを超える（日本が4万2000ドル）。労働力の半分は外国人で、生活水準も高く、社会保障も充実している。

●オランダ

ベルギーとルクセンブルクとベネルクス同盟を結んでいたのが**オランダ王国**。ベルギーの北にある。ネーデルラントが正式名称だが、これはドイツ語で低地を意味する。日本人には風車で知られるオランダ。それは古くから、海と低湿地を堤防で仕切り、風車を利用して水を排水していたから。このように干拓してできた土地を**ポルダー**と呼ぶが、オランダの国土の4分の1が標高0メートル以下。多くの国民もここに暮らす。

そのためオランダは地球温暖化に敏感な国である。北極海の氷が溶けることによって海面が高くなれば、0メートル地帯の土地は水害に襲われる可能性が高くなる。そこで自転車の利用が勧められ、自転車専用道路や駐輪場の整備が進んでいる。ガソリンや石油への環境税も導入され、CO_2の削減に取り組んでいる。

以前は、オランダの産業と言えば干拓地での園芸農業や酪農が知られていたが、現在は工業化が進んでいる。エネルギー自給率も高く、北海油田から出る天然ガスは輸出もしているし、石油メジャーの一つである**ロイヤル・ダッチ・シェル**の本社はオランダのハーグにある。そもそもダッチ（Dutch）は英語で「オランダの」という意味。電機メーカーの**フィリップス**や食品メーカー**ハイネケン**の本社は首都**アムステルダム**にある。このようにオランダでは石油精製、化学、電機機器、食品工業が発達している。

オランダの**ハーグ**は**国際司法裁判所**が置かれていることで知られるが、国会や王宮もハーグにある。故にハーグは政治の中心で、国際機関の施設も多く「平和と司法の町」とも呼ばれている。それに対し商業の中心地は**ロッテルダム**と港湾都市アムステルダム。ロッテルダムはライン川の河口にありライン川沿いの工業地帯と北海を結ぶ貿易の拠点として栄えた。現在、ヨーロッパ最大の貿易港**ユーロポート**がある。

●ヨーロッパ最大の経済大国、ドイツ

ベネルクス三国を通り過ぎれば、そこはドイツ連邦共和国だ。ヨーロッパ最大の経済大国。第二次世界大戦で日本と共に世界のラスボスになってしまった国。戦後の奇跡の経済復興と勤勉さもよく日本と比較される。ビールとソーセージと高級車。日本人が抱くドイツのイメージとは、そんなところか。

ドイツの起源はゲルマン民族の大移動によりできた東フランク王国。現在のような形になったのは19世紀のドイツ帝国から。その後、第二次世界大戦で敗北すると、米ソによって分割統治され、1989年11月まで、西ドイツと東ドイツに分かれていた。西ドイツ時代に世界有数の経済大国だったドイツは、経済発展の遅れた東ドイツとの統一で財政の悪化が予想されたが、見事にそれを克服。つい最近までEUの中では一人勝ちの状態になっているが、ウクライナ戦争でロシアからの安価な天然ガスが入りにくくなって、経済に陰りが出てきている。

西ドイツ時代には急速な経済発展を支える労働力としてトルコ人をはじめ地中海沿岸の地域から安い賃金で働く労働者を受け入れた。そのため、外国人が急増し他のEU先進諸国同様、膨れ上がる社会保障費の負担や言葉や宗教の違いが移民問題を引き起こしている。

●北部ドイツ

ドイツは大きく北部と中部と南部の三つの地域に分かれる。北部は北海とバルト海に面し北ドイツ平原がある。ここはハイデと呼ばれる荒地で、気温が低いため作物栽培に適せず牧草地が広がっている。**ブレーメンの音楽隊**で知られるブレーメン、**エルベ川**が流れ運河と水路が美しいドイツ第2の都市で人口180万人の**ハンブルク**、**バルト海**に面し**ハンザ同盟**の中心都市だった世界遺産にも登録されている古都**リューベック**、そして380万人の人々が暮らす国際都市、首都**ベルリン**。さらにポツダム宣言の**ポツダム**など多くの都市がある。

●中部ドイツ

ドイツの中部は盆地となだらかな丘陵地帯で肥沃な大地である。ドイツの代名詞ビールの原料となる大麦や小麦が栽培され、ワイン用のブドウ栽培も盛ん。

その中部のオランダ国境側に**ルール地方**がある。良質な石炭が豊富にとれヨーロッパ屈指の重工業地帯となった。

このルール地方は、地方名の由来になったルール川やライン川が流れて水運にも恵まれていた。ライン川はスイスアルプスのトーマ湖を源流とし、ドイツとフランスの国境地帯を流れ、このルール地方の東を通り、ロッテルダムに流れ着く。水量も豊富で流れは穏やかなため昔から**国際河川**として流通を支えてきた。ルール地方の南部にはこのライン川沿いにドイツ第4の都市で世界遺産の**ケルン大聖堂**で知られるケルンや、かつての西ドイツの首都**ボン**などの主要都市もある。

ドイツ、オーストリア、スイス

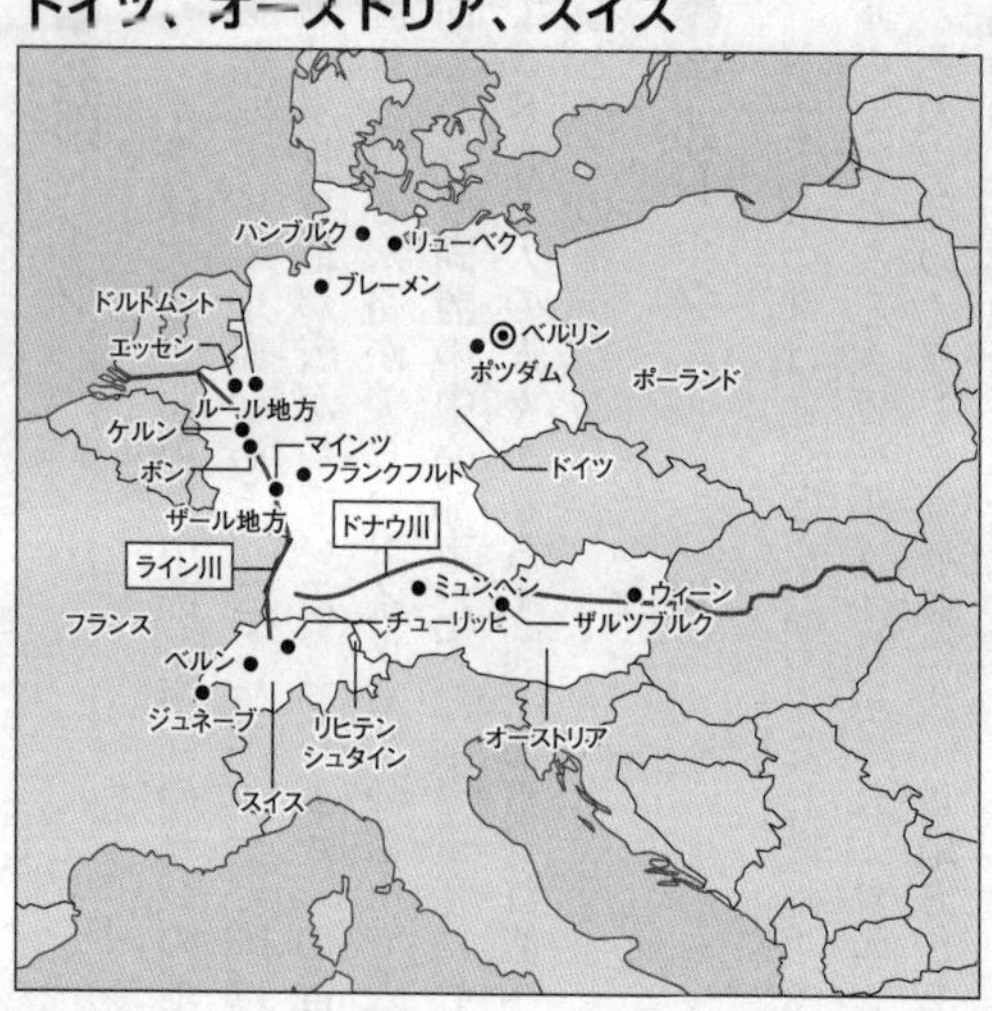

中部ドイツにはドイツ第5の都市**フランクフルト**がある。国際金融の中心地の一つであり**欧州中央銀行**の本部もここにある。何度も渡欧経験がある人はきっとこのフランクフルトのフランクフルト国際空港を利用したことがあるだろう。ここは世界的なハブ空港でヨーロッパ各地に向かうときにはこの空港で乗り換えることが多い。この空港を拠点にしているドイツのナショナル・フラッグのルフトハンザ航空はサ

ービスのよいことで知られ、乗務員の対応も非常にフレンドリーでかつ丁寧だ。

●南部ドイツ

中部から離れて、南部に行ってみよう。南部はアルプスの山脈地帯。地形は厳しく、気候は冷涼で、農業はチーズやバターの生産を目的とした酪農が中心。この南部の入り口に位置するのが**ミュンヘン**。このミュンヘンには欧州最強のサッカークラブのひとつ、バイエルン・ミュンヘンがある。2020年FIFAクラブワールドカップに優勝し、2014年のブラジルワールドカップのドイツ優勝を支えたのもこのチームの選手。

ミュンヘンはドイツ3番目の都市で、人口は約160万人。自動車メーカーのBMWや電機メーカーのシーメンスの本社があり、工業が発達している（ちなみに、メルセデス・ベンツはこのミュンヘンから西へ約180キロメートルのシュトゥットガルトにある。シュトゥットガルトにはポルシェの本社もある）。他にも南ドイツ新聞やランダムハウス（本社は米国）などのマスコミ・出版、情報産業も発展している。そして、忘れてはいけないのがビールメーカーのレーベンブロイ。この会社もミュンヘンにある。

●オーストリア

続いてドイツと同じ言語同じ民族で構成される国家**オーストリア共和国**。その首都はドナウ川沿いに発展した**ウィーン**。ご存じ「音楽の都」であり、スイスと同じ永世中立国で、ウィーンの旧市街や**シェーンブルン宮殿**は世界遺産に登録されている。

ウィーンはオーストリアを治めていたバーベンベルク家がここに都を構えたことから始まる。その後、オーストリアの全盛期を築いたのが**ハプスブルク家**。旧市街のホーフブルク宮殿やシェーンブルン宮殿もハプスブルク家の歴代の王が建てたものである。ザルツブルクで生まれた**モーツァルト**は、ハプスブルク家の女当主**マリア・テレジア**の時代にウィーンで活躍した。

ちなみに、モーツァルトが生まれたザルツブルクはドイツとの国境にありミュンヘンにも近く宗教都市として栄えた。ザルツブルク大聖堂など、今でも教会や歴史的建造物が数多く残り、「北のフィレンツェ」と言われる。

オーストリアの面積は8・4万平方キロメートル。日本の4分1弱。国土の3分の2を**アルプス山脈**が占める。気候は温暖だが西部の山岳地方は高山気候になる。人口は約910万人で、ウィーンには約200万人が住む。主な産業は自動車、機械、金属加工などの工業だが、観光収入も多く、ウィーンでは金融業も利益が大きい。一人当たりの国民総所得は日本よりも上である。

●スイスとリヒテンシュタイン公国

オーストリアの西にあるのが**スイス連邦**。アルプス山脈がオーストリアから連なっている。スイスの西がフランス。北がドイツ、南にはイタリアがある。そして、オーストリアとスイスに挟まれている王国が**リヒテンシュタイン公国**。

ハプスブルク家に仕えていたリヒテンシュタイン公がつくった国で、今でも国家元首はリヒテンシュタイン公である。ハプスブルク家がオーストリアの皇帝を降りたあとはスイスと関税同盟を結び、軍事や外交もスイスに委託している。そのため警官が100人程度しかいない。**スイスフラン**を導入し非武装中立を貫いている。観光と金融業が産業の中心で、**タックスヘイブン**によりヨーロッパでも超リッチな国。ペーパーカンパニーの数が人口より多いと言われ直接税はない。

さて、スイス。スイスはオーストリアのハプスブルク家の支配を嫌って独立した国。実在は証明されていないが、その象徴が**ウィリアム・テル**。ハプスブルク家の代官と戦ってスイス独立のきっかけを作った英雄である。巨大だったハプスブルク家と渡り合えるくらいに、スイス人は優れた兵士であった。16、17世紀には西ヨーロッパの各国に傭兵を派遣できるほど、その優秀さは知られていた。バチカンを守る衛兵もスイス人傭兵である。

スイスはアルプスに囲まれていて、農作物も多くは期待できない。そのため、スイス人は傭兵となって各国から外貨を稼いでいた。現在スイスが中立を維持できるのは、独

リヒテンシュタイン公国（首都ファドーツ）、スイス連邦（首都ベルン）

立を維持する気構えと力の賜物で、かつては各家庭に『民間防衛』なる国防マニュアル本が頒布されたこともある。

現在のスイスには多くの知られた企業がある。ロレックスやオメガ、スウォッチなどの時計メーカー、ネスレなどの食品メーカー、そしてクレディ・スイスやチューリッヒ保険などの金融。他にも化学・製薬などの高付加価値産業もあり、観光収入も大きく酪農も盛ん。一人当たりの国民総所得は日本の2倍になる9万ドル。リヒテンシュタインの11万ドルには及ばないがリッチであることには変わらない。

第四章

北ヨーロッパ

イギリス、ロンドンの2階建てバス（写真：高田芳裕/アフロ）

●高緯度のロンドン

ユーラシア大陸の西北にある鯱（しゃち）のような形の島が**イギリス**。このイギリスが北ヨーロッパに分類されるほど欧州の北部に位置していると実感できる日本人は少ないだろう。しかし、例えば5月の下旬あたりに**ロンドン**に足を運べば、ロンドンはかなり北に位置しているのだと実感させられる。なにせ、日没が午後9時（21時）過ぎなのだ。そして夜明けは4時頃。緯度が高いため、昼間（日が当たっている時間）が非常に長いのだ。

ロンドンの緯度は北緯51度。日本にはこれほどの高緯度になるところはない。札幌でさえ北緯43度。では、日本と同じような経度線上で、北緯51度はどこになるかというと、なんとロシア領のサハリン島（樺太）、想像以上に北方だとわかる。

そもそもヨーロッパ自体が日本人の認識よりかなり北にある。南ヨーロッパですら東京より緯度が高い。東京の緯度は北緯35度だが、ギリシアの首都アテネは北緯38度。あのイベリア半島の先端、アフリカとの境にあるジブラルタル海峡でも北緯36度だというのだから、ヨーロッパ全土が北方にあるのだ。

しかし、イギリスはサハリンほど寒くはない。なぜだろうか。それは南米大陸の東側を流れる暖かい海流が、そのまま北米の東側を通ってヨーロッパの北西に流れてくるから。この暖かい流れが**北大西洋海流**。この海流は**ドーヴァー海峡**を越えて**北海**にも流れていく。

さらに、一年を通して西から東へ、北大西洋海流のほぼ上空を吹く**偏西風**によって海上の暖かい空気が陸地に入り、そのおかげで高緯度にもかかわらずフランスやドイツなどの西ヨーロッパの内陸まで暖かくなる。この気候を総称して**西岸海洋性気候**と呼んでいる。

●グレートブリテン及び北アイルランド連合王国

イギリスの正式名称は、**グレートブリテン及び北アイルランド連合王国**。そのため日本以外ではあまりイギリスと呼称されることはなく、UK（United Kingdom）とかGB（Great Britain）と表現されることが多い。首都は**ロンドン**、最大の都市もロンドンだ。

正式名称からわかるようにイギリスは大陸側に近いグレートブリテン島と大西洋側のアイルランド島の北部からなる連合国家。グレートブリテン島には**イングランド**と**ウェールズ**、そして**スコットランド**という三つの国がある。そして、北アイルランドはアイルランド島の北部6州からなる国。

2023年現在の国家元首すなわち国王は**チャールズ3世**。即位したのは2022年なので、まだなんとなく「チャールズ皇太子」の方がしっくりくる人も多いのではなかろうか。あのパパラッチの追跡をかわそうとして交通事故で逝去したプリンセス・ダイアナ、ダイアナ妃こと故**ダイアナ・スペンサー**の元亭主である。現在の配偶者はダイアナとの婚姻以前からの愛人であり、いわゆる不倫関係を継続した末に正規に結ばれたカミラ。

そのせいか就任当初は人気も芳しくなかったようだが、今のところ無難に役目を果たしているようだ。そのチャールズ現国王の母、先代の君主であるエリザベス女王こと故**エリザベス二世**。君主として英国史上最高齢と最長在任日数を記録（世界史上でもあのルイ十四世に次ぐ第二位）。まさに英国の顔だった。そんな文字通りのグレートマザーの後だけに、チャールズもやりにくくはあっただろう。

イギリスの国旗である**ユニオンフラッグ**（ユニオンジャック）の意匠は連合王国を形成するイングランド、スコットランド、アイルランドの各国旗の意匠から成り立っている。ウェールズは国旗に赤い竜がデザインされていて、さすがに組み込みにくく、早い時期からイングランドと一体化していたことを理由にユニオンフラッグに組み込まれていない。

昨今イギリスは二つの問題で大きく揺れた。一つがEUからの離脱、もう一つが移民問題である。イギリスでは２０１６年にEUからの離脱の是非を問う国民投票が行われた。結果、離脱派が多数となった。投票の決着後も「いや、なんだかんだで思い直すのではないか」「まさかほんとうに実行するのか」など内外から様々な憶測が飛び交ったが、経過措置期間を経て、イギリスは2020年1月31日に正式にEUを離脱した。

一般的にはEUという巨大市場・巨大経済圏から離れることはデメリットが大きいと言われていたが、イギリスはやはり大陸上にはない島国。そしてEUのそもそもの成り立ちを併せて考えると、思い切った選択ではあったがありえない決断ではなかったことがわかる。

EUの前身はEC（ヨーロッパ共同体）という組織。それがEUに発展した。そのECの基軸になった団体が、フランスの舵取りで1957年に創設されたEEC（ヨーロッパ経済共同体）。そして実はこのEECに初期の段階でイギリスは招かれておらず創設メンバーに入っていない。

EU成立期には英仏の関係性は悪くはなかったが、それでも統一通貨ユーロではなく独自通貨であるポンドを使い続けるなど、イギリス側もまたEUべったりの姿勢はとっていなかった。イギリスにとってEUは仲間ではあるがアメリカ以上の親友ではない。

考えてみれば大陸側に英語を第一言語とする国は存在しない。かつてイギリスは「光栄ある孤立」政策で知られていたが、アメリカ合衆国やカナダ、オーストラリアとニュージーランド、南アフリカ共和国など、英語を第一言語とするかつての植民地や従属国という他のEU諸国が持たない力強い仲間の存在があった。これが、イギリスのヨーロッパでの独自外交を可能にしているのだろう。

●欧州各国が抱える移民問題

そして移民問題。これは現在イギリスに限らず、ドイツやフランスさらにはイタリアなど欧州先進各国が頭を痛めている問題である。

そもその原因はどこにあるかと言えば、アメリカの政策にあると言わざるを得ない。2015年の**欧州難民危機**時、欧州には前年の2倍を超える100万人以上の難民が押し寄せた。彼らの出身地は中東のシリア、イラク、そして中央アジアのアフガニスタンだった。いずれもアメリカの外交政策、それも武力を伴うものによって既存の政権、統治体制が崩壊した国であり地域なのだ。もちろんそこには人道上や安全保障上の理由もあったわけで、一概にそれが悪いとは言いきれないが、少なくとも大量の難民が発生するきっかけをつくったことは否定できない。

2015年の欧州難民危機のとき、EU各国は**ダブリン規則**という約束を締結していた。これは簡単に言うと、EU各国に庇護を求め難民申請をする者は、EU圏内で最初に入国した国で審査を受けねばならないというものだ。

なぜそんなことを決めたのかと言えば、EUの加盟国間は**シェンゲン協定**により、出入国審査なしで行き来できることになっていたからである。要するにEU各国間を民間人は自由に行き来できたということ。これによりEU各国は一つの経済圏として発展したのだが、難民が同じように移動すれば不法滞在も容易になりEU全土は混乱してしまう。また社会福祉制度が充実していたり難民保護に積極的であったりする特定の国に難民が集中してしまうおそれがあった。ダブリン規則はそうした事態を防ぐためにあったのだが、難民危機の際にはこれが裏目に出た。

というのも難民、いや実は難民認定される以前なので正式には避難民と呼ぶべきなのだが、その避難民のほとんどは着の身着のままで脱出してくる。ゆえに正規のパスポートも持たず、もっとも入国しやすい近い国に集中する。それがアジアとの玄関口にあったハンガリーやトルコだった。しかし、これらの国は、英仏独のような経済力は持ち合わせていない。

そこで、旧東ドイツ出身のドイツの女性首相**メルケル**は自国での難民受け入れを表明、さらに他のEU加盟国にも同調するよう促す。これが現在に至るヨーロッパ各国の移民問題の大きな転換点であり直接的な原因となった。メルケルの判断には功の要素もあるにはあったが、全体としては凶と出る。結果として罪の方が大きくなってしまった。

十分な用意と覚悟なしでの受け入れはテロリストの侵入を招き、国内の治安の悪化も促す。また避難民の多くはイスラム教徒だったのだが、彼らは厳格な一神教徒であり（実は巧みに使い分けている者も少なくないのだが）いわゆる「郷に入っては郷に従え」

「When in Rome, do as the Romans do（ローマにいるときはローマ人がするように行動せよ）」的な考えが通じない。お世話になっているからと、その国の文化や規範に理解を示し敬意を払うこともなく、ときには逆にイスラムの教えに反しているからと破壊行動に走ったりもしてしまう。その結果、元々の住民との間にトラブルが発生し、**イスラモフォビア**（イスラム恐怖症）などと呼ばれる風潮も広まった。

日本ではこうした動きは単に差別的なもの、ヘイトスピーチ・ヘイトアクト扱いされがちだが、そのような一元的な見方は一神教を甘く見たもので、世界史や世界地理を学んでいない、あるいは活かしていない考えだと言わざるを得ない。**移民の定着においては迎える側はしっかりした制度とシステムで迎えるべきであり、迎えられる側もまた定められた要件を満たし、その国の言語・風土・習慣を理解し尊重するよう努めるようにしなければならない**。そうしてこそ双方にとって幸福な環境が生まれるのだ。

ちなみに2023年現在の英国の首相はインド系、英国国教会の信者ではなくヒンドゥー教徒である**スナク**であり、ロンドン市長はパキスタン系で、やはり英国国教会信者ではなくイスラム教徒である**サディク・カーン**だ。しかし彼らは正当な手続きを経て国民になり首相や市長に就任しており、王室や国教会など英国の従来の文化などに理解を持ち（少なくとも表向きは）その破壊を望んではいない。それでもロンドン市内の治安の悪化はたびたび話題になる。異なる言語、異なる風習、異なる倫理感、異なる宗教を持ち信奉する者同士の交流というのは、観光のように一時的なものならともかく、日常生活を伴うものとなると容易ではないのだ。イギリスをはじめとする欧州各国が難民問題に苦慮する姿は決して対岸の火事などではないのである。

移民問題はこれくらいにして次は資源の話に移ろう。これも若干暗い話になってしまうのだが。かつては石炭と**北海油田**の恩恵を受けイギリスのエネルギー事情は悪くなかった、しかし北海油田の枯渇から現在は石油も天然ガスも輸入している。加えて戦時下にあるロシアから大っぴらに燃焼資源を輸入できないことなどもあって、日本同様、庶民は光熱費や燃料費の高騰に悩まされている。

農業はグレートブリテン島の南東部に広がる平野で比較的大規模に行われているが、イギリス経済に占める農業の割合は全体の2パーセントにも満たない。

島国なので当然周囲は海に囲まれている。北東に北海。西に大西洋、南には大陸との間にイギリス海峡があり、大陸に一番近いところがドーヴァー海峡だ。このドーヴァーまではロンドンから車で2時間程度。

現在、ドーヴァー海峡は、日本の企業も技術協力した**ユーロトンネル**という海底トンネルでつながっており、車でフランスとイギリスを行き来できる（道路ではなく、電車に乗って運ばれる。電車のフェリー版と言ったところ。もちろん海上を走るフェリーもある）。

そのドーヴァーに行く途中で少し北へ寄り道をすると、世界遺産にも登録されているイギリス国教会の大聖堂がある**カンタベリー**に着く。イギリス独自の宗教がイギリス国教会だ。イギリス国教会はカトリックから離れたヘンリー8世がつくった。つくった理由はカトリックが離婚を認めてくれないから。トホホな理由だが、カンタベリーは国教会の総本山だから非常に観光客が多い。カンタベリーの門前には、高級ブランド店も進出し一大商業地となっている。

●イングランド

それでは連合王国を形成する各国を見ていこう。グレートブリテン島の3分の2を占めるのが**イングランド**。中心はもちろんロンドン。世界最大の金融センター**シティ**があり取引高はニューヨークのウォール街を超える。ロンドンには各国の企業が進出し、あらゆるサービス産業がそろう世界最大規模の国際都市だ。

ペニン山脈のふもとでは石炭や鉄鉱石が産出され、産業革命を支えイギリスを「世界の工場」へと導いた町が居並ぶ。イングランド中南部の**バーミンガム**、産業革命発祥の地ランカシャー地方の**マンチェスター**。このマンチェスターはサッカーファンにおなじみのマンUことマンチェスター・ユナイテッドの本拠地でもある工業都市。ついでに言えばマンチェスターにはマンチェスター・シティというチームもあって、こっちは弱小チームだったのだが、最近かなり強くなって世界一のクラブになった。このマンチェスターから商品を輸送する貿易港が**リヴァプール**。アイルランド島とグレートブリテン島に挟まれたアイリッシュ海に面し、海商都市として世界遺産にも登録され、**ビートルズ**を生んだリヴァプール・サウンドの故郷でもある。ちなみに、ランカシャー地方の北、スコットランドとの境には**湖水地方**がある。山と緑と湖のとても静かなところで、**ピーター・ラビット**生誕の地。**ナショナルトラスト運動**の発祥地としても有名だ。

　ペニン山脈の東側には**ヨークシャー地方**があり、**リーズ**、シェフィールド、ブラッドフォードなど

イギリス

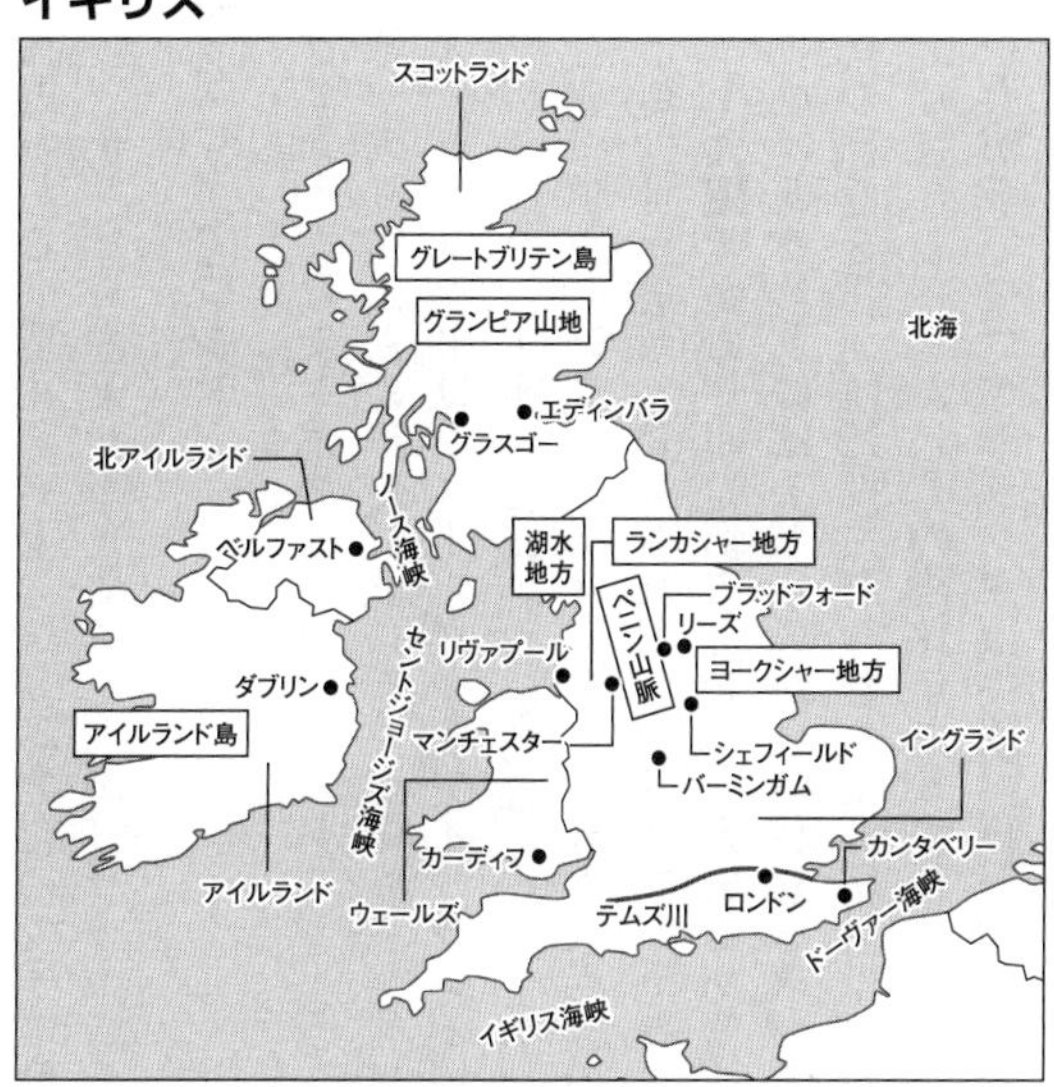

の都市がある。現在、バーミンガムを含めて、これらの各都市の主要産業は重化学工業から、サービス産業や観光業に比重が移りつつある。

●スコットランド

グレートブリテン島の北に位置する**スコットランド**。グランピア山地を中心に高地と平野が入り組んだ地形だ。北に行くとノルウェーによく見られる**フィヨルド**もある。スコットランドはウェールズや北アイルランド同様に独自の議会を持ち、紙幣も発行している（ウェールズには独自紙幣はない）。スコットランドの首都**エディンバラ**は世界有数の金融センターであり、多くの日本人もその名前は耳にしたことがあるだろう。旧市街は世界遺産に登録されている。スコットランドの最大の都市は**グラスゴー**。**グラスゴー大聖堂**があり観光都市としても人気である。

スコットランドにはイギリスからの独立を求める声が根強く存在し、２０１４年には独立の賛否を問う住民投票が行われた。結果は反対多数でスコットランドの独立は一旦棚上げされる。しかしその後16年にイギリスがＥＵからの脱退を選択するとＥＵ残留を望む人が多いスコットランドは失望、再び独立を希望する声が高まっている。

●ウェールズ

グレートブリテンにあるもう一つの国が**ウェールズ**。島の西側にありセントジョージズ海峡を挟んでアイルランドと向き合っている。

首都はウェールズ最南端に近い**カーディフ**。ブリストル海峡に面し、石炭の積出港として発展した。人口は35万人。カーディフ城が観光地となっている。ウェールズには300の城があり、宮崎駿作品で知られるスタジオジブリは、ウェールズの城をアニメ制作の参考にしているという。ウェールズの世界遺産もカナーヴォン城など多くを城が占める。ちなみに、イギリスの皇太子は**プリンス・オブ・ウェールズ**と呼ばれ、現国王の皇太子就任式もこの城で行われた。

●北アイルランドとアイルランド

在任中に暗殺された第35代アメリカ大統領**ケネディ**は、アイルランド系でカトリック教徒だった。プロテスタントが建国したアメリカでケネディは初めてのカトリックを信仰する大統領となり、今でも多くのアイルランド人の尊敬を受けている。イギリス国教会の信者が多いイングランドに対し、アイルランドはカトリックの国でカトリック信者が78パーセントを占める。

だが、このアイルランドの北部にはスコットランドから渡ってきたプロテスタントの人々もいた。アイルランドの人々の多くは**ケルト系**アイルランド人だが、彼らは違った。

現在、アイルランド島には、北部の連合王国に属するプロテスタント系の**北アイルランド**と、南のれっきとした独立国であるケルト人の国**アイルランド**がある。その大きな理由はここにある。南にあるアイルランドの首都は**ダブリン**。夏の気温は平均15度と低いが、冬も5度とそれほど寒くはない。ダブリンは人口54万人のこじんまりとした街。市街地域も広くなく、のんびり散策するには最適だ。アイルランド島は中央が平原で周りに山脈があり、河川沿いには湖が点在する自然豊かな島。ダブリンには黒スタウトのギネスビールの醸造所もある。

比較的安全なアイルランドに比べて、北アイルランドは一時非常に危険な地域だった。1922年アイルランドが自由国をつくったときに連合王国に残った北部6州が北アイルランド。そこには50パーセント近くのプロテスタントと、40パーセントのカトリックがいた。プロテスタントの方が多いとはいえ、カトリックも少なくない。カトリックの人々としては、プロテスタントのイングランドの国に帰属するのは許せない。独立を志向する運動が始まり過激化していった。より民族的なイギリスへのテロを画策する**IRA**を名乗る集団やその政治組織の**シン・フェイン党**も存在、独立を目指して、テロや暴動が頻発した。

現在は大きく自治が認められたこともあり、情勢は比較的落ち着いている。とはいえ、世界的に他民族や移民の排斥が叫ばれるようになっている今日だけに、アイルランドでその空気に感化される集団が登場しないことを願いたい。

●デンマーク

スコットランドの首都・エディンバラから東に目を転ずると、北海を挟んで北欧の雄、**デンマーク王国**がある。北欧と言うとなんとなく、**スカンジナビア半島**のノルウェーとスウェーデン、そしてフィンランドを思い出すが、デンマークは一時期、フィンランドを除く北欧全域を支配していた。

デンマークはバイキングのノルマン人の一派**デーン人**が興した国で、一時はイギリスさえ支配したことがある。以前は中立主義であったが、NATOには創設時から加盟し、EUの一員。ただし通貨はユーロではなく**クローネ**。

首都**コペンハーゲン**はスカンジナビア半島の突端の先、シェラン島にある。この島より内海はスカンジナビア半島とユーラシア大陸に囲まれた**バルト海**。シュラン島より外海に向かえば**北海**に出る。両海域を結ぶ良港としてコペンハーゲンは発展した。コペンハーゲンの名はデンマーク語で「商人たちの港」を表す。現在でも世界一の海運会社APモラー・マースクの本社がある。他にもビールで知られるカールスバークや製薬会社のノボノルディスクの本社もあり、北欧随一の都市だ。

デンマークは国土の6割が農地で、農業にはハイテクを導入し、酪農製品は国際競争力が高い。余談ながらトヨタ系の部品メーカーのおかげで潤っている愛知県安城市は、かつて農業の類似性から「日本のデンマーク」と称され今も「デンパーク」なる公園を維持している。これらの産業を支えるデンマークのエネルギー自給率は高く100パーセントを超える。多くは北海油田によるが、油田の枯渇に備えて、再生可能エネルギーの**バイオマス発電**（家畜の糞尿から出るメタンガスを利用、糞尿の地下水汚染対策にも一役かっている）や**風力発電**に力をいれている。現在は約60パーセントが**再生可能エネルギー**となっている。

デンマークに行くなら5月から10月だろう。北大西洋海流の影響を受けて温暖とはいえ、1月、2月は寒い。しかもオフシーズンは閉まってしまう施設も多い。見所はやはりコペンハーゲン。カラフルな建物が港の埠頭に並ぶニューハウンや世界三大がっかりスポットの一つに数えられるアンデルセンの人魚姫像、ローゼンボー城など童話の世界が広がっている。

●スウェーデン

スウェーデン王国は**スカンジナビア半島**の東に位置し、大陸との間にバルト海、その奥にはボスニア湾がある。首都**ストックホルム**は、そのバルト海とボスニア湾を分ける突端の手前。南の平野部は高緯度にもかかわらず温暖だが、北の標高の高い山岳地帯は

北欧

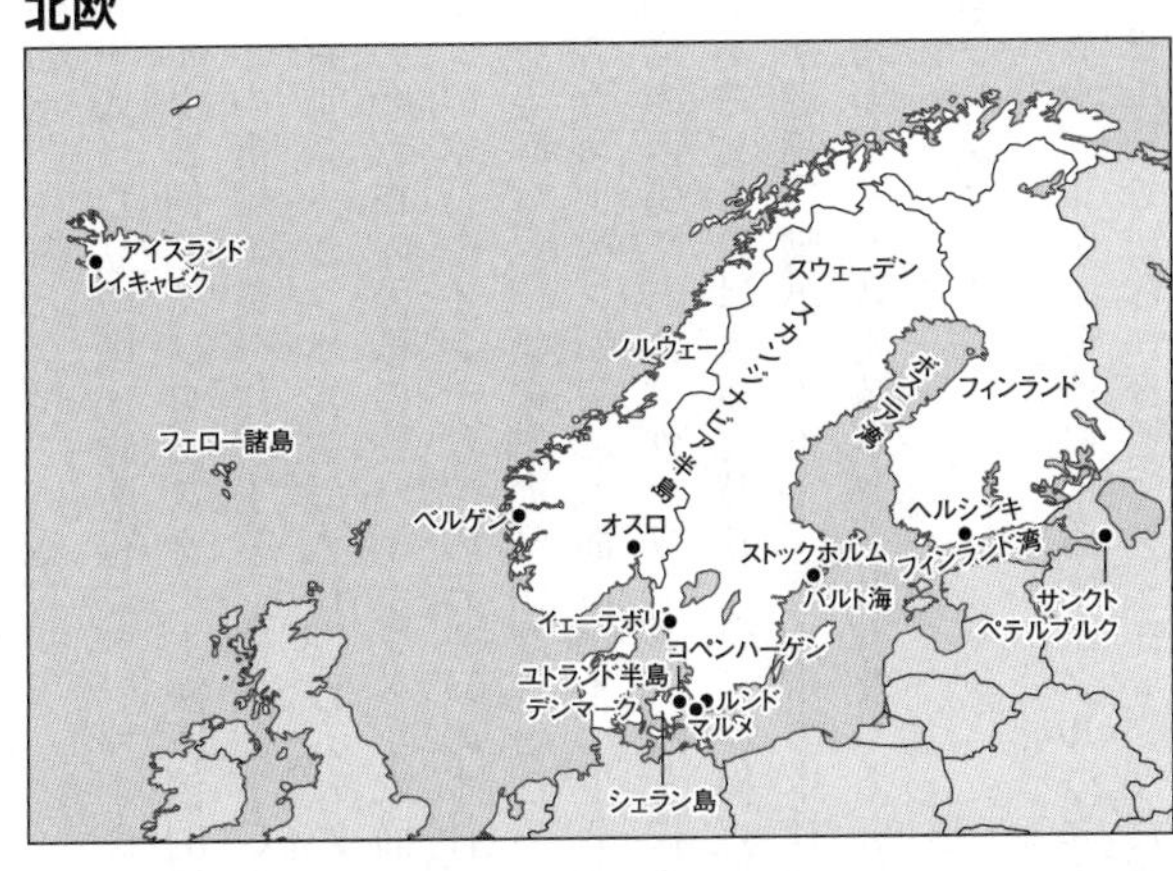

寒帯気候になる。スウェーデンの面積はそれほど大きくない。二次元の地図で見ると高緯度のところが大きく見えてしまうが、実際は日本の国土の1・16倍ほど。人口は1045万人で日本の10分の1に満たない。

高福祉・高負担の国であり、移民の受け入れ態勢もしっかりしている。ほぼ人種に関係なく移民を受け入れ、一般国民と同じ生活が送られるようになっている。しかし、これに対する従来からの国民の反発も強く、**最近は右派政党スウェーデン民主党が議席を伸ばしている。**こういった流れは他のEU諸国にも共通する。

なお、スウェーデンはEUには加盟しているが、NATOには加盟していなかった。しかしウクライナ「戦争」を機に加盟申請をしている（2023年10月2日現在、トルコ議

会の承認待ちとなっている）

一人当たりの国民総所得はデンマークと同じく6万ドル台とかなり高い。宗教もデンマークと同じくプロテスタントが圧倒的に多く、立憲君主制である。主な産業は自動車などの機械工業や化学工業、林業と**ICT（情報通信コミュニケーション）**。

首都ストックホルムは人口98万人。**ハンザ同盟**との交易で栄え、北欧のヴェネツィアといわれ市の面積の13パーセントを水面が占めている。ここにはITメーカーのエリクソンの本社やインテリアのH&Mの本社がある。ストックホルムの旧市街はガムラ・スタンと呼ばれ中世の雰囲気が漂うところ。その北にはストックホルム王宮がある。

スウェーデンの第2の都市がイェーテボリ。ストックホルムとは逆のスカンジナビア半島の西側にあり、カテガット海峡を挟んですぐ目の前にデンマークの**ユトランド半島**がある。ここは大航海時代に貿易の拠点として栄えた。現在は中国資本になってしまったが老舗自動車メーカー、ボルボの本社があることでも知られており、郊外にはボルボ博物館があり観光スポットともなっている。

●ノルウェー

スウェーデンの西にある国が**ノルウェー王国**。スカンジナビア半島の西岸を占め、**フィヨルド**で知られる国。フィヨルドは大地を氷河が削ってできた海岸線で、出入りの激しい湾や入り江が連続する。ノルウェーは**ヴァイキング**がつくった国、途中デンマークやスウェーデンの属国にされたりしたが、1905年王国として独立。中立主義を通していたが、第二次世界大戦でドイツに占領された教訓から、戦後1949年の発足時からNATOに加盟した。しかしEUには加盟していない。

世界有数の漁業国で、サケやサバが日本に輸出されている。農地面積は国土の2パーセントしかない。北海油田のおかげで現在は石油輸出国。水力発電によるアルミ精錬やシリコン、化学肥料などの工業が発達している。

高福祉・高負担の国だが、移民の受け入れは以前に比べて消極的で厳しくなっている。一人当たりの国民総所得、平均寿命、就職率、識字率は世界でトップクラス。特に一人当たりの国民総所得は8・4万ドル。宗教はプロテスタントの立憲君主国家だ。

首都は**オスロ**。人口は67万人。スカンジナビア半島の南にあり、オスロフィヨルドの100キロメートル内陸にある。ノルウェー最大の工業都市で、北欧有数の不凍港も持つ。このオスロにほとんどの王宮や行政機関が集まっており、ムンク美術館（ノルウェーが生んだ現代絵画の世界的画家）やレジスタンス博物館（オスロの人々はドイツに占拠されたときレジスタンスで戦った）などの公共施設もほとんどがここにある。オスロの郊外も含めれば、ノルウェーの人口の5割が首都周辺に住んでいることになる。

●フィンランド

フィンランド共和国はスカンジナビア半島にあると思われがちだが、付け根がそうなだけで、国土のほとんどはスカンジナビア半島にはない。フィン族の国だからフィンランド。デンマーク、ノルウェー、スウェーデンのスカンジナビア諸国には入っていない。

フィンランドの隣はロシアであり、ソ連の成立前からロシアに蹂躙されてきた。1917年に独立を果たすものの、第二次世界大戦中にはソ連に侵略され（**冬戦争**）、スウェーデンをはじめ他国の支援がないまま、戦争継続のために、独ソ不可侵条約を破棄したナチスドイツと手を組んでしまう。

そのまま終戦を迎え、枢軸国として負け組になる。ついていない国なのだ。47年国際社会に復帰したあとは、その轍は踏まないと現実路線を歩み、共産圏には入らないものの、ソ連と良好な関係は維持しつつ、**バランス・オブ・パワー**の安全保障を実現していた。ソ連が崩壊するとEUに加盟しユーロも導入している。この点がスカンジナビア諸国とは違う。宗教はプロテスタントだが、立憲君主国ではなく共和国。この点もスカンジナビア諸国と異なる。

フィンランドは森林が国土の7割を占め、製紙製品やパルプが主要な輸出品となっていたが、最近では情報通信産業やエレクトロニクスの先端技術産業が中心になっている。

スマートフォン全盛以前にノキアの携帯電話を利用していた人もいるだろう。そのノキアもフィンランドに本社を置いている。

首都は**ヘルシンキ**。このヘルシンキでは国際社会に復帰まもない52年にオリンピックが開かれている。ヘルシンキはバルト海の東部フィンランド湾の入り口にある。

ヘルシンキオリンピックの3年後、1955年にフィンランドは国連に加盟している。現在ヘルシンキは人口65万人。都市圏人口は約130万人。ヘルシンキ都市圏はフィンランドのGDPの3分の1を生み出す。ヘルシンキにはフィンランド銀行をはじめフィンランド企業の多くの本社が集まり、商業、教育、文化施設も集まっている。郊外のヴァンターにあるヘルシンキ国際空港（ヘルシンキ・ヴァンター国際空港）はフィンランドのフラッグキャリアであるフィンランド航空ことフィンエアの拠点で、フランクフルトなどと並びヨーロッパ有数のハブ空港として賑わっている。

●バルト三国

フィンランド湾を挟んでヘルシンキの対岸には、**エストニア共和国**の首都**タリン**がある。旧市街は歴史地区として世界遺産に登録されている。

このエストニアとラトビア、そしてリトアニアがバルト三国。バルト海に面し第二次世界大戦前には独立を果たしていたが、ドイツとソ連の密約により1940年にソ連に併合されてしまった国だ。本来なら東ヨーロッパに入れてもいい地域だが、位置的にはかなり高緯度にあり、国連の地図では北ヨーロッパに入っている。

1988年、エストニアを皮切りに3カ国とも人民戦線を結成し、ソ連からの独立を志向した。そして、90年に独立派が選挙で勝利。同年にリトアニアが、翌91年には他の二国が独立宣言をしている。その後、3国とも2004年の3月にNATOに加盟し、5月にはEUに加盟している。

バルト三国

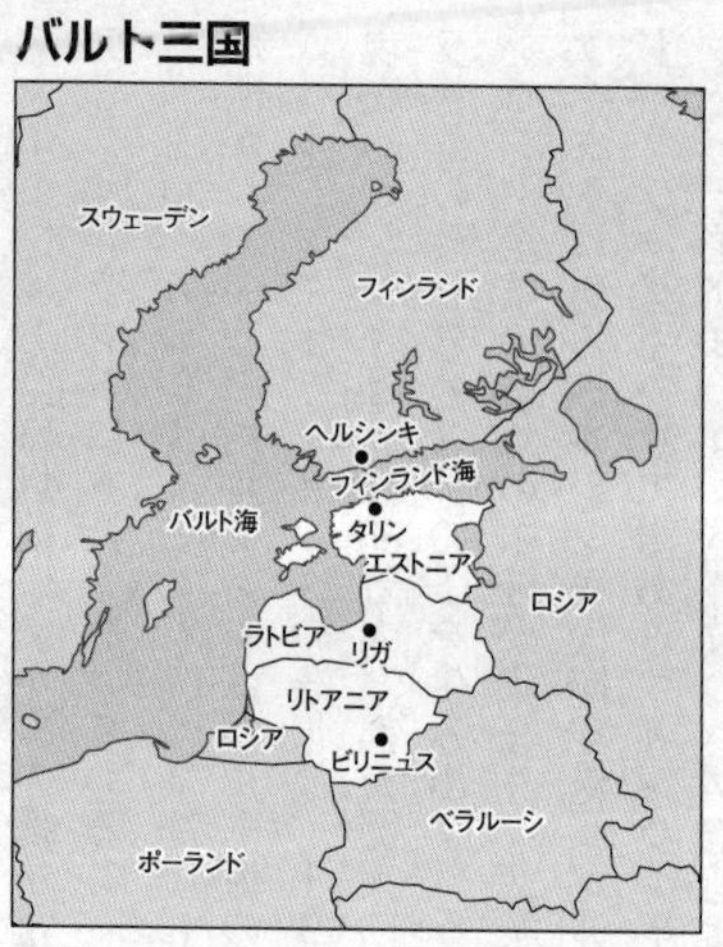

第二次世界大戦以降は、同じような歴史を経てきたバルト三国だが、少しずつ民族と歴史が違う。エストニアは**エストニア人**が作った国で、この国の首都タリンは**ドイツ騎士団**によるハンザ同盟の港湾都市として栄えた。そして、スウェーデン領となり、その後ロシアに編入されている。

同じように**ラトビア共和国**も首都の**リガ**がハンザ同盟に加盟し繁栄した。リガ旧市街は「バルト海の真珠」と言われ歴史地区として世界遺産に登録されている。このラトビアもスウェーデン領となり、その後ロシアに支配されている。

リトアニア共和国の歴史は少々違う。中世リトアニアでは**リトアニア人**の**ヤゲロー朝**が栄え短いながら黄金時代を経験している。一時期はポーランドとの同君連合で周辺国をもたじろがせたのだが、やがて力が弱くなったリトアニアはポーランドに併合されてしまう。その後ポーランドがロシアやプロイセンなどに分割されるとき、リトアニアの大部分もロシア領になる。

港湾都市が首都であるエストニアやラトビアと違って、リトアニアは内陸の**ビリニュス**が首都。そのためか、タリンやリガのように城壁には囲まれておらず、旧市街地の面積が広く、多くの大聖堂や教会が並んでいる。ここの旧市街も歴史遺産に登録されている。

●アイスランドとグリーンランド

1986年、アメリカ大統領のレーガンとソ連書記長のゴルバチョフが冷戦に向けた会談をしたことで有名なのが**レイキャビク**。**アイスランド共和国**の首都である。アイスランドは北緯65度以上になる高緯度にある島で、まさに日が沈まない**白夜**がある。しかし北大西洋海流のおかげで、冬でも0度を下回ることはあまりない。

全島の80パーセントが火山性地帯で、世界最大の露天風呂があり、全発電量のうち30

パーセント強を熱発電で賄っている。シーズンになるとオーロラも見ることができ、自然の偉大さを感じられる場所だ。漁業が盛んで水産物の大部分は輸出されている。地熱発電を利用したアルミ精錬や観光業も伸びている。あらゆる調査でトップクラスにランキングされる治安の良さも観光立国化を後押ししている。

北ヨーロッパにはデンマークの自治領として、グリーンランドとフェロー諸島がある。グリーンランドは世界最大の島で、80パーセント以上は氷床に覆われているが、5万6000人の人が住む。フェロー諸島はノルウェーとアイスランドの間にある18の島々からなり、フェロー人など5万3000人が住む。両地域とも独立を目指しているが、フェロー諸島独立は暗礁に乗り上げている。

第五章
東ヨーロッパ

世界遺産のクレムリンと赤の広場（写真：SIME／アフロ）

●社会主義国のドミノ倒し

東ヨーロッパの大きな特徴は、元々すべての国が社会主義国であったということ。だから、東ヨーロッパの国々は1989年から起こった社会主義国のドミノ倒し的崩壊を経験している。このことを知らずして、今の東ヨーロッパは語れない。

1970年代後半からソ連の体制にダメージを与えるような出来事が次々に起こる。最初は**アフガニスタン紛争**。1978年にアフガニスタンに社会主義政権が誕生すると、ソ連で教育を受けソ連人を妻として連れて行ったアフガニスタンの社会主義者たちを守るために、ソ連はその支援を決め出兵する。当初は短期で片がつくと思われていたのだが、反政府軍との戦いは泥沼化。さらに開催が決まっていたモスクワ・オリンピックを西側諸国にボイコットされ踏んだり蹴ったり。そのためアフガニスタン紛争はソ連にとってのベトナム戦争とも言われる。1986年にはチェルノブイリの原発事故が起きた。このとき放射性物質は北欧まで飛び散ったという。2011年に東日本大震災で福島第一原発の事故が起こるまでは、これが史上最大の原発事故であった。

当時ソ連ではアメリカに対抗するための軍事費増大が優先され、そのため国民の生活は犠牲となっていた。西側諸国の目覚ましい経済発展に対し、東欧各国の経済は停滞したままだった。

1985年ににソ連の書記長に就任したゴルバチョフは、翌86年グラスノスチ（情報公開）をはじめとしたペレストロイカ（改革）を行い、民主化を進めた。同時に官僚化し硬直化した計画経済を解放し生産性を上げるべく、市場原理導入の経済改革を進めた。当然のごとく、これらがソ連崩壊につながった。粛清と弾圧に虐げられていた社会主義国の人々には、西欧の自由で豊かな生活が、理想郷に見えたとしてもおかしくない。中途半端な経済改革も経済を崩壊させるだけだった。

バルト三国による自由化要求デモを皮切りに、ベルリンの壁の崩壊が起き、次々と社会主義国のドミノ倒しが進んでいった。

●ブルガリア

黒海に注がれているヨーロッパで2番目の長さを誇る国際河川が**ドナウ川**。そのドナウ川を境に南が**バルカン半島**。黒海の西岸に横たわる国が**ブルガリア共和国**。日本人のほとんどがブルガリアと言われたらノータイムでブルガリアヨーグルトを頭に思い浮かべてしまうだろう。バルカン半島はヨーグルトの発祥地。ブルガリアの主要産業も酪農と穀物の農業、そして石油化学などの化学工業だ。

ブルガリアにおける1989年のドミノ倒しは、ポーランドやハンガリーとは違って、共産党内部の政権争いの延長でしかなかった。そのため、自由化と民主化はなかなか進まず、ＥＵ加盟は２００７年とポーランドなどより遅れている。
首都は**ソフィア**。人口は１２３万人にもなる。現在ソフィアはＩＢＭやヒューレットパッカードやソニーなどの多国籍企業のアウトソーシング先となって、ＥＵ加盟以降、急激に発展し不動産価格も急上昇している。

●ルーマニア

ブルガリアの北にあるのが**ルーマニア**。中高年の読者なら知っているだろう体操選手**ナディア・コマネチ**を生んだ国だ。モントリオール・オリンピックの体操競技で史上初となる10点満点を連発し「白い妖精」と呼ばれた。
このコマネチも１９８９年の**ルーマニア革命**のときに、身の危険を感じアメリカに亡命している。ルーマニア革命は世界中に衝撃を与えた、**チャウシェスク**という独裁者がほとんど裁判らしい裁判もなく妻エレナとともに公開処刑され、それが世界中に放映されたからだ。民衆の怒りの恐ろしさを見せられた瞬間だった。
ルーマニアのＥＵ加盟もブルガリアと同じく２００７年と遅い。ここも民主化が遅れたからだ。現在、中道右派と中道左派による連立政権下にある。
国土は西部の**トランシルヴァニア**、南部の**ワラキア**、北東部の**モルドヴァ**に分かれるが、トランシルヴァニアにはブラン城がある。ブラム・ストーカーの書いた『吸血鬼ド

ルーマニア、ブルガリア、ハンガリー

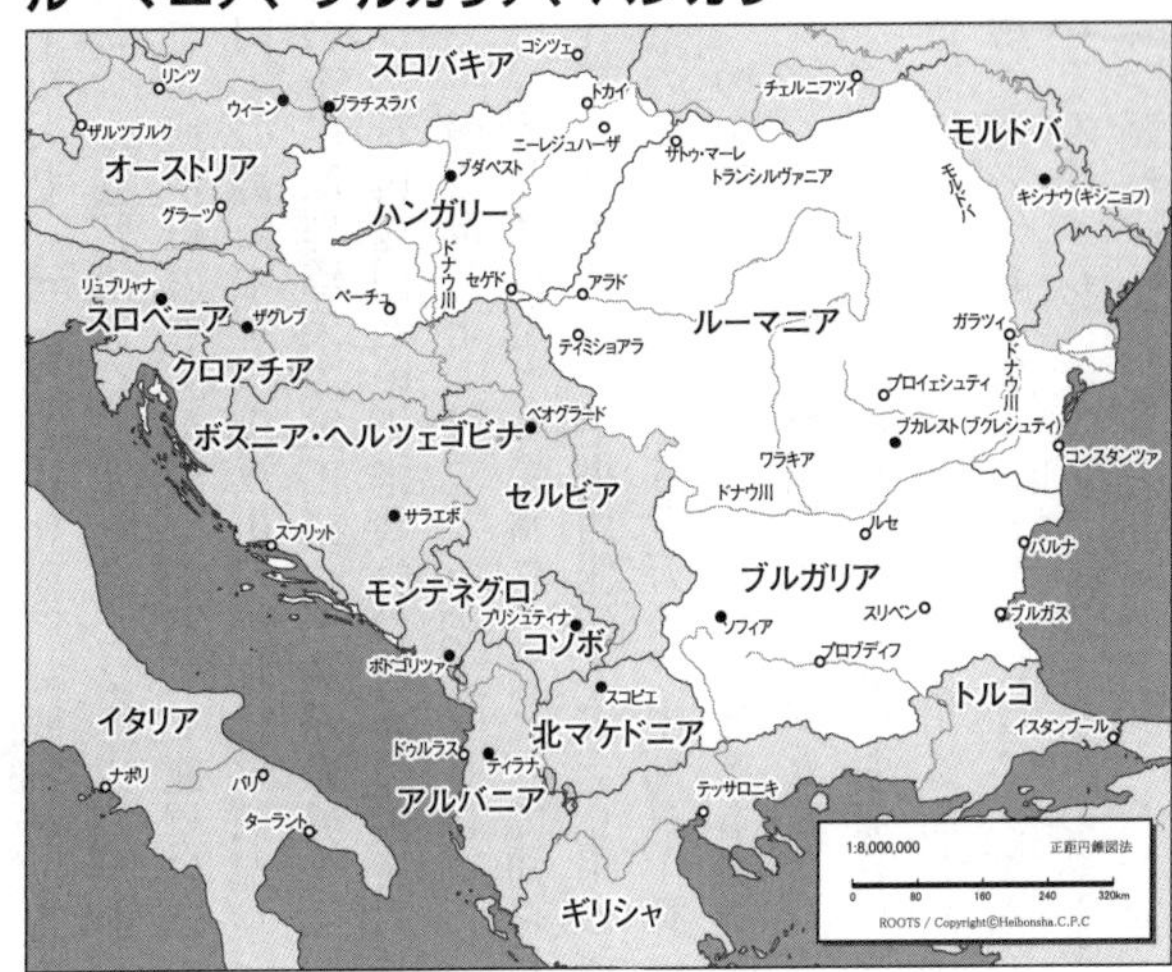

ラキュラ』のモデルになった城といわれ人気がある（あくまでもモデルで、吸血鬼のドラキュラがいたわけではない）。南部ワラキアには、首都**ブカレスト**がある。ドラキュラのモデルとも言われたヴラド・ツェペシュが居城を構えていた。人口は216万人で国内人口の10分の1弱だが、経済規模は国内の5分の1を超える。ほとんどのルーマニア企業がブカレストに本社を持っている。北東部のモルドヴァには教会群があり、93年に世界遺産に登録されている。

●ハンガリー

ルーマニアの西が**ハンガリー**。首都は**ブダペスト**。国民のほとんどが**マジ**

ャール人で、元々は1000年に彼らがキリスト教に改宗してできた国。民族としての独立への意思は強く、まだまだソ連に力があった1956年に、**ハンガリー動乱**を起こしてソ連からの独立を図ったが、ソ連軍に鎮圧されている。

国土の真ん中をドナウ川が流れ、東側がハンガリー盆地となっている。1968年からの市場原理導入で重工業や工業が発展し「旧東欧の優等生」と言われた。だが現在はアジア新興諸国との価格競争のため労働者の賃金が上がらず、成長が止まってしまっている。輸出品目としてワインのシェアは高く、トカイ地方で造られるトカイワインは独特な芳香と甘さをもつ貴腐ワインとして知られる。

首都ブダペストの中央西側にもドナウ川が流れる。ここはヨーロッパでも最も美しい都市の一つ。人口は167万人。中部ヨーロッパ（東ヨーロッパの西寄りのところを指す）の金融センターでもある。観光業も発達しレストランなども充実している。

ブダペストはドナウ川西岸のブダとオーブダ、そして東岸のペストが合併してできた町。ブダはブタではなく王の名前。ちなみにオーブダは古いブダを表す。ブダ地区は世界遺産に登録されており、ドナウ川に面した国会議事堂やブダ城はぜひ見ておきたい建造物。過去においてハンガリーにはユダヤ人も多くおり、世界的投資家**ジョージ・ソロス**もそのひとり。彼はブダペスト出身のユダヤ系アメリカ人で、多くのハンガリー人を金融投資家に育てた。

●旧チェコスロバキア

ハンガリーとオーストリアの北には、旧チェコスロバキアがあった。現在チェコとスロバキアの二つに分かれているが、元々は一つの国。

チェコスロバキアは1968年に「**プラハの春**」と呼ばれた社会主義国の改革運動があった国。その改革はソ連を中心としたワルシャワ条約機構軍に押しつぶされた。そのような過去の教訓から、89年の民主化の運動はルーマニアのように大きな流血の事態にはならなかった。そのため彼らによる民主化実現への闘いは、柔らかいベルベットのような革命を意味する「**ビロード革命**」と呼ばれた。**チェコ共和国**は**チェック人**が主な民族で、**スロバキア**は**スロバキア人**が主な民族。ビロード革命の後、両民族は分かれてしまうけれど大きな紛争があったわけではない。経済改革の進め方の違いで、両国の首脳が会談をして連邦を解体した。両国ともEU加盟は2004年。

チェコは山脈に囲まれた内陸の国で、国土の中央にあるボヘミア盆地からエルベ川が流れる。この**ボヘミア**はチェコの中西部を表す歴史的地名。首都**プラハ**はこの中西部にあり、旧市街から南の新市街まで歴史地区として世界遺産に登録されている。14世紀に神聖ローマ帝国の首都になりローマ、コンスタンティノープルに並ぶ世界最大の都市に発展した。多数の塔が立ち、プラハ城、カレル橋など観光名所も多い。

チェコには豊かな鉱山資源があり、繊維、ガラス、食品、機械などの工業が盛んで、伝統的なボヘミアガラスも名高い。

一方の**スロバキア共和国**。チェコの東でハンガリーの北に位置する。西部の気候は西岸海洋性気候で夏は涼しい。これはチェコと同じ。南西部のハンガリーとの国境沿いにはドナウ川が流れ、アンバー街道、ボヘミア街道などがある古くからの交通の要衝。

首都は**ブラチスラバ**で、プラハと比べてあまり知られていないが歴史は古い。新石器時代には既に人々が住みついていた。ドナウ川が流れ、ハンガリーとオーストリアと国境を接する。世界的にも首都が二つもの国と国境を接するのは珍しい。その地理的特性のおかげで、フォルクスワーゲンなどの自動車工場やＩＴ企業など多くの多国籍企業が進出し、金融、ＩＴ通信、観光などの第三次産業が発達している。

●ポーランド

ドイツの東側、チェコの北側に位置しバルト海に面しているのが**ポーランド共和国**。国土の多くが平野で温帯気候。東部や南部の山岳地帯は冷帯気候である。国家としての歴史は古く、15世紀から17世紀まで東ヨーロッパ随一の大国であった。

ポーランドの民主化は**自主管理労組「連帯」**の闘いから始まった。１９８０年に始まったこの運動は、その後の社会主義のドミノ倒しの嚆矢（こうし）となった。食肉値上げ反対の労

チェコ、スロバキア、ポーランド

働者ストは政治性を帯び、社会主義国初のスト権の確立と自主管理労組の結成という成果を得た。だが、翌81年には戒厳令が敷かれ、連帯の運動は非合法化され活動家は拘束された。このときの指導者がノーベル平和賞を受賞した連帯の**ワレサ**委員長で、彼も拘束される。しかし、連帯は終わらなかった。戒厳令下でも労働者は抵抗組織を結成し、抗議集会も開いた。連帯活動家の逮捕、拘束は続いたが、82年の11月にはワレサが釈放され、12月には戒厳令が停止された。その後89年に、ワレサら「連帯」幹部とカトリック教会関係者、そして政府幹部との円卓会議が開かれ、ポーランドは民主化に進んでいく。

　もちろん初代大統領はワレサ。しかしその後圧倒的な支持を集めていた「連帯」は四分五裂し、現在は、中道右派の「法と公正（ＰｉＳ）」

が政権を握っている。

国土の半分は耕地であり、小麦やライ麦、ジャガイモやてんさいが穫れる。また鉱物資源も豊富。石炭や鉛、銀、さらには岩塩も産出する。そのため、自動車、電機、機械工業などの重化学工業が発達している。EUには2004年加盟。

首都ワルシャワは、1611年に正式にポーランドの首都になるが、その後、何度も他国に蹂躙され、その都度、ポーランドの独立と再興の中心地となった。そのため、多くの歴史遺産があり、王の道と呼ばれる王宮前広場につながる道や、旧市街、新市街地広場など多くが歴史地区として世界遺産に登録されている。

●ベラルーシ

ここまでソ連の周りにあり社会主義国として一応独立していた国々を見てきた。ここからは東ヨーロッパでも旧ソ連邦の構成国だった国を見ていく。ソ連の正式名称は「ソビエト社会主義共和国連邦」。いくつかの共和国が集まった連邦国家という体裁であったが、実際は、ロシア以外の国々は属国に等しかった。

まずベラルーシ。ポーランドの東にあり、ロシアの西側と国境を接している。内陸部にあるが、多くは低地で、針葉樹と広葉樹の混合林が国土の40パーセントほどを占める。ポーランドとの国境にまたがる原生林ビャウォヴィエジャの森は世界自然遺産に指定され、ヨーロッパバイソンの生息地である貴重な森だ。

9世紀の**ポロツク公国**がベラルーシの始まりとされる。その後、いくつかの王国に支配されるが、1919年、**白ロシア=ソビエト社会主義共和国**として独立する。45年には、ソビエト社会主義共和国連邦の一員として国連に加盟し、ソ連の一翼を担った。

86年、ウクライナでチェルノブイリ原発事故が起こる。ウクライナと接するベラルーシは、南東部にあるホメリ州に甲状腺ガンが多発するなど大きな被害が発生した。今でもその後遺症に苦しんでいる人がいる。89年の社会主義国のドミノ崩壊はベラルーシにも及び、91年12月にはロシアの**エリツィン**、ウクライナの**クラフチュク**とともにベラルーシの**シュシケビッチ**がソ連の解体を宣言。**独立国家共同体(CIS)**創設の協定が締結され、9月に国名は白ロシアから**ベラルーシ共和国**となった。

94年には**ルカシェンコ**が大統領に当選。EUには加盟せず、2014年プーチンの進める**ユーラシア経済連合条約**に調印。内政は旧ソ連的な管理経済体制を維持しヨーロッパ最後の独裁国家と言われている。国の経済の多くはエネルギーも含めロシアに依存している。首都は**ミンスク**。人口は197万人にも及び自動車産業が発達している。バロック式の聖霊大聖堂があり、そこには奇跡を起こす「ミンスクの聖母」がある。

●ウクライナの歴史（ソ連時代まで）

黒海の北、ベラルーシの南にあるのがウクライナ。ほんの数年前まで日本においては極めてマイナーな国だったが、今や日本はおろか世界中で圧倒的な知名度を誇る国の一つとなってしまった。

首都キーウ（旧称キエフ）は中部に所在し、その南の黒海沿岸にはあの機動戦士ガンダムにも登場するオデッサ（新称オディーサ）がある。国土の真ん中を南北に流れるのが、これも名高いドニエプル川。その流域は黒土が広がる肥沃な農業地帯だった。一方の南東部は石炭や鉄鉱石の産地で、それらを利用した鉄鋼や金属などの重工業が発達した。

そんなウクライナがなぜ２０２３年現在、窮地に追い込まれてしまっているのか。その理由を知るには歴史を紐解く必要がある。

ウクライナ人とロシア人、実は元々同源、すなわちほぼ同じ人種、同じ民族なのだ。ウクライナという国名の由来はロシアから見て辺境の地を意味する「オクライナ」にあり、ロシアの語源は東スラブ人という意味の「ルーシ」にある。そしてウクライナ人もロシア人も共に東スラブ人。

ヨーロッパの中では後発の地域であり、ざっくばらんに言えば田舎扱いされていたのが今の東ヨーロッパの地だが、黒海沿岸は先述のドニエプル川の恩恵も受け、水運・海運・通商の拠点として発達する。その中心地こそキエフだった（以下歴史的呼称に関しては「キーウ」ではなく「キエフ」を用いることをお許し願いたい）。

キエフに本格的な国家を建国したのは、中世前半に欧州を席巻したバイキングことノ

ベラルーシ　ウクライナ

ルマン人だった。その国が**キエフ・ルーシ（キエフ公国）**。後にここに**ギリシア正教**が伝播する。ギリシア正教というのは、キリスト教において西のローマ・カトリックと並ぶ一大勢力で東ローマ帝国の国教となった東方正教会のこと。そしてキエフには世界遺産にも登録されている**聖ソフィア大聖堂**や**聖ミハイルの黄金ドーム修道院**などが建立され、ギリシア正教の一大聖地となった。

　その後、キエフは**チンギス・ハン**の国家統一に端を発するモンゴル人の征服を受け、その撤収後はポーランドとリトア

ニアの同君連合に組み込まれる。ウクライナの人々が民族独立に向けて立ち上がったのは17世紀になってから。一種の傭兵部隊、軍事的な共同体組織である**ウクライナ・コサック**を中心に実力行使を伴う独立運動が展開されるようになった。

ロシアとの関係性が大きく変化するのはこのときだ。ポーランドからの独立を目指したウクライナはロシアに支援を求める。その結果、ポーランドを排除し独立を回復するも、独立戦争の指導者が逝去すると、ロシアは「待ってました」とばかりにウクライナを併合。こうしてウクライナはロシアの領土に組み込まれてしまうのだ。

ところで対ポーランドにおいては独立を希求する側であるウクライナ・コサックだが、一方では**ポグロム**と呼ばれるユダヤ人虐殺の加害者でもある。**国際社会において完全な正義など存在しない**。現実の社会において正義とはしょせん相対的なものなのだ。

これ以後ウクライナはロシアの一部として二百年以上の歴史を刻む。18世紀に入るとウクライナが所属するロシアは一年を通して凍ることのない軍港、不凍港を求めて南下を開始する。1768年にはイスラム系トルコ系の大帝国ではあったが既に落ち目となっていたオスマン帝国と**露土戦争**に及び、74年、これに勝利。このときオスマン帝国領だった**クリミア・ハン国**を戦勝の報酬として奪い取り併合する。そのクリミア・ハン国があった場所こそが黒海の北、中央に突き出る**クリミア半島**。言うまでもなくロシア・ウクライナ紛争の契機となった因縁の地だ。つまり**クリミア半島は元々ウクライナ領で**

はなく、そもそもはオスマン帝国領であり、その後にロシア領に組み込まれたということは押さえておきたい。

以後、帝政ロシアは発展するも、1905年に**日露戦争**に敗北すると求心力と皇帝の威厳は低下。1914年に勃発した**第一次世界大戦**では連合国側で参戦し、本来なら勝ち組に回るはずだったが、戦時中の1917年に**ロシア革命**が起こり、ロシア帝国は滅亡。段階を経て世界初の社会主義国家の連合体である**ソビエト社会主義共和国連邦（ソ連）**が樹立され、ウクライナは、紆余曲折はあったものの結局はその一員となった。

ソ連の第一勢力であるロシア、その指導者**スターリン**は同胞とはいえ、第二勢力となりうるウクライナに優しくはなかった。1932年、五か年計画を推進していたスターリンは穀倉地帯であるウクライナに過剰な農業生産ノルマを課す。農民たちの食料さえ奪い取り外貨確保のための輸出に回す。結果、ウクライナの人々は大飢饉に見舞われた。

この非人道的な独裁者による人災を**ホロドモール**と呼んでいる。ホロドは飢饉を、モールは病や死を意味する。ウクライナの人々にロシアに対する怨恨が生じる土壌はいくらでもあった。1939年に勃発した第二次世界大戦においても、ソ連自体は連合国側で戦勝国となったが、ウクライナはまたしても穀倉地帯であることに目をつけられ、軍への食料供給を優先させられ、ウクライナの農民や民間の人々は再び食料不足に苦しめられた。

第二次世界大戦後の1953年、スターリンの死去に伴い、ソビエト共産党書記長の座にウクライナ出身のフルシチョフが就任した。フルシチョフは、まるでウクライナ人のロシア人に対する鬱憤をはらすかのようにスターリン批判を展開し、前任の指導者の施政をことごとく否定する。そして**出身地であるウクライナに便宜を図るため、クリミア半島をウクライナに編入させてしまった**。

交通の要衝であり ソ連邦の中では豊かな地域だったクリミア半島。これまで**ロシア領だったクリミア半島には当然のことながら多くのロシア人が居住していた**。ロシア語を話すロシア人が住民の多数を占めたクリミアが、一指導者の我田引水ならぬ我田引地行為によりウクライナに帰属することとなった。言うまでもなく、これが後に両国の武力衝突を引き起こすことになる。

1986年、チェルノブイリで原発事故が発生。史上最悪の原発事故だった。このとき秘密主義のソ連は当初事故の発生を公表せず、その結果被害が広がり、その反省もあって、1985年にソ連共産党書記長に就任したミハイル・ゴルバチョフはペレストロイカと呼ばれる改革の軸の一つとしてグラスノスチという情報公開政策を推進した。

●ウクライナの歴史(ソ連崩壊後)

その結果、ソ連の民は西側の自由と繁栄を知ることになる。彼らに社会主義からの脱却、ロシアの支配からの独立の機運が高まる。1989年に冷戦が終結すると、1991年についにソ連が崩壊する。ソ連の元構成国は各国とも独立を果たしつつも緩やかな連合体である**独立国家共同体（CIS）**を形成したが、ウクライナもこれに調印。

その翌年、早くも**クリミアがウクライナからの独立を宣言**する。前述の通り、クリミアは元々ロシア領でありロシア語を話すロシア人が多く居住する地だった。同じソ連邦に属していたときは問題も小さかったが、別々の国となると放置もできない。クリミア在住のロシア人たちが独立の動きを起こしたのも当然と言えば当然のことだ。そしてそれをウクライナが認めないのも、また自然の帰結。

さらに一方のロシアがクリミア独立を支持する動きを見せるのも、また当たり前の成り行き。そんな経緯で両国間に亀裂が生じ戦争の勃発も危惧された。だが結論から言えばこのときは両国の対立は戦争には発展しなかった。というのも、ロシア国内の**チェチエン**がチェチェン共和国としての独立を求め、これを認めないロシアとの間で戦争が開始されたからだ。自国内に独立を希望する勢力を擁するという点でロシアはウクライナと同じ立場に立たされてしまったのだ。もしロシアがクリミアの独立を支持すれば、チェチェンの独立も容認しなければ矛盾してしまう。よってロシアはクリミアの独立への支持を中止しウクライナとの武力衝突は回避された。

今でこそ一気呵成な侵攻を見せるロシアだが、この時点ではウクライナに対して慎重に動かざるを得ないもう一つの理由があった。実はウクライナは旧ソ連が所持した核兵器の多くを領土内に保有し、アメリカ合衆国、ロシアに次ぐ**世界第三位の核保有国**だったのだ。

善悪は別として**核兵器を保有する国は強い発言力を持つ**。何もしなかったイラクがいきなり国家を蹂躙されたのに対し、散々核実験やミサイルの発射を繰り返し、周辺国家を挑発しまくっている国が何のお咎めも受けないのも、核が持つ抑止力ゆえのこと。

1994年、ハンガリーの首都ブダペストでアメリカ合衆国、イギリス、ロシアの三国とウクライナは覚書を交わす。核を放棄する代償として米、英、ロシアはウクライナの安全を保障するというもの。これを受けて**ウクライナの核はロシアへ移される**。

この覚書での約束が果たされたかどうかは言うまでもないだろう。**平和とは文言が生み出すものではない**。私とて認めたくはないが、現実には**具体的な対抗措置としての抑止力あってこそ維持できるもの**なのだ。そのことをウクライナは核を持たない世界の国々に教えてくれている。

1998年、クリミアはウクライナ内で**クリミア自治共和国**として一定の自治権を認められ、一旦は独立への動きは収まった。ウクライナではその後しばらくEUやアメリカに接近を図る親欧米派とロシアによる庇護を求める親露派による政権争いが続く。

そんな中、2004年の大統領選で親露派の**ヤヌコーヴィチ**が当選。しかし対立候補で親欧米派の**ユシチェンコ**を支持する人々は選挙の不正を訴え、オレンジのリボンを目印にストライキやデモで抗議する。これが**オレンジ革命**。裁判の結果、選挙のやり直しが行われ、今度はユシチェンコが勝利し大統領に就任した。

２０１０年、ヤヌコーヴィチがユシチェンコ陣営の仲間割れなどもあって、今度は正当に大統領に当選。２０１３年にそのヤヌコーヴィチは国民の多くが望んでいたＥＵとの協定の調印を見送ってしまう。親露派のヤヌコーヴィチだけ、これは予期できたことだったが国民は猛反発。翌年には一部が暴徒化、ヤヌコーヴィチはロシアに亡命する。クーデタ実行者らはロシアにヤヌコーヴィチの引き渡しを求める。このあたりはイランなど様々な国で見てきた風景。当然ロシアはそれを拒絶。ここでヤヌコーヴィチを引き渡せば、他国の親露派の指導者たちは今後ロシアの言うことを聞かなくなってしまう。

一方、新ウクライナ政府は「ロシア憎ければロシア語も憎い」とばかりに、**ウクライナ国内で第二公用語として認められていたロシア語の地位を剥奪することを検討**し始める。これに対して、これまでに話題にしてきたようにロシア語を話すロシア人が多数を占めるクリミア地域は猛反発。**クリミア自治共和国議会はロシアへの編入を求めて住民投票**の実施を決める。投票の結果、ロシア編入を希望する住民が多数であったため、**クリミアはウクライナ直轄の特別市であった半島内のセヴァストポリとともに独立を宣言、ロシアはこれを承諾した。**

ここで押さえておきたいのは、**そもそもクリミアの多数派はロシア語を話すロシア人だったこと**。そしてクリミアのロシアへの編入は民主的な投票の結果に沿ったものであったこと。もちろん民主的と言っても、とどのつまりは多数決なので必ずしも正しいとは言えないが、この場合は政策的に移民を送り込んだ結果などではなく、歴史的な自然な経緯からの事象なので、独立を拒否したいウクライナの気持ちはわかるものの、昨今の西側世界、さらには大方の日本人の抱く感想のように、「ウクライナ＝絶対的な正義」というものではなく、クリミアの人々の言い分も十分に納得できるものであるとわかる。

とは言え、ウクライナ新政府が独立を認めるわけもなく、すると**ロシア軍は3月にクリミアに侵攻して、実効支配を開始**する。非難すべきはここからだろう。ロシア大統領プーチンはクリミア併合を宣言、クリミアとセヴァストポリ、両地域の代表と編入の約束を交わした。

なおウクライナ、西欧諸国、アメリカ、日本などは、この併合を認めない立場をとった。

ウクライナ・ロシア両国間の争いの激化を避けるため各国が介入する。２０１４年には**ミンスク合意（議定書）**、さらに翌年には同じく**ミンスク2**と、両当事国と中立国による取り交わしが結ばれるも、ロシアの言い分が通った形の合意に対し、ウクライナ国内での不満は高まっていた。

●ウクライナ「戦争」

そんな状況下で2019年に大統領に就任したのが、今や世界でともすれば英雄視されているユダヤ教徒の**ゼレンスキー**である。日本ではコメディアンと伝えられることが多いが、役者でもあり、彼の当選のきっかけは政治ドラマで大統領を演じたことにある。要するに**国民がドラマと現実を混同してしまった**ということだ。**特定の事務所が大きな力を持つ日本でこれが起こったらと思うと背筋が寒くなる**話ではある。

その**ゼレンスキー、そもそもロシア語使いでもあり、親露派とは言わぬまでもロシアとの国交正常化と融和を図る協調派ではあった**。ところがなにせ基準が胸のすくドラマだっただけに、いざ現実の彼が大統領に就任しても生活が向上することもなければ政治が良くなることもなかった。国民は失望しゼレンスキーの支持率は急激に落ち込む。元役者だけに人気に関して敏感なゼレンスキーは即座に動いた。反日感情の強い国々もよく使う手法。**対外的な仮想敵を生み出し国民の非難をそこに集中させる**というやり方。対ロシア融和派だった**ゼレンスキーは、対ロシア強硬派に転じる**。この外交方針の大転換が、政治的な信条等からではなく人気取り、政権の延命を図ってのものだったことは知っておいた方がいいだろう。

ミンスク2を反故（ほご）にしたゼレンスキーは、2021年には政府軍による親ロシア武装勢力に対するドローン攻撃を挙行する。これらの勢力は外国の武装組織であり違法なグループだったので、撤退し武装解除させる必要性があり、その点においてゼレンスキーにも正当性はあるにはあったが、ドローンによる攻撃は、ミンスク2で徹底された禁止行為であったため、ロシアはもちろん欧米諸国からも反省を求める声が多数挙がった。

事態を収拾するために、2022年、ドイツの首都ベルリンでロシア、ウクライナ、フランス、ドイツの四カ国の高官が協議するも合意に至らず。こうした流れを受けてロシア大統領プーチンは、ミンスク議定書、ミンスク2の内容が履行されないのであれば、それはもはや存在していないのと同じであると宣言。ウクライナの非軍事化を目的とした特別軍事活動という名目で、**ロシア軍はウクライナへの全面侵攻を開始**した。

当初は短期間で終結すると思われた紛争であったが、アメリカやEU諸国によるウクライナへの武器や物資の供与の影響もあり、紛争は泥沼化し、2023年10月現在も一進一退の攻防が続いている。むろん軍事侵攻したロシア、特にその指導者プーチンの行為は批難に値し非人道的とも言える。が、一方で、巷で言われるほどゼレンスキーが正義の味方なのかといえば、それもまた違う。国際社会において大国はそれぞれの思惑で国際世論を形成しようとする。特に日本は法制度上自国の意見すら持ちづらい立場にあるから、ある程度は仕方がないが、短絡的な見方をして踊らされハシゴを外されることがないようにしたい。

欧米人から見れば、結局は、アジア人はアジア人、白人から見れば有色人種は有色人種なのだから。

●南コーカサス地方とジョージア

続いて、**黒海**と**カスピ海**に挟まれた国々を紹介しよう。黒海とカスピ海の間にはコーカサス山脈が走るが、これがロシアとの国境線になっている。国境の北にはチェチェン紛争のチェチェンがある。黒海とカスピ海の南にはトルコとイランがあり、その間に、ジョージア、アルメニア、アゼルバイジャンの3カ国がある。1922年に3カ国はザカフカス社会主義連邦ソビエト共和国を形成。36年に各地域の共和国に分かれた。地域的にはアジアに位置するため中東に含めてアジアに分類されることもある。

この地域は南コーカサス地方と呼ばれ歴史は古い。ジョージアには紀元前6世紀にコルキス王国があり、アルメニアには紀元前190年に古代アルメニア王国が成立している。また、アゼルバイジャンには紀元前6~4世紀にカフカス=アルバニア王国があった。3カ国とも主要民族が違い、**グルジア人**（**ジョージア**）、**アルメニア人**、**アゼルバイジャン人**で、言語も違う。各国とも少数民族も多く、紛争の火種となっている。宗教はアゼルバイジャンだけがイスラム教徒が多く、他の二国はキリスト教徒が多い。一部を除いてほとんどが山岳地帯である。

ロシアに一番近いところがジョージア。２０１５年４月まではグルジアと言われていたから、こちらの名前を記憶している人の方が多いだろう。首都は**トビリシ**。

１９９１年の独立後には大統領と反大統領派の対立があり、95年、反大統領派が元ソ連の外相だった**シェワルナゼ**を招き大統領選で勝利。その後２００３年まで彼が大統領であった。この年、議会選挙の不正疑惑から**バラ革命**が起こり、シェワルナゼは大統領を辞任。その後、サーカシィヴィリが政権を握るが、少数民族オセチア人の帰属をめぐりロシアと関係が悪化、**南オセチア紛争**が勃発した。しかし、12年の議会選挙で、ロシアとの関係改善を目指す政党**「グルジアの夢」**が勝利し、大統領選でも圧勝。ロシアとの関係改善に乗り出すが、同時にＥＵ加盟も目指している。

●アルメニアとアゼルバイジャン

ジョージアの南西にある国が**アルメニア共和国**。アルメニアの西にはトルコのアナトリア半島がある。首都は**エレバン**。主要産業は農業、工業、宝飾品加工業。量は多くはないが、各種貴金属を産出する。アルメニアは３０１年に世界史上初めてキリスト教を国教としたことでも名高い。その頃から続くゲガルド修道院は、かつてあのロンギヌスの槍が保管されていたことでも知られる世界遺産。

１９９１年の独立後、98年の選挙でコチャリャンが大統領に就任。99年には武装グループによって、議会で首相ら8人が死亡したアルメニア議会銃撃事件が発生、その後大統領のコチャリンの権力は強まり、謀略説が流れたほど。現在政治は安定している。

しかし、西の隣国のトルコとはオスマン帝国時代にアルメニア人が迫害されたことをめぐって歴史問題を抱え、東の隣国アゼルバイジャンとはナゴルノ＝カラバフ自治州の帰属をめぐって紛争が起きている。ナゴルノ＝カラバフ自治州はアゼルバイジャンの州であるが、住民にアルメニア人が多く民族紛争が起きている。意外だが南の隣国イランにはアルメニア人の居住区があり保護されているため、イランとの関係は良好である。

西アジアと南コーカサス

アルメニアと仲がよろしくない**アゼルバイジャン共和国**。首都は**バクー**。カスピ海に面しバクー油田があることで知られる。**バクー油田**から産出する原油の輸出のおかげで、アゼルバイジャンはジョージア、アルメニアに比べて一人当たりの国民総所得が高かったが、最近は他の2国と同じ4000ドル台。このバクーは城砦

都市として世界遺産にも登録されている。

アゼルバイジャンでは1991年の独立後、93年に民族派の大統領から反体制派の蜂起で政権を奪い取った元アゼルバイジャン共産党書記長のアリエフとその息子が大統領職を世襲している。大統領選挙で勝利しての大統領であるが、ほぼ独裁的体制である。

宗教はサファヴィー朝ペルシャの支配下に入ったことがあるため、イスラム教徒が多く、シーア派が53パーセント、スンニ派が34パーセントを占めている。このアゼルバイジャンと良好な関係を保っているのが、やはり南の隣国イラン。シーア派つながりということもあるが、イランは互いに仲の悪いアルメニアとアゼルバイジャンの両国と友好な関係を維持しており、実は外交上手な国であることがわかる。もっともそれを肝心の中東で活かしてないので、どうにもならないのだが。

●ロシアの広大な大地と人口密度

多民族国家の**ロシア連邦**。もっともその8割はロシア語を話すスラブ民族（スラブ人）である。**面積は世界一**。国土はウラル山脈を境に、西はバルト海から東は日本海までヨーロッパとアジアに跨り、日本の45倍、アメリカ合衆国の1・7倍、中華人民共和国の1・8倍にも及ぶ。あまりに広いため国内での最大時差が10時間に及び11の標準時が設けられている。

これでも旧ソ連に比べれば4分の3になったというのだから、いかに旧ソ連がとんでもない国家だったかがわかる。これだけ広大な国土を擁しているのだから当然抱える人口も多い。その数なんと1・4億（2023年）。

ん？ ん？ あれ？ あれれ？

1・4億、確かに多い。世界中を見てもこれを上回る人口の国は、2023年に中国を抜いて人口1位に躍り出たインドをはじめ8カ国しかない。

が、いささか拍子抜けでもある。というのも少子高齢社会の真っ只中にあり人口減少中の日本だが、それでもまだ不法滞在の外国人を除いても1・2億人の人口を擁している（世界12位2023年）。さすがに誤差とは言わないが、45倍もの面積の差と比較して、人口の差はあまりにも小さくはないか。

ある地域における人の混み具合を図る指標として**人口密度**がある。人口を面積で割って、単位面積当たりでどれだけの人が住んでいるかを見る。単位面積としては一般には1平方キロメートル（㎢）が用いられるので、その単位は人／㎢となる。

こちらのランキングでは統計により差が大きいものの、概ねロシアは180番台から200位以下。つまり世界でもかなり下位に属するのだ。ということはロシアでは人がのびのび生活しているかと言えば、これがまたそうでもない。1平方キロメートルあたり5000人を超える人が住んでいる首都**モスクワ**をはじめ、人口は都市部に集中しているからだ。さらに言えばロシア人のほとんどはウラル山脈以西のヨーロッパ地域に居住している。

そんないびつな事情については、日本における東京と北海道、それも大都会・札幌のある道央などではなく、在来線はおろか、その代替手段である路線バスすら廃止が進んでしまっている（もっとも路線バスについては都市部でも廃止が進んでいるが）道北や道東の関係を思い浮かべれば理解しやすいだろう。

●厳しいシベリア

では、なぜそうなるかと言えば、住める、いや、住みやすい土地が少なく、しかも西に偏っているからに他ならない。ロシアの東部、極東アジアの地域の名はシベリア。ジブリ映画で有名になった菓子パンやシベリアンハスキーなどで、今でこそプラスイメージもある言葉となったが、ほんの少し前までは「シベリア送り」という言葉に代表されるように響きだけで寒々とした印象を与えた言葉だった。このシベリア送りについては第二次世界大戦後のソ連軍の旧日本軍に対する蛮行によるものでもあるのだが、そもそものマイナスイメージと人が住まない原因は、その絶望的な寒さにあった。

ロシアの国土自体がかなりの高緯度にあり寒い。その寒さは時として武器にもなり、かつてはナポレオンとヒトラーという欧州を席巻した二大征服者から国土を守ることに寄与した。補給路を断ち冬を待てば、相手は勝手に自滅する、それがロシアの寒さ。そしてこれが極東アジアのシベリア地区となると、さらに凄みが増す。

モスクワの冬の平均気温がマイナス10度前後であるのに対し、シベリアのそれはマイナス15〜マイナス35度。しかも海から離れた内陸部においてはマイナス50度以下になることさえあるという。もはや「バナナで釘が打てる」などと喜んでいるレベルではない。内陸部の気候は**ツンドラ気候**。アニメのヒロインにありがちな設定ではない（ツンデレ？ツンデレですね？）。1年を通して氷と雪に閉ざされた**氷雪気候**と並んで、最も寒い気候区分である寒帯に属するのがツンドラ気候。

ツンドラの意味はウラル地方の方言で言うところの「木のない土地」。あまりの寒さに樹木が高くまで伸びることができず森林は生育せず、ところによっては**永久凍土**すらも。それよりややましな地域が属するのが冷帯（亜寒帯）の**タイガ気候**。タイガは虎を意味するtigerではなく、寒さと日照不足のために大きく成長できなかった背丈の低い針葉樹林のこと。そこから転じて今では針葉樹林自体をタイガと呼ぶこともある。「木がない」と「あるけれど背丈が低い」非常にわかりやすい命名といえる。

もっとも昨今は地球温暖化の影響で多少事情も異なりつつあるが、それでも基本そんなところに積極的に住もうという人などまずいないから、帝政ロシアも社会主義国家連邦のソ連も、罪人や貧しい人々なども強制的に移住させたり開墾を勧めたりした。旧日本軍の軍人が労役につかされたのもそうした事情があったからである。もっとも寒い地域というのは、居住という点では厄介だが良いこともある。

●資源大国・ロシア

極端に寒い地域には資源に恵まれているところが多いのだ。ロシア人が言うところのシベリアは実は極東アジアを除くウラル以東らしいのだが、ここでは日本で言うシベリアを含んで話を進めるが、そのシベリア地域はロシア全土の実に4分の3を占めている。その地域が有する資源は、木材に始まり、石炭、天然ガス、石油、鉄鉱石、金、アルミニウムなどいずれも文化的な生活においてなくてはならぬものばかり。

そして皮肉なことにかつて社会主義国家であったソ連では贅沢が敵とされ相互監視が日常であったのだが、その影響でいまだに西側資本主義国家や少し前までの中国のような思い切った発展ができないでいる。結果、こうした資源の恩恵を受けたのが西ヨーロッパの国々。木材資源や鉱山資源はドイツやフランスといった人権や環境問題への意識が一般的に高いと思われている国々へ送られる。

特にスパイ映画の金字塔007シリーズの劇中でも描かれたパイプラインで輸送される天然ガスには西洋列強の多くが依存している。2022年に勃発したロシアとウクライナの武力衝突。どちらが悪いかやその経緯はウクライナの項目に詳しく記したのでここでは触れないが、西洋諸国の多くが、表向き人道的にはロシアを強く非難しつつ裏では貿易をやめられないでいる。それは西洋各国のエネルギーのロシアへの依存度が高いからに他ならない。そしてそのためにドイツなど西洋各国の電気料金はとんでもなく跳ね上がり、多くの一般庶民の家計に影響を与え、さらにそれは遠く日本にすら飛び火している。

　悔しくもあり認めたくもないが、**核兵器と資源は国力である**。どちらも持っている国は強い。正義や善悪の問題ではない。現実にそうなのだからどうにもならないのだ。ウクライナに対するロシアの侵攻がたとえ侵略行為であったとしても、西洋各国は表向きはともかくロシアとの取引をすべて停止することなどできはしない。ゆえに民間の私企業名義での取引を利用したりせざるを得ないのだ。

　ロシアの強気の背景には、指導者プーチンの偏執とも頑迷とも言えるその歴史観や旧ソ連に対する過去の栄光へのリスペクトもあるのだが、それに加えてロシアの姿勢を支えているのが豊富な資源なのである。事実ロシアも旧ソ連解体後、21世紀初頭まではＥＵ各国を手本とし加盟を目標にしていた。しかし原油価格の高騰など豊富な資源がもたらす恩恵で自信をつけたロシアはＥＵなしでの繁栄と成長への道筋を見出したのだ。ウクライナへの軍事侵攻、そしてＥＵやＮＡＴＯ各国との対立を恐れなかったのも、そうした事情があったからと言える。

●広大であるがゆえに多い隣国

ウクライナへの蛮行については同情の余地はあるとは言え（詳細はウクライナの項目を参照）許されることではないが、ロシアという国家がやたらと好戦的なのには地政学的にも仕方のない点はある。ロシアの面積を思い出してほしい。数値まで思い出す必要はない。世界一広いということだけで十分だ。世界一広いということは当然国境線も長いということを意味する。そして国境線が長いということは一般的には多くの隣国を持つということになる。

日本で言えばさしづめ長野県あたりだろうか。長野県の場合は別に山梨県や岐阜県と戦争はしないし、その備えも必要はないが、ロシアの場合そうはいかない。隣国の中には人種も民族も宗教も異なる国家がたくさんある。ちなみに、実は日本もそんなロシアの隣国の一つだったりする。ついでに言えば大方の日本人のロシアに対する感情は、北方領土問題の影響からか、ウクライナ紛争以前から好意的なものではなかったが、当のロシア人は国家としてはともかく個人としては日本には好意的な人が多い。

特に中国の台頭以前はその風潮が強かった。なにせ仮想敵国はアメリカ。そのアメリカと対峙するためには味方が必要。ほんの数年前までの日本はアメリカに次ぐ世界第二位の経済大国でロシアが持っていないものはすべて持っていた。ロシアが日本との接近を求め日本に片思いしていたのも無理はない。

筆者には公私にわたって付き合いの深いロシア人がいたが、面白みには欠けネクラではあるものの極めて真面目（イングランド人もそういう傾向がある）で日本にも好意的だった。彼曰く、日本を嫌っているロシア人はあまりいないとのことでもあった（ただし都市部では黄色人種自体への差別はあるが、それも西欧各国の比ではないと）。現にいろいろな旅人の旅行記を見てもシベリア鉄道でロシア人に親切にされたなどというエピソードは多い。基本的に人はいいのだ。ついでに言えばウラジオストクなどは日本から一番近いヨーロッパとして注目されつつあった。筆者もビザなし渡航が解禁になったタイミングで旅行を計画したが、ほんの数年でコロナのパンデミック、さらにウクライナとの武力衝突と、行き損ねてしまった。まさに「いつでもいけるばしょは、いつまでもいけるばしょではない」というところだ。

ロシアの意外な隣国をもう一つ挙げておこう。それはかつてロシアがソビエト連邦の盟主だった時代に、世界の二大大国として冷戦を繰り広げたアメリカである。「そんなバカな」と思われる方がいても不思議ではない。が、このことは、よく見かけるメルカトル図法の世界地図でも納得できる。

まずは北の方に目を向けてほしい。その上でユーラシア大陸と北アメリカ大陸に注目する。シベリアとアラスカの間、そこには**ベーリング海峡**という狭い海峡があるだけ。

ベーリング海峡
アメリカ合衆国
チュコト海
セント・ローレンス島
北極海
ウランゲリ島
東シベリア海
ベーリング海
セベルナヤ・ゼムリャ群島
ノボシビルスク諸島
ラプテフ海
コリマ川
レナ川
コマンドル諸島
ベルホヤンスク山脈
カムチャツカ半島
オホーツク海
中央シベリア高原
千島（クリル）列島
連邦
樺太（サハリン）
スタノボイ山脈
アムール川
黒竜江
バイカル湖
ヤブロノヴイ山脈
大興安嶺山脈
イルクーツク
ウランバートル
ウラジオストク
日本海
モンゴル
朝鮮民主主義人民共和国
東京
富士山
3776
平壌
日本
北京
ソウル
大韓民国
中華人民共和国
黄河
黄海
太平洋

ロシア

ベルギー
北海
ノルウェー
スバールバル諸島
オランダ
オスロ
デンマーク
スウェーデン
ドイツ
フランツ・ヨシフ諸島
ボスニア湾
ベルリン
ストックホルム
バルト海
フィンランド
チェコ
ロシア連邦
ヘルシンキ
バレンツ海
タリン
ポーランド
エストニア
リトアニア
リガ
サンクトペテルブルク
ノバヤ・ゼムリャ島
ワルシャワ
ラドガ湖
ビリニュス
ラトビア
オネガ湖
カラ海峡
スロバキア
ミンスク
北ドビナ川
ベラルーシ
ルーマニア
1895
ナロードナヤ山
モスクワ
モルドバ
キエフ
エニセイ川
オビ川
キシナウ(キシニョフ)
ウラル山脈
ウクライナ
ドナウ川
ドニエプル川
アゾフ海
スターリングラード
黒海
イルトゥイシ川
ボルガ川
ウラル川
ジョージア
(グルジア)
シベリア鉄道
チェチェン
トルコ
トビリシ
ノヴォシビルスク
エレバン
アルメニア
カスピ海
アスタナ
アゼルバイジャン
カザフスタン
アラル海
バクー
シルダリヤ川
イラク
トルクメニスタン
バルハシ湖
アルタイ山脈
テヘラン
ウズベキスタン
アシガバート(アシハバード)
タシケント
ビシュケク
イラン
キルギス
天山山脈
ドゥシャンベ
タジキスタン
アフガニスタン
ロシア
1:34,000,000
0
340
680
カブール(カーブル)
8611
K2
バーレーン
カタール
イスラマバード
ROOTS / Copyright©Heibonsha
アラブ首長国連邦
パキスタン
インド

そうなのだ、かつての米ソ、今の米露はお隣さん同士なのだ。もののついでにトリビア的知識を付記すると、ロシアの最東端であるラトマノフ島とアメリカ領であるアラスカ州に属するリトルダイオミード島は、ともにダイオミード諸島に属し、二島間の直線距離は最短で4キロほど。しかも冬季には両島間に氷が張ることもあり、現実的には不可能だが、物理的には徒歩での国境越えも可能なのだ。

さらにロシアとアメリカと言えば、こんな見方も覚えておいてほしい。地球儀を調達して真上から地球を見てほしい。地球儀がなければ北極海の地図でもいい。すると気がつくはず。北極海を中心にかつての冷戦の当事国同士である米ソ、現在のアメリカとロシアが睨み合っていることに。そうなのだ、北極海経由なら互いの距離は一気に縮まってしまうのだ。

ゆえに両国は核ミサイルについても敏感であった。両国間の中心都市同士の距離はメルカトル図法の世界地図で見るとかなり離れているように見えるが、地球儀や北極海を中心にみると、そこまで遠くもないのだ。とはいえ、それは物理的な話で、現実にはミサイルはともかく、船舶などは氷に閉ざされた北極海を安易に横断することはできなかった。

ちなみに北極点に最初に到達したのはノルウェーの探検家**アムンゼン**と同行者**オスカー・アドルフ・ウィスチング**だが、世界で最初に北極点の真下に到達することに成功したのは、世界最初の原子力潜水艦アメリカの**ノーチラス号**（6代目）で1958年のこと。その名は日本にもファンが多いフランスのSF作家**ジュール・ヴェルヌ**の冒険小説『海底二万マイル』に登場する潜水艦に由来する。ノーチラス号の偉業により世界は狭くなり、ソ連はこれに大いに驚愕した。

それから60年少々。現在の北極海の交通事情は少し異なっている。地球温暖化の影響で北極海が氷に閉ざされる期間が短くなったのだ。そのために軍用ばかりではなく民間貿易においても**北極海航路**が大いに利用されるようになった。なにせ南回りより距離も期間も短くてすみコストも下げることができる。そして北極海航路の安全のために、やはりロシアとの関係性は無視できない。国際関係とは一筋縄ではいかぬものなのだ。

多くの隣国、仮想敵国を抱えることに加えて、ロシアは寒い。人は自然に温かさを欲する。さらに言えば冬に凍ってしまうような港には軍艦を常駐させることはできない。もちろん同情の余地があるからといって許されるわけではないのだが、ロシア人の南下政策、特に不凍港を求めてのそれには、こうした合理的な理由はあったのだ。このあたりを理解してうまく懐柔できる国家や外交の専門家の存在があると、事態も多少は改善されるかもしれない。

●後進国であったロシア

そんなロシア、大国ではあるが実は後進国でもある。ヨーロッパにおいて先進地域はギリシア・ローマ。次いで旧フランク王国を構成したフランス。その後イベリア半島のイスラム勢力を駆逐したポルトガル・スペインの両国が続いて、さらに同じく海洋国家のオランダ、イギリスが後を引き継ぐ。西欧諸国から見て辺境の国家に過ぎなかったロシアが台頭したのは、日本では江戸時代にあたる17世紀になってからのことだから、統一が遅れたドイツやイタリアよりほんの少し早い程度で、欧州全体としてはかなり晩成の帝国だった。

バイキングことノルマン人による建国、今は敵同士であるウクライナとともに発展、後に騎馬民族であるモンゴル民族の支配を受け、15世紀になってようやくその支配から脱し**モスクワ大公国**として発展を遂げる。大公リューリク朝**イヴァン3世**の御代にロシアを統合。彼は最後のビザンツ帝国（東ローマ帝国）皇帝の姪であるソフィアをめとり、自ら「**ツァーリ（皇帝）**」を名乗った。

この頃、農奴から騎馬を得意とする戦闘集団**コサック**が誕生、その頭領だった**イェルマーク**がシベリアを探検し、シベリアをロシアに組み込んでいく。

イヴァン3世の孫のイヴァン4世は中央集権化を進め絶対王政を敷いたが、彼の死後、リューリク朝は消滅した。

17世紀になって**ロマノフ朝**が創始される。4代**ピョートル1世**の時代に他のヨーロッパ諸国と肩を並べる大国となる。彼はコサックの反乱を抑え正式にインペラートル（皇帝）の称号を用いるようになりロシアは帝国となった。さらに新首都**サンクトペテルブルク**を建都し、スウェーデンとの**大北方戦争**にも勝利してロシア帝国の礎を築く。

1917年、このロマノフ王朝がロシア革命によって倒され、その後できた臨時政府も**レーニン**率いる**ボルシェビキ**のソビエトに取って代わられた。そしてソビエト社会主義共和国連邦ができあがり、首都は**レニングラード**（現・サンクトペテルブルク）からモスクワに移されることになる。

●ロシアの都市

ここからはロシアの代表的都市を西から見ていこう。まずはバルト海のフィンランド湾の奥にある**サンクトペテルブルク**。ロマノフ王朝の首都でロシア革命発祥の地。旧ソ連での名称は指導者レーニンにちなんでレニングラード。ロシアを代表する港湾都市で人口もロシアで第二位。造船業など多くの工業が行われている。

このサンクトペテルブルクから南東600キロメートルのところにあるのがロシアの首都**モスクワ**。人口は1300万人強（2023年）でヨーロッパ最大。工業はもちろん第三次産業も発展している。**クレムリン**と**赤の広場**、**コローメンスコエの昇天教会**や**ノヴォデヴィチ女子修道院**などが世界遺産に登録されており、現在は難しいが戦争状態終結の折には観光で賑わう可能性も秘めている。

さらに南東に１０００キロメートル行ったところが第二次大戦の激戦地として有名な**スターリングラード**（現・ヴォルゴグラード）。ここを突破できなかったことでヒトラーのドイツ第三帝国は一気に敗戦に傾いた。

このスターリングラードから南に行くと北コーカサス地方に出る。ここにチェチェン人の住むチェチェン共和国があり、過去にロシアからの独立紛争を起こした。

今度はモスクワから東に、**シベリア鉄道**に乗って３３００キロという途方もない距離を進むと、シベリア最大の都市、ロシア3番目の人口を擁するノヴォシビルスク。この都市の中心は**オビ川**の右岸にあり南方には世界遺産に登録されている**ウコク高原**がある。革命後に急速に発展した都市で商工業が発展しており、シベリア開発の前進基地でもあった。さらに東にまたもや想像するにもしんどくなるような２０００キロという距離を移動するとバイカル湖畔の都市**イルクーツク**に着く。そこからさらに４０００キロ！で、ユーラシア大陸の東の果てロシアが初めて獲得した不凍港、日本から最も近いヨーロッパことウラジオストクにたどり着く。日本人が何の憂慮もなしに訪問滞在できる日が一刻も早く訪れることを願ってやまない。

第六章

東アジア

台湾・総督府（写真：著者）

●経済大国・中国

現在、経済力・軍事力ともにアメリカに次ぐ世界第二位の大国である**中華人民共和国**。14億人を超える人口と物量、先進国としての顔と発展途上国としての顔の使い分け、一党独裁が可能にする組織力は、周辺諸国はもちろん世界中の国々の戦慄の対象となっている。

だが、ほんの30年ほど前までのこの国は大きな北朝鮮でしかなかった。世界最大の人口を擁し、統制経済が実現した強大な軍事力を誇るものの、国民生活は貧しく富や幸福とは無縁の国だった。「カーキ色で左右に胸ポケットがあって実用的だが質素な**人民服**を着て、赤い星のついた帽子をかぶった人々が、だだっ広い道路を何列にも連なって粗末な自転車で一斉に走り抜けていく」。アラフォー以上の日本人にとっての最初の中国人のイメージはおそらくこんなところだろう。しかし言うまでもなく現在の中国は東京をも凌駕するような多くの巨大都市を擁する世界最大の自動車消費国である。「奇跡の復興」と言われた戦後日本のそれをも上回るほどの急成長を遂げた国、それが中国である。

●改革開放政策

東アジア全土図

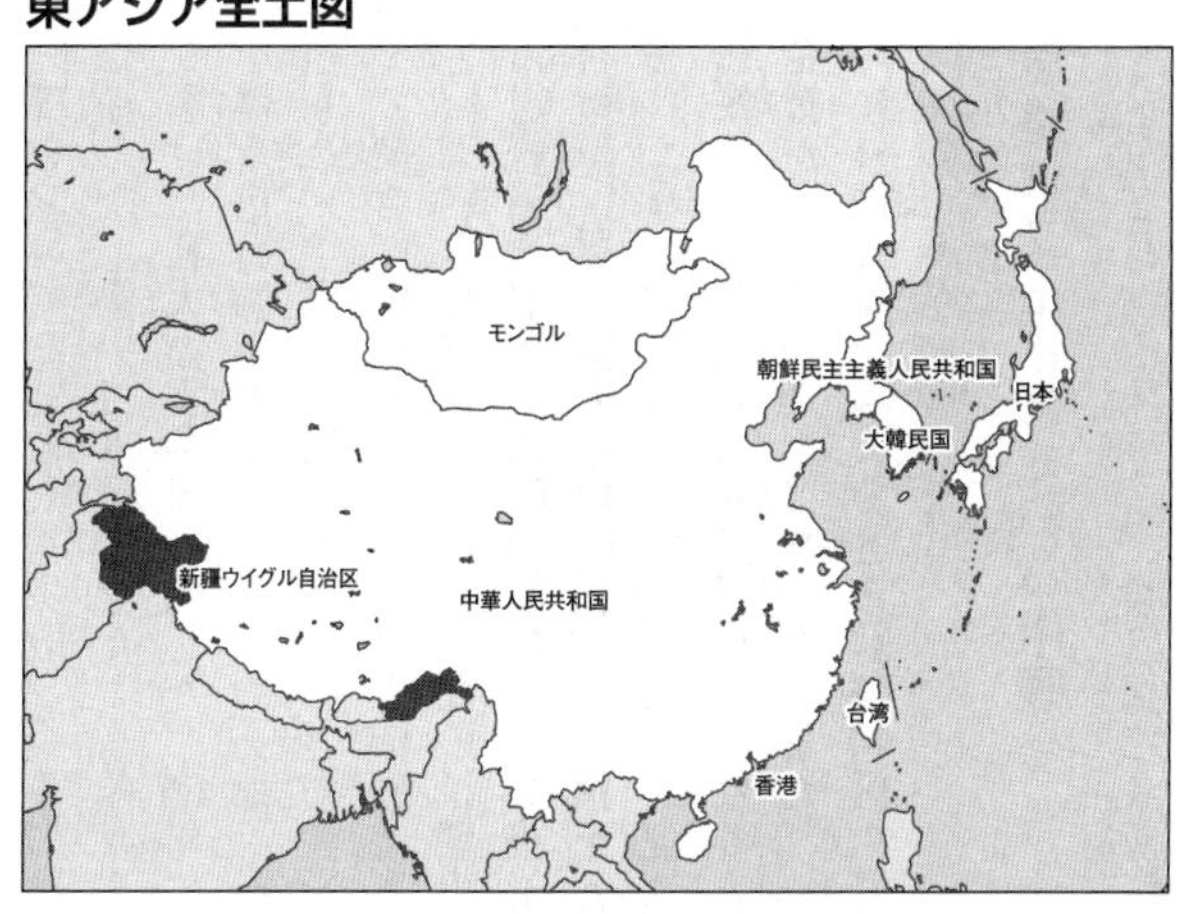

中華人民共和国は1949年に建国されたばかりの実は新しい国家である。したがって当然のことながら国家としては第二次世界大戦を戦ってはいない。そもそもまだ存在していなかったのだから。その当時中国大陸に存在したのは**国民党**が支配する**中華民国**である。45年に第二次世界大戦が終わり、アメリカに敗れた日本軍が中国大陸から撤退すると、それまで一時的に手を組んでいた国民党の中華民国と、これを打ち倒して共産党国家を建国しようとする中国共産党**人民解放軍**が、大陸で戦闘状態に突入。激しい戦いの末に**毛沢東**率いる**中国共産党**が勝利し、49年に中華人民共和国の成立を宣言する。一方、敗れた**蔣介石**の中華民国国民党は台湾に逃れた。

中国はその後社会主義計画経済を進める

産は停滞した。働いても働かなくても給与や待遇が同じなら人は働かないということを、武力を伴う権力闘争が始まると中国の混乱はよりいっそう深まった。「造反有理」の掛け声のもと、学生や労働者が当時の実力者を血祭りに上げた。この混乱は毛沢東が亡くなるまで続き、中国の社会も経済も疲弊していった。

企業の国有化や農村の**人民公社**化は競争を生まず生産が一部を除いてことごとく失敗。66年に**文化大革命**という毛沢東の返り咲きを狙う武国を挙げた壮大な実験で証明した。

毛沢東亡き後に指導者になったのは**鄧小平**。彼は中国の建て直しのため社会主義のまま市場経済を導入する**改革開放政策**を推進した。彼のプラグマティックな思想を象徴する言葉が「**黒い猫でも白い猫でも、鼠をとる猫は良い猫だ**」という言葉。資本主義も社会主義もない、稼げばよいのだと。毛沢東時代には考えられなかった発想だった。

農業は人民公社から**生産責任制**となり人民公社は解体。農村では自治体が経営する**郷鎮企業**が力を持つようになった。また、一部の国有企業は民営化され株式会社化した。さらに外国資本を導入できる**経済特区**や経済技術開発区が深圳の沿岸部に作られ、輸出指向型の工業が発展した。

●岐路に立たされている中国

「世界の工場」と言われ、輸出額では世界の首位に立つ中国。その輸出の構造は加工貿易。原料や部品を仕入れ、安い労働力を使って生産し製品を輸出する。安い賃金で労働者を使用できるから成り立つ構造だが、最近では労働者の賃金が向上し、自国通貨である**人民元**がドルや円に対して高くなってしまったこともあって、その優位性が落ちてきた。繊維などの労働集約型の工場はより賃金の安いベトナムやカンボジアなどの国に、どんどん流れてしまっている。

電子、通信機器や自動車関連企業など、付加価値の高い仕事はどうにか残っているが、付加価値が高い産業になればなるほど、世界各国が自らの国で生産することを望むようになり、もはや中国は世界の工場としての期待に応えられなくなっている。その結果、以前は二桁だった経済成長率も近年は一桁が当たり前になってしまった。

自国の巨大な市場で経済を支えようと内需拡大を目論むものの、これもなかなか厳しい。そもそも日本での爆買いに見られたように中国人自身が中国製品を信じていない。改革開放政策で中国の富裕層は膨大な金を手にし、共産党幹部も特権を利用して蓄財しているが、彼らは高品質の日本やヨーロッパの製品に群がり中国製を買おうとはしない。一方、貧困層は中国製で我慢するもののそもそも購買力が高くない。結局、中国政府が公共事業の規模と幅を広げ、金を使っているに過ぎない。また、貨幣の流通量を増やしているが、それらは不動産などに投資され、**不動産バブル**を生んでいる。そしてどうやら昨今、その不動産バブルが本格的にはじけたのではないかと言われている。はっきりとした物言いができないのは相手が中国だからだ。なにせ数字を出さないし出す数字もどこまで信頼できるかは微妙なところ。2021年から中国の大手不動産ディベロッパー**恒大集団**がデフォルトに陥るなど、不動産バブル崩壊の動きが顕著になった。これが資本主義国家・民主主義国家なら、いよいよ中国の経済成長もこれまでか、となるのだが、そこは強大な軍事力を持つ一党独裁国家だけに、なんともわからない。なにせ力業を駆使する可能性もある。かつての日本の護送船団方式やアメリカや日本が一部企業に行った公的資金投入による復活支援など、社会主義国家ではいともたやすい。もっとも当の中国の資産家の多くは警戒心を強めたようで、その投資先を日本の土地など海外資産に向けているという話もある。

●豊富な鉱山資源

鉱山資源は豊富である。鉄鉱石や石油に石炭はもちろん、スマートフォンや電気自動車のモーター、デジタルカメラのレンズなどに使われるレアメタルのタングステンやレアアースも豊富だ。特にレアメタルは世界の産出量の数割を占める。

ただし、このうちで産業の米と言われる鉄鉱石や石油についてはすでに中国はかつてのような輸出国ではなく輸入国に転じてしまっている。中国の鉄の産地としては大冶（ターイエ）や鞍山（アンシャン）などが有名だが、これらの山から産出される鉄は良質ではなくオーストラリア産やブラジル産の鉄に比べて品質が劣る。石油も東北地方の**大慶油田**(ターチン)から産出されるが、「世界の工場」であり14億の民が先進国レベルの生活を享受する中国の需要をまかないきれない。そのため資源の確保に躍起になっており、離島や海底などで資源の存在が疑われると、これまでの歴史との整合性など一切問わず、突然、領有を主張したりする。石炭も山西省の大同炭田や内モンゴルで産出されるが、以前のように露天掘りに頼れず、これも新たな供給先の確保が必要となっている。

そもそも世界の人口の5分の1弱にあたる人々が急に消費に目覚めたのだから、何をどうしても足りるわけがない。帝国主義的植民地拡張策をもってしたところで間に合わないだろう。一つの解決策としては人材を研究開発に当てることが提案できる。もともと中国には優秀な人材が一定の割合で存在する。これだけの人口なのだから、画期的な発見や発明ができる者も少なくないはず。彼らが軍事や経済のみに向かうのではなく資源対策やエネルギー対策、食料対策にプロジェクトを組んで向き合えば、中国のスケールならきっととんでもない研究開発が可能だろう。すでに数十年も前から中国の各企業、組織は、日本をはじめとする先進諸国から好条件で多くの技術者を引き抜いていると言われている。中国の若者や技術者が、彼らからの教えを真摯に受け熱心に学んでいたら、そろそろパクリだの猿真似などと揶揄されないようなとんでもない商品やサービスが世に出てくるかもしれない。

東アジア地形図

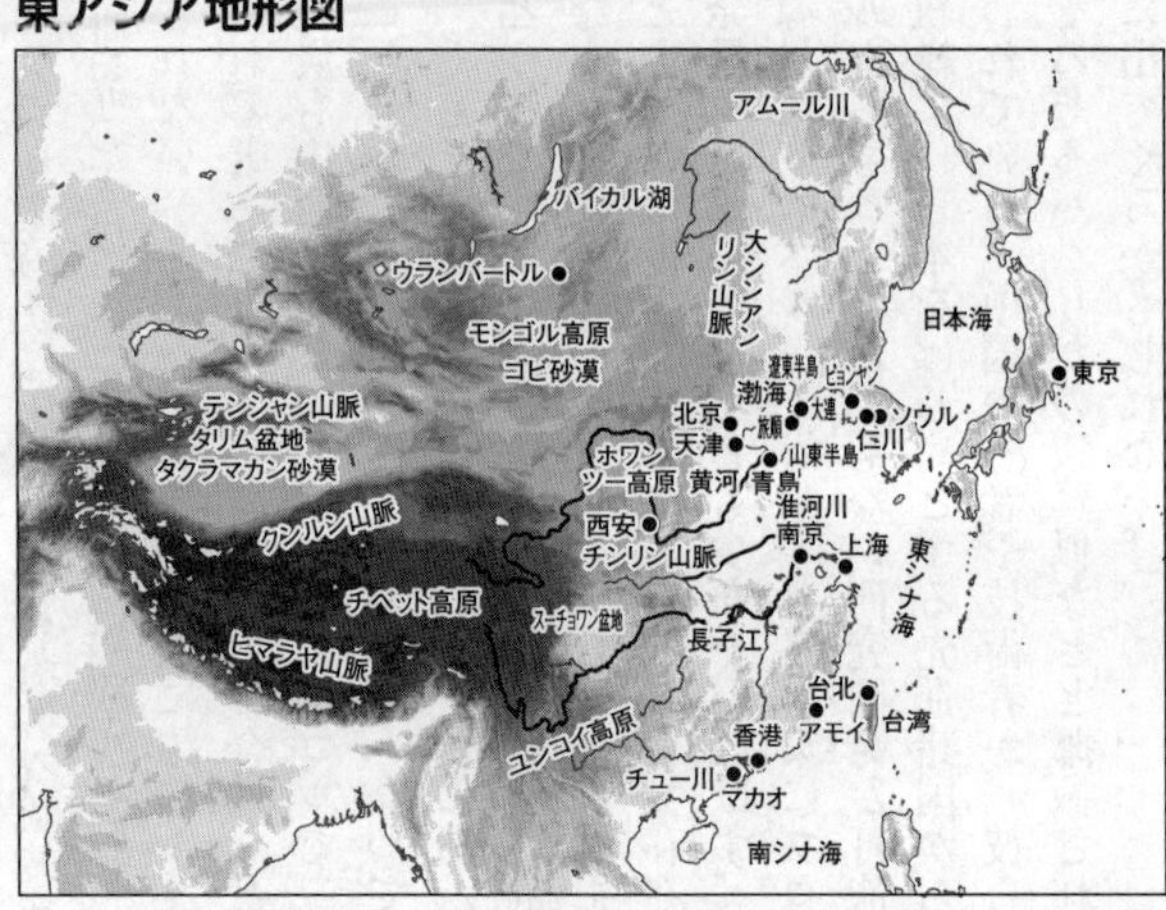

●中国の地勢と都市（海岸部）

やや熱くなりすぎてしまった。ここからは地形や都市について触れていこう。中国には二つの大河が流れる。北の**黄河**と南の**長江**だ。中国はこの二つの大河を基準にして、黄河より北を**華北**、黄河と長江の間を**華中**、長江より南を**華南**と呼ぶ。時折、黄河と長江の中間にある淮河を境に北を華北、南を華南という場合もある。

黄河が流れ込む海が**渤海**。その渤海を臨む華北最大の港湾都市が人口1562万人の**天津**だ。そしてそこから100キロほど内陸に首都**北京**がある。北京は人口2000万人超。中国国内ではあまり知らされていないが日本の一定年齢以上の人たちには記憶が残っているだろう民主化を要求する学生たちが戦車によって蹂躙されたあの**六四天安門事件**の現場、**天安門広場**がある政治の中心地である。昨今では大気汚染という、これまた不名誉なことで有名になった。

渤海湾はウエストのくびれのように北と南からせり出す半島によって入り口が狭くなっているが、二つの半島のうち北が**遼東半島**、南が**山東半島**。どちらも日清戦争から日露戦争の時代によく出てくる日本にとっても重要な地名だ。

遼東半島先端の港湾都市が、日露戦争の舞台となった**旅順**。そのすぐ奥に**大連**がある。そして大連からそのまま北へ進んでいけば年配の方は専ら**満州**と呼ぶ中国の**東北地方**。東北地方は冬には大陸からのモンスーン（季節風）の影響で冷帯気候であるが、広大な沖積平野が広がり、大豆やとうもろこしやコウリャンの産地となっている。

一方山東半島の外洋側には透明感のある青島（チンタオ）ビールで有名な**青島**がある。青島からさらに海岸に沿って南へ下る。直線距離でも550キロ南方にあるのが巨大都市**上海**。中国最大の都市の一つである。上海は日中戦争以前から海外に開かれた港湾都市であった。その頃の外国人居留区が**租界**。何となく時代の空気を感じさせる言葉だ。改革開放政策では中国の経済、貿易、金融の中心とすべく上海浦東（プートン）新区が作られ、現在の上海市人口は2474万人。目論見は大成功だった。

この上海と青島の中間あたりに淮河が流れている。淮河と内陸のチンリン山脈を結んだ線をチンリン＝ホワイ線（秦嶺・淮河線）といい、ここから北に向かって北京を越えたあたりまでが小麦の産地で、南が稲作の産地となる。

上海の緯度は日本で言えば鹿児島近辺。渤海から上海あたりまでは、夏には海洋性のモンスーンの影響を受けて温暖で湿潤な気候だ。この上海から内陸に入ると**南京**がある。日中戦争と呼ばれる戦役があった頃、中華民国の首都があった場所。上海から南に行くと**福建省**がありアモイに出る。アモイの対岸にあるのが台湾。台湾の政府は中華民国を名乗っているが、台湾も中華人民共和国の領土だとする中国共産党はこれを認めない。そこで諸外国は中華人民共和国に忖度して、台湾のことを**チャイニーズ・タイペイ**などと呼んでいる。その台湾の飛び地領がアモイの一部にもある。

アモイからさらに南に行くと、**香港**、**マカオ**に出る。香港はチュー川の河口にあり、そのすぐ横に**深圳**があり、その内陸に**広州**がある。ここが改革開放政策のトップランナーだったところ。このあたりの気候は亜熱帯。さらに南に行けば**海南島**で気候は熱帯。その目の前はベトナムだ。

●中国の内陸部

本来中国と呼ばれた地域は、北京から上海までのホワペイ（華北）平原まで。他の地域は歴代の王朝が侵略し併合したところだ。広州より南はベトナムの領土だった。これから解説する内陸部も中国の主要民族である**漢民族**とは違う民族が住んでおり、中には全く異なる歴史と文化を持ち、独立していてもおかしくない民族・地域もある。

中国は西に行くにしたがって高度が高くなる。上海あたりから西に行くと1000メートル超のチンリン山脈があり、その西には2000メートル級のユンコイ高原、さらに西には3000メートルを超える**チベット高原**、そして**ヒマラヤ山脈**に至る。ヒマラヤを越えると、その北側には2000メートル級の**タクラマカン砂漠**、少し低い**タリム盆地**、その東に**ゴビ砂漠**、**モンゴル高原**と続く。

チベット高原には**チベット族**が住んでいる。彼らは如来や菩薩などの化身と信じる**ダライ＝ラマ**を宗教上と世俗の頂点として崇拝する**チベット仏教**を信仰し、元々独立した国を構成していた。そこへ満州人の**清王朝**が進出し版図に組み込んでしまう。ただし清の時代は比較的緩やかな統治だった。しかし中華人民共和国が成立するとかつての清の領地はすべて中国の所領であると主張して、チベットを厳しく支配。それに反発したチベット族の独立運動が激しくなった。

現在も独立運動は存在しているが、かなり懐柔が進んでいる。中国の巧妙なところは、最後は物量で圧倒するところ。しかも物ではなく人を使って。軍や警察はもとより土木作業員、彼らの生活を支える商店や飲食店、中国共産党はこれらすべてを巨大なパッケージのように支配地域に送り込む。彼らの中には威圧的な者もいるが現地の人々に同情を寄せ優しさを見せる者も少なくない。やがて混血が進み世代が進む。気がつけば生粋

東アジアの主な世界遺産

の民族独立派は少数派になってしまっている。これが彼らのやり方だ。

タクラマカン砂漠にある**新疆ウイグル自治区**。ここにはウイグル系のイスラム教徒が住んでいた。漢民族とは見た目も文化も風習もまるで異なる。ここでも激しい独立運動がある。それに拍車をかけているのが、中国政府によるタクラマカン砂漠での核実験。ウイグルの人たちには甲状腺がんを発症する人も増えているという。

内モンゴルにはモンゴル族がいるが、もはや独立運動は行われていない。現地の人によると先程述べたような形で知らぬ間に混血が進んでいたとか。内モンゴルと呼ばれる彼らはそれでも純然たる漢民族に多少の反感は抱いているが、それは本来同じ民族であったモンゴル族の国家、モンゴル国の人々に対する違和感と大差がない程度のものだという。以前は東北地方にも**満州族**がいたし、北朝鮮との国境付近には**朝鮮族**もいる。中国は多民族国家である。おそらく今後は、さらに出血と命を伴わない**民族浄化**が進められることだろう。

中国の中心あたりのユンコイ高原とチベット高原の間にスーチョワン盆地がある。その北側が黄土高原。チベット高原から流れ出た黄河は、この黄土高原を通って黄色の川となる。黄土高原のあたりの山々は傾斜が厳しく黄土が川に流れ込みやすい。この黄土こそ我々が春先にお目にかかるあまりありがたくない中国大陸からの贈り物、**黄砂**の正体だ。もっとも昨今は有害物質**PM2・5**の前に黄砂も霞む。花粉予報や竜巻予報などと同じくPM2・5予報も以前は存在しなかったのに、今ではすっかり必要な情報になってしまった。原因は北京などの大気汚染。日本も1970年代に大気汚染が問題になったが中国のそれは規模が違う。喫緊の対策が望まれている。

●香港

中国の南の海岸部に位置する**香港**。札幌市とほぼ同じ面積に700万人を越す人口を抱える世界有数の人口密集地帯である。「**100万ドルの夜景**」と言われる美しい香港島にはアジア有数のハブ空港の一つである香港国際空港や国際港などがあり、交通の要衝となっている。世界的な金融センターでもある。

あの悪名高き**アヘン戦争**の代償として１８４２年イギリスが清朝から永久割譲を受けたのが香港島。その後、60年にイギリスはさらに**アロー戦争**の代償として清朝から九龍島の一部を奪い、さらに98年には香港周辺一帯の99年間の租借に合意させた。それ以降、香港はイギリスから派遣される総督の支配を受けた。

１９９７年、イギリスは中国に香港を返還。このときから香港は中国共産党政府が掲げる**１国２制度**の下、社会主義国中国の中で資本主義制度を維持する特別行政区になった。香港市民はこれからも高度な自治権を持ち、言論の自由が保障され、自由港・金融センターの地位が守られるはずであった。しかし、中国は甘くない。この制度は50年間の期間限定であり、実際は少しずつ権利が奪われつつある。

２０１４年、**雨傘革命**と言われる学生や若い労働者を中心とした大規模なデモが起こった。香港の行政長官を決めるにあたって中国が自由な選挙を行わず、中国傀儡の行政長官を置こうとしたからだ。結局、革命は頓挫し、香港の街中にテントを張って抗議の座り込みをした学生たちは排除された。高度な自治と言っても、共産党政府の認める範囲においてのみということが明らかになってしまった。そしてその後も香港への制限は加速。２０２０年6月に、香港における言論活動や政治運動などを大幅に制限する**香港国家安全維持法**を制定。主に若者を中心とする香港の人々の活動は大きく制限された。国安法の施行で治安が安定したと喜ぶ商店主がいる反面、自由を求めて、今のうちにと日本など海外への人材流出も増えている。

香港のチュー川を挟んだ対岸には**マカオ**がある。こちらは1999年にポルトガルから返還され特別行政区になっている。マカオは世界遺産にも登録されているため観光客も多く、カジノも人気で外貨を稼いでいる。

●台湾

日本の南に位置し、沖縄県の与那国島から108キロメートルのところにある、さつまいものような形をした島が**台湾**。日本のメディアは専ら台湾とかチャイニーズ・タイペイと表記するが、中華人民共和国とは別の政府が存在し、**中華民国**を名乗っている。かつては国民党政府ということで中共との対比で**国府**と呼ばれていた。

ジブリ映画『千と千尋の神隠し』の舞台のモデルとも言われる**九份**(きゅうふん)などが人気で、日本からの観光客も多い。北から**台北**、**台中**、**台南**の地域に分かれ、政治経済の中心は台北で、首都は**台北市**。全土に渡って亜熱帯に属し冬でも暖かい。台湾では湿気を避けるために冬でもエアコンを使う。たまに寒い日もあるのだが暖房機能はない場合が多い。日本と同じように火山帯があり、温泉が出る代わりに地震も発生する。台北や台南には日本統治時代の建物も残っている。太平洋戦争前までは、台南が台湾の中心地だった。

多くのプロ野球選手を輩出した**アミ族**など複数の部族が生活していた台湾。17世紀にこの地にオランダが拠点を築く。中国本土で明朝が滅亡すると、生き残りの重臣が台湾に逃れオランダを駆逐。その後清朝が明朝の生き残りに代わって、この地を支配するようになる。日清戦争で敗れた清は日本に台湾を割譲。戦後に至るまで日本が統治する。日本は台湾を重視しインフラを整備する。関東大震災で焼け野原になった東京の復興を主導した**後藤新平**が派遣され、台湾の近代化は急速に進んだ。その後、戦争に敗れた日本軍が台湾から撤退、本土での共産党との内戦に敗れた蔣介石の国民党政府は台湾へ逃れて、ここで中華民国を継続した。当初、国民党政府は歓迎を受ける。だが原住民に対する差別的姿勢が表面化、台湾の人々は抗議デモを実施、やがて運動が全国に波及した。国民党政府はこれを徹底して弾圧。これが1947年の**2・28事件**。**白色テロ**として悪名高い事件である。蔣介石の国民党は戒厳令を敷き、日本統治時代の名残を消すために日本語を禁止、日本の歌を聴くことさえ許さなかった。

71年中華人民共和国が国連に加盟すると、台湾は中国の一地方であるとの国際世論が主流になり、これに抗議すべく中華民国・台湾は国連を脱退した。事実上の追放である。日本も72年に台湾の国府とは国交を断絶。79年にはアメリカとも同じく断絶しているが、アメリカは台湾関係法を立法し台湾との経済的、軍事的関係を維持している。

日本の統治時代に近代化が進められ日本は撤退にあたって建造物なども破壊することなくそのまま残したため、台湾人の中にはそれに恩を感じ親日的な情を見せてくれる人もいる。また日本統治時代に少年期を過ごしたような年配の人には日本語を話せる人も多かったが、戦後78年を過ぎた今では、さすがにそういう人もめっきり見かけなくなってしまった。

78年に蒋介石の跡を引き継いだ蒋経国は、87年に戒厳令を解除。88年蒋経国が死去すると、**本省人**の**李登輝**が台湾総統についた。本省人とは国共内戦で中国から逃げてきた国民党の人々ではなく、それ以前から台湾に住んでいた人々を指す。これに対し国民党とともに逃げてきた人は**外省人**と言われる。

2023年10月現在、**民進党**の**蔡英文**が台湾総統になっているが、2024年1月には総統選が控えている。民進党は現状維持派で中国とは違う今の台湾の発展を目指している。一方、国民党は仇敵だった大陸の共産党政府に擦り寄っている。中国共産党政府は台湾を中国の一部と考えている。しかし台湾国民には独立を志向している人も未だに多い。果たして大陸の力が弱まるのが先か、台湾の人々の気持ちが経済に負けてしまうのが先か。結論が出るのは、そう遠い日のことではない。

●モンゴル

中国の北に位置する内陸国モンゴルこと**モンゴル国**。以前はそれほど親しみもない国だったが朝青龍や白鵬など大相撲での多くのモンゴル人力士の活躍で、かなり身近に感じられるようになった。それでも、モンゴルに訪問したことのない日本人のモンゴルの印象は、**チンギス・ハン**に移動式住居**ゲル**といったところだろう。モンゴルは遊牧民の国。今でも畜産業はメイン産業の一つ。羊などを放牧させ、草を求めて住居を移動させた。その際に住居として利用されたのがテントの大型版のようなゲルだ。だが、今では鉱業もモンゴルの主要産業であり、世界屈指の埋蔵量を誇る**モリブデン**や、銅、金、石炭なども産出する。モリブデンというのは電子管の陽極などに使われる銀白色の金属のこと。鉱山は転々と移動しないから定住者も増え、ゲルも固定され移動生活者は随分少なくなった。

首都**ウランバートル**の人口は169万人、ビルが立ち並び日本や中国、韓国などの投資が入っている。気候は乾燥気候。南にはゴビ砂漠があり、北はロシアに接する。国土のほとんどが短い丈の草が広がるステップで、だからこそ牧畜業が盛んになった。

現在のモンゴルは民主主義の国。国を持たない遊牧民のモンゴル民族だったが、13世紀にチンギス＝ハンが諸部族をまとめ、世界史上でも類を見ない巨大なモンゴル帝国を打ち立てる。それから数百年、現在のモンゴルの直系の先祖は1924年に建国されたモンゴル人民共和国。46年に中華民国から独立を果たし、61年に国連に加盟した。89年の東欧諸国の動きに合わせて、90年に一党独裁制を廃して大統領制に移行し民主化を実現した。現在は国号もモンゴル国として民主主義国家としての歩みを進めている。

●朝鮮半島

望む望まぬにかかわらず日本とは切っても切り離せないのが朝鮮半島。北には21世紀の今日でもなお一人の人物による独裁が行われている北朝鮮こと**朝鮮民主主義人民共和国**が、南には退任後まともな扱いを受けた大統領がきわめて少ないという、ちょっと不思議な国、韓国こと**大韓民国**がある。

歴代の中国王朝に朝貢し、その支配下に収まることで国防を実現していたのが韓国の諸王朝。しかし19世紀以降、頼みの中国王朝が欧米列強による侵略の餌食となる。吹き荒れる植民地化の嵐の中、自前での国家運営など到底不可能だった朝鮮王朝は、次なる寄るべき大樹を検討する。候補となったのは北方の新興大国ロシアと、急速な欧米化に成功したかつては蔑みの対象ですらあった隣国日本だった。その後、日本が清にロシアと立て続けに番狂わせの勝利をおさめ、極東の勢力図が大きく書き換えられる。

清とロシアの弱体化を受け、朝鮮半島は漁夫の利を得て独立、**大韓帝国**を名乗る。しかしこの時点では帝国とは名ばかりの弱小国。再び国内世論は三分、清か？　ロシアか？　日本か？　結果として日本が選ばれ、大韓帝国の国防は日本に託される。

段階を経て1910年、大韓帝国皇帝は大日本帝国への併合に同意、ここから終戦までは朝鮮半島は日本の一部となる。朝鮮民族は非常にプライドが高い民族、中華文化圏においては弟分に過ぎないと考えていた日本の支配を受けたことは事実であっても認めがたいものであり、現在朝鮮半島では一種の黒歴史として扱われるとともに、一方的な侵略であったという理解を促す教育が進められている。

ちなみに現在韓国で用いられている**ハングル文字**は、韓国の発明だが、漢字を尊ぶ韓国では軽視され放置されていた。それを日本人が発掘し「貴殿らはこんなに素晴らしい文字をお持ちではないか」と使用を促し現在に至ったもの。

欧米諸国の植民地経営に対し、日本のそれは非人道的な一面もなかったわけではないが、現地に学校を設立して、教育を施して衛生面や交通面のインフラを整え産業を育成するものだったので、感情面はともかくそれらの国の独立後の自立には非常に役立てられている。

45年、日本がアメリカなど連合国に敗れ、朝鮮半島からの撤退が決まると、空白地となったこの半島を支配しようと二つの勢力が台頭する。一つは戦時中アメリカに逃れていた**李承晩**の勢力、もう一つは抗日ゲリラとして戦っていた**金日成**の勢力。前者にはアメリカ、後者には最初はソ連、後に中国共産党が陰日向に支援し、50年、半島を二分する**朝鮮戦争**に発展。3年間続いた戦争は休戦協定という形で一旦両者が矛を収めることとなり、**北緯38度線**を境に半島に二つの国が併存することとなった。なお朝鮮戦争は国際法上終戦しておらず、**法的には未だ休戦状態が継続**していることになっている。

●韓国

首都は**ソウル**。約1000万人の人口を抱え、街は近代化され高層マンションが立ち並ぶが、貧困街も残っている。一極集中が進んだためだ。ソウル市街には南大門、景福宮、昌徳宮などの歴史的建造物やソウルタワーがあり、南の龍仁市にある韓国民俗村は観光地となっている。ソウルは韓国の北部にあたり意外に寒い。

南の朝鮮半島の先端には**プサン**があり臨海工業地帯が存在する。ここは温暖な気候。プサンの北には慶州歴史地域があり世界遺産に登録されている。

宗教は**儒教**が根強く浸透しており男性優位の父系の家族制度が維持されている。平たく言えば男尊女卑の考え方がまだ強固な国と言える。そんな国が自由奔放な女性たちの憧れの対象になっているのもまた面白い。キリスト教信者も多く人口の約30パーセントを占める。日本人にとって一番身近なのは韓国料理だろう。金属バシで食べる焼肉やチゲが定番だ。ただし本場のキムチは極めて辛く焼酎もストレートで飲む。

李承晩から始まった韓国だが、政治的混乱は今日でも続いている。2017年3月には**朴槿恵**大統領が弾劾決議で罷免され、5月に**文在寅**が大統領に就任した。朴の不正疑惑から始まった弾劾であるが、根っこには就職難と貧富の格差がある。外資やサムスンなど超一流企業に勤めた人の生活は安定するが、それ以外は名門大学を出ても就職先がない。少数与党で連立政権必須だったことから、文在寅は各党と韓国民を束ねるために徹底した反日政策を前面に打ち出す。

しかし、経済大国となった韓国といえども、アメリカや日本の力に寄らずしての安全保障や経済維持は難しい。また、経済成長率、失業格差問題、格差社会化といった問題も改善されず。2020年に中国で新型コロナウイルスが発生すると事態はさらに逼迫。それでも強硬な対日姿勢などで国民の鬱憤を晴らしてくれるから一定の人気は確保し続ける。そんなわけで国内情勢は悪化の一途をたどりつつも支持率を背景に延命を続けた文の左派政権だったが、2022年には反共姿勢をとり北朝鮮と距離を置く保守派の**尹**（ユン）**錫悦**（ソンニョル）が大統領に就任し、トランプからバイデンに大統領が替わった途端、内政外交問わず大きな方向転換がなされたアメリカのような状況になっている。まあ良くも悪くもそれが大統領制の特徴なのだが。ちなみに2023年に亡くなった尹大統領の父は日本の一橋大の客員教授を務めたこともある親日家。そのためか大統領本人の対日感情も悪いものではないようで、前政権のような極端な反日政策はとっていない。もっとも功罪の如何（いかん）にかかわらず、韓国では親日と断定されることは政権にとって命取りになる。既に経済的には十分大国となった韓国。今度の動向に注視したい。

その経済大国化のきっかけが、**日韓基本条約**による日本の民間補償や経済・技術援助。それを契機に年10パーセントの経済成長が始まった。1962年から94年までの輸出は年平均20パーセントの上昇で「**漢江の奇跡**(ハンガン)」と呼ばれた。漢江はソウル市街をながれる大河。ちなみにソウル市内の中央に流れるのは清渓川で、最近川の覆いがとられ市民の憩いの場になっている。

経済成長で台湾や香港、シンガポールとともに**アジアNIEs**(ニーズ)と呼ばれた韓国だが、97年の**アジア通貨危機**で大きなダメージを受けた。**国際通貨基金（IMF）**の指導を受けることになり、財閥は解体され、多くの企業が外国資本に売られた。その後、生き残った企業の寡占化が進み、貧富の差が激しくなる。生き残った企業も貿易が中心で海外競争力がなくなると厳しくなる。その企業の一つサムスンも、日本では一時成長神話が語られたが、今では陰りが見えている。それでも、韓国は貿易を中心に生き残りを図っている。アメリカと自由貿易協定（ＦＴＡ）を結び、仁川に東アジアのハブ空港を建設、プサンにはコンテナ基地も建設した。世界経済や中国経済の景気が戻れば、景気も良くなっていくだろう。

●北朝鮮

頻繁にミサイル実験を繰り返している北朝鮮。なかなかその国の実情は見えてこない。**朝鮮労働党**の一党独裁であることは知られるが、最高指導者が金日成、**金正日**に続いて三代の世襲となっていることを考えると一党独裁というよりは文字通りの個人による独裁と言う方が実情に適っている。面積は韓国よりやや広い12万平方キロメートルあるが人口は約２５００万人で韓国の約半分。

一人当たりの国民総生産は世界最貧レベルの１０２１ドル。韓国の3万２６００ドルの足元にも及ばない。慢性的な食糧不足、エネルギー不足に悩まされている。沿岸の海産物や中国国境の鉱物資源の細々とした輸出で穀物をまかなっている状態。ミサイル実験を繰り返すのも、ミサイルを中東諸国やロシアに売りたいからだという説も。

一時は韓国との国境沿いにあるケソン工業団地が稼働していたが今はストップしている。首都は平壌（ピョンヤン）で人口２８６万人。平壌に住めるのは、金正恩に忠誠を誓った者だけで、少しでも批判する者は郊外に遠ざけられるという。

日本とは核開発問題の他に拉致被害者問題という重要な問題がある。これを解決するために、日本には柔と剛を織り交ぜ、より巧みな外交を駆使することが望まれている。

第七章

東南アジア

シンガポール・マーライオンパーク（写真：著者）

いつの間にか21世紀は現実になりそれどころかすでにもうその4分の1近くが記録済になっているのだが、情報通信系を除けば思ったほどエキセントリックな変化がないように見える。だが、世界には大きく変化した地域がいくつかある。

その中で地図を見ただけでは変わったことがわからないけれど、「言われてみればいつの間に……」というレベルで、とんでもない大変化を遂げた地域がある。そうした地域の一つが、中国、そしてもう一つがこれから紹介する東南アジアである。

●気候、宗教、言語などはバラバラ

東南アジアは中国の南。西はインド亜大陸とインド洋、東は南シナ海と太平洋に挟まれた一帯。ベトナム、カンボジア、ラオスなどが存在する大陸から南東に向かって突き出すような形の長方形の半島が**インドシナ半島**。その名はまさにインドと中国の間にあることを示している。

インドシナ半島の付け根の部分から南に細長く伸びているのが、マレーシアなどがある**マレー半島**。その突端の向かいに位置する小さな島がシンガポールの国土の中心**シンガポール島**。マレー半島と平行に南に弧を描くように位置するのがインドネシアに属する**スマトラ島**。さらに弧は**ジャワ島**へ続く。ジャワ島の北にあってインドシナ半島と向かい合うように存在する島が**カリマンタン（ボルネオ）島**。日本の国土の2倍近くの面

東南アジア全土図

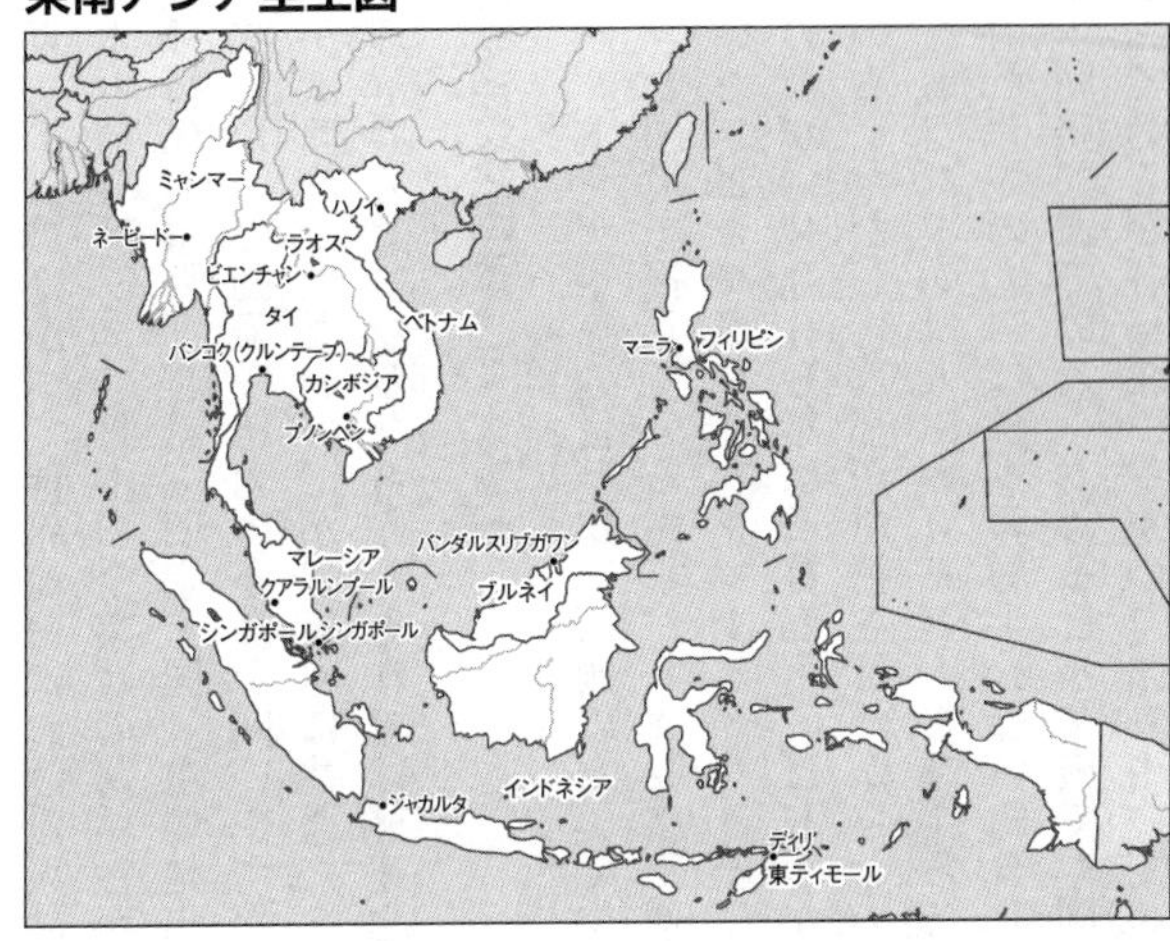

積で、グリーンランド、ニューギニアに次いで世界で3番目に大きな島。南はインドネシア領、北に細長くマレーシア領、さらにその一角だけ独立国ブルネイと、一つの島に三つの国の領土が存在する世界でも珍しい島。**南シナ海**を挟んで中国本土と向き合い、台湾の南、カリマンタン島の北東に点在するのが**フィリピン諸島**。

そしてこれらの地域の総称が**東南アジア**。あまりそうした表現はなされないが地図をよく見ると**環南シナ海地域**の国家群であることがわかる。スマトラ島とカリマンタン島が赤道直下で、東南アジア全体は概ね北緯20度から南緯10度の間に位置する。そのため地域全体が熱帯に属している。

東南アジアはかつて世界地理における入試最頻出地域でもあった。その理由としては日本と同じアジアで日本の企業との関係性が深かったことがあったが、もう一つ、気候、人種構成、宗教、言語、旧宗主国、主要輸出品などが同じ地域にありながら見事にバラけていたので知識や努力の多寡を問いやすかったことも挙げられる。そんな地域なので急がば回れではないのだが、無理に共通点を探すより国ごとの特徴を学ぶのが東南アジア理解の近道になるだろう。それでは早速北から順に見ていこう。

●多民族国家、ミャンマー

インドシナ半島の付け根の西側にあって中国、ラオス、タイ、インド、バングラディシュと国境を接している国家が**ミャンマー連邦共和国**。かつてこの国はビルマと呼ばれていた。ビルマからミャンマーに変わる際に首都ラングーンの名も**ヤンゴン**に変更されたのだが、2006年に新首都**ネーピードー**が建設され、今ヤンゴンは首都ではなくなっている。ただし新首都が建都されたからといって住民がすんなり移住するわけはなく、今なおヤンゴンは人口500万人を超えるミャンマー最大の都市である。

国としての人口は日本の約半分近い約5000万人。面積は日本の1・8倍。典型的な多民族国家で最大を占める**ビルマ族**でも国民の7割でしかなく、**ビルマ語**が公用語とされているが各部族は各々の言語も用いている。

旧宗主国はイギリス。実はこの多民族構成はイギリスによってもたらされたもの。ビルマ人の激しい独立運動を抑えるために、イギリスは他民族の流入と他宗教の伝道を推し進めた。その結果、ミャンマーは多民族国家となってしまった。

民族や言語は複雑だが宗教的には国民の大半が仏教徒と比較的わかりやすい。主要産業は農業。第一次産業を主軸とする国の常で（産油国は除く）経済レベルは極めて低い。天然ガスを中国などに輸出しているが輸入超過の状態が続く。先進諸国を経済的に脅かす存在になった東南アジアの中にありながらミャンマーがいまだに貧しいのは、この国がつい最近まで国連からの経済制裁を受けていたことに起因する。

●イギリスからの独立後、社会主義国家に

ミャンマーのイギリスからの最初の独立は第二次世界大戦の最中のこと。元国家顧問アウン・サン・スー・チーの父でもある**アウン・サン**が日本軍の支援を受けてイギリスからの独立を実現する。だが独立を遂げてしまえばアウン・サンにとって日本の干渉は煩わしいものでしかなかった。さらに大戦において日本が劣勢になると巻き添えは御免とばかりにアウン・サンは抗日運動に転じる。これにより大戦後ミャンマーは対日協力の責任は問われずに済んだものの再びイギリスの支配下に置かれた。

48年にミャンマーはイギリスからの独立を果たす。だが当時の独立国のご多分に漏れ

ず新生ミャンマーは民主主義国家ではなく開発独裁を掲げる軍部独裁の社会主義国家となった。そんな軍政ミャンマーで民主化を訴えたのがアウン・サンの娘**アウン・サン・スー・チー**。アウン・サン・スー・チーは断続的な軟禁を受けながらも運動を継続、ついに2011年にミャンマーは民主化へ向かうことが決まり国連の制裁も解除される。アウン・サン・スー・チーも軟禁状態から解かれ、4年後には自らが率いる政党NLD（国民民主連盟）が選挙で大勝、政権を獲得した。ただし息子が外国籍であることから彼女自身は大統領に就任できなかったため、国家顧問なる職を創設し事実上の国家元首として国政を動かした。

東南アジア間の経済競争ではすっかり出遅れた感のあるミャンマーだったが、一時はそれが幸いしアジア最後の経済的フロンティアとして注目を集めた。中国、ベトナム、さらにはインドネシアなどでも企業の進出に伴い人件費は向上、一方ミャンマーではいまだに安価な労働力が手に入る。もっともこんなものは企業と地域のイタチごっこに過ぎないわけで、ミャンマーでも2015年に最低賃金制度が導入され、年々他国の労働者の賃金水準に迫りつつある。

ただ企業誘致に際してのミャンマーの武器はこれだけではなかった。成人識字率76パーセントは貧しい国としては比較的高い数字。かつての日本人のような勤勉さも持っているという。さらに人口5000万人は中国のようにいずれ市場に転じる可能性も秘めているわけで、海外企業の進出先としてミャンマーは魅力的な選択肢とされていた。

ところが多民族国家の宿業か、成功が約束されていたミャンマーだが、どうやら数十年に一度の経済発展のチャンスをふいにした感がある。それが**ロヒンギャ問題**と**軍事クーデター**の発生だ。ミャンマーは国民の70パーセントを占めるビルマ族をはじめ**135もの民族によって構成**されている。公用語はミャンマー語だが、各民族はその他にも独自の言語を使っている。宗教においても仏教が多数派を占めるものの、キリスト教やイスラム教の信者も存在する。そうした環境は、グローバル化の進む現在において否定してはいけないものではあるが、つい最近まで島国の利点を活かし一民族、一言語、一人種、そして一部を除き宗教的に寛容な環境で生活してきた日本人には想像もつかないほど厄介なものでもある。

ロヒンギャとはバングラデシュとの国境付近に多く居住したイスラム系の部族のこと。建国当初は政権内にも代表を送り込んでいたロヒンギャだったが、民族的にも宗教的にも少数であり多少寛容性にも難があることが災いしたのか、軍事政権下のミャンマーで徐々に迫害を受けるようになる。迫害を避けるためバングラデシュなどに難民として逃れようとするも認められず、ロヒンギャは他の周辺各国からも「難民ではなく経済移民である」とされ、結果として無国籍民となってしまった。

そんなロヒンギャの過激派が2017年にミャンマーの警察を襲撃、これに対しミャンマー政府は報復に出て数千人規模の大量虐殺を行ったとも言われる。これに対しノーベル平和賞受賞者であり、自身も迫害されていた折にはロヒンギャから支持を受けていたアウン・サン・スー・チーは事態収拾に向けての積極的な行動を起こすことができず、世界の多くの人々を落胆させミャンマーと彼女に対する国際的な評価を低下させた。

こうした状況下の2020年、総選挙が実施され、アウン・サン・スー・チーを実質的な指導者と仰ぐ政権与党が圧勝したが、軍部はこれに不服を唱え実力行使に出る。2021年、クーデターで政権を奪取し、ミャンマーでは軍事政権が復活した。軍事政権下の国家とあっては、いつ内戦が勃発するか、いつ財産を没収されるか、など経済進出時のリスクは果てしない。コスト高が進む中国からの移転先として有力視されていたミャンマーだったが、軍事政権への国際的な批判もあって、多くの企業が進出に二の足を踏んでしまった。**2023年、なおもってミャンマーは軍事政権下にある。**

●慎ましくも、幸福度の高いラオス

インドシナ半島中央にあるのがタイ。このタイの北東がラオス。首都はビエンチャン。面積は日本の本州と四国を足した程度、人口は約700万人。比較的人口の多い東南アジア各国の中で1000万人割れはラオスの他にはシンガポールとブルネイしかない。両国の国土の狭さを考えるとラオスの人口密度の低さがわかる。もっともその人口も、

東南アジア地形図

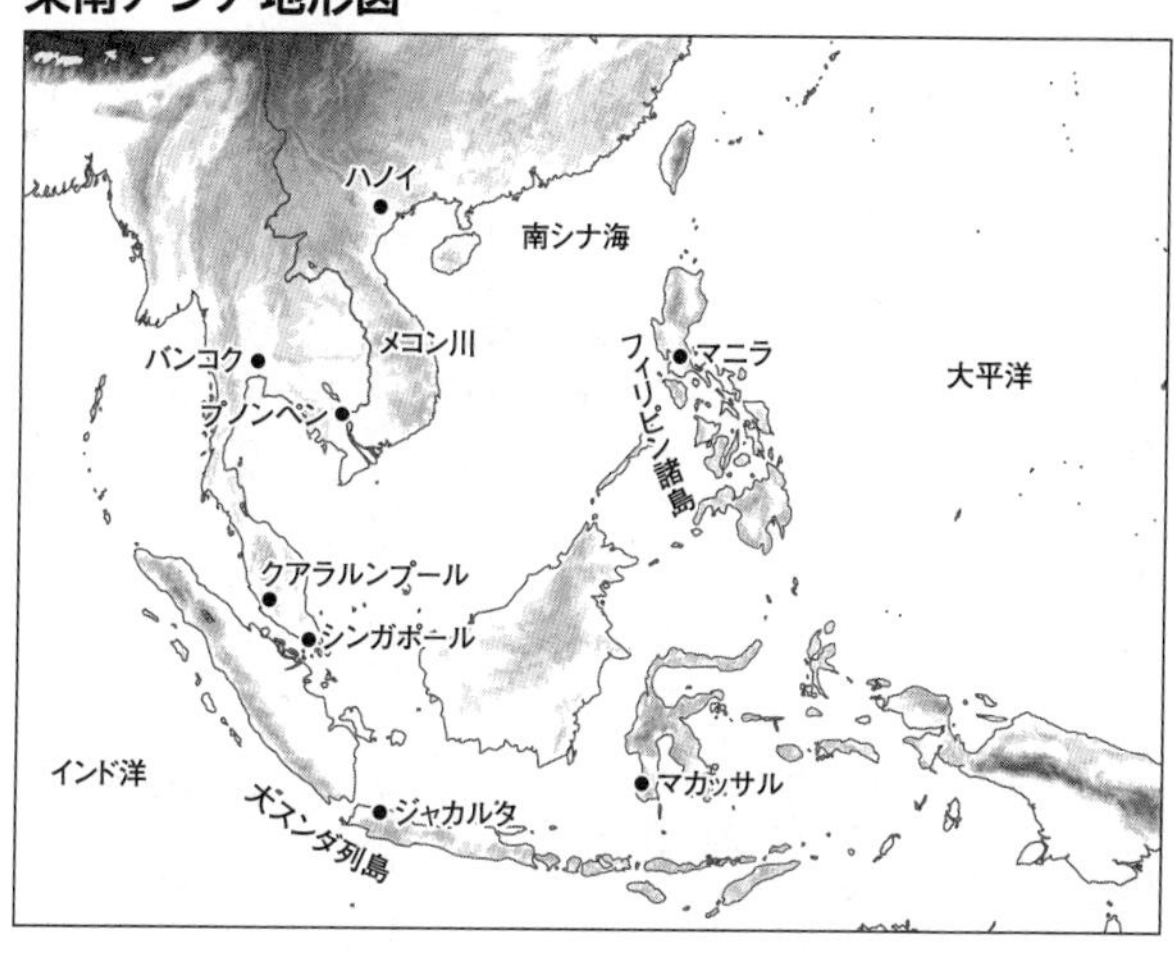

年10万人単位で増加をしていて成長期にある国とも言える。

多民族国家だが国民の半分以上は**ラオ族**で公用語も**ラオス語**。19世紀後半にタイの支配から逃れベトナム、カンボジアとともにフランスの保護領である**仏領インドシナ**に編成された。第二次世界大戦が始まると日本軍の仏印進駐を経て独立を果たす。しかし戦後フランスが独立を認めようとせず戦争状態に。その後1953年にラオス王国として完全独立を達成するも内戦が勃発。折しもベトナム戦争の最中。隣国ラオスもこれに巻き込まれ、旧宗主国フランスの支援を仰ぐ王党派と北ベトナムに影響された共産主義勢力が激しく争う。

途中三つ巴の戦いを経て共産主義勢力

が勝利し、75年にラオス人民民主共和国が成立した。その後タイとの国境紛争や中国共産党との対立もあったが、冷戦が終結すると落ち着きを見せ、現在は従来から寄り添ってきたベトナムに加えて、関係修復後メコン川の水利を狙って猛烈な勢いで経済支援を実施する中国への依存度が高まってきている。

国民の4分の3が農業に従事するラオスの主要輸出品は水力発電による電力。山間部は貧しいながらも自給自足型の経済が根付いているので国民の幸福度は高い。

●赤丸急上昇中のベトナム

そのラオスの東隣、インドシナ半島の東の付け根から先端まで、南シナ海に沿うように続く長細い国が**ベトナム社会主義共和国**。首都は**ハノイ**。**ベトナム戦争**の頃、ベトナムのイメージは、ハリウッドの戦争映画で描かれるようなノンラーと呼ばれる麦わら帽子をかぶった人たちが農村で働く風景だった。

やがて戦争の傷も癒えてくると今度は質素な木綿のシャツをまとった痩せた男性たちが一斉にスーパーカブを走らせる姿がベトナムの風景の定番に。教科書ではベトナム戦争、社会主義、そしてコメ。近年はそういった印象も薄れ、日本にとって非常に身近な国になった。

人口は約9000万人。東南アジアではインドネシアとフィリピンに次ぐ第3位。市場として目覚めればかなり魅力的な数字だ。宗教は仏教が中心。東南アジアの中では例外的にベトナムの仏教は日本と同じ**大乗仏教**。東南アジアに伝播した仏教は**上座部仏教**が主流で、他の仏教国ではこちらがメインになっている。というより世界的にも大乗仏教が盛んな国は日本とベトナムくらい。

大乗仏教は戒律が厳しくないために他の宗教への寛容度が高い。そのためベトナムでもキリスト教など少数派ではあるが、仏教以外の宗教の信者も存在している。中でもこ独特なのが**カオダイ教**という新興宗教。これまでの既存の宗教、儒教、道教、仏教、キリスト教、イスラム教の教えを取り入れたというカオダイ教は新興宗教とはいうものの成立は1926年で、ベトナム最大の経済都市、**ホーチミン市**から北西に100キロほどのタイニンというところに総本山がある。100万人以上の信者がいるとも言われ、世界史上の様々な人物が聖人とされ、そのシンボルマークであり最高神は目玉。宇宙や世界を見通すということなのだろうか、1ドル札に描かれているプロビデンスの目や映画化もされた人気マンガ『20世紀少年』の敵組織ともだちのマークを思い出させるような目玉が、信者たちに崇められている。

●資本主義の導入は概ね成功

ベトナムの社会発展の契機となったのが**ドイモイ**政策。市場開放と外貨導入を柱とする冷戦末期にソ連が行ったペレストロイカのベトナム版。

社会主義国による資本主義の導入と言えば中国がその代表例だが、概ね成功している。社会主義下で圧迫され貧困に耐え人のために働かされてきた人々に、「これからは働いた分だけ自分のものになるぞ」と言えば懸命に働くに決まっている。

さらに**社会主義は統制が可能だから国家として重視する分野へ重点的な財と材、知恵と人の配分が可能になる。**海外との競合に打ち勝つために国内での同業他社同士の無駄な対立も規制でき、国益に反する企業利益のために在外組織や企業と手を結ぶような愚も強制的に抑えつけることができる。スポーツで言えば全国大会で優勝するため優秀な選手をすべて一つのチームに集めるようなこともできるわけだ。**社会主義国による資本主義の導入は、いいとこ取りの無敵状態に**なりやすいのだ。

そんなわけでベトナムも経済的に大きく成長しているが、それでもまだ主流は農林水産業。しかし既に輸出総額が輸入総額を上回る貿易黒字を達成しており、その品目にも携帯電話やＰＣの本体およびパーツといった重量に対して高価格な製品が並ぶ。

そんなベトナムには大きく誇るべきことがあって、それはフランス、アメリカ、中国という**大国との戦争にことごとく勝利**してきたこと。もちろんベトナムの強さは、かつてロシアの凍土がナポレオンやヒトラーを自滅に追いやったように、熱帯雨林というホームアドバンテージをフルに活用したゲリラ戦にあり、攻撃ではなく防衛に限ってのものだが、それにしたところであのアメリカにトラウマを植えつけたのだから、その戦闘能力には驚くべきものがある。

もっともそうした強気な民族性はおとなしい他民族にとっては脅威の対象ともなる。ここで言うおとなしい民族とは他ならぬ日本人。そもそもの遠因は**技能実習制度**にある。表向きは国際貢献、本音は安価な労働力の確保を求めて、財界団体や農業団体などの要請で制定・拡張・実施されたこの制度を利用して、発展中とはいえまだ日本よりも貧しかったベトナムから、多くの労働者が実習生の名のもとに日本にやってきた。

彼らの中には仕事に真面目に取り組む者も多かったが、それをいいことに旧時代的な賃金体系や労働条件で働かせる会社や農家があったり、彼らをだまして入国をあっせんする業者が登場したり、逆にそれを悪用して不法入国を図る者もあらわれ、過酷な労働現場から逃げ出し、集団を形成して犯罪に走る者らも出てきて、ついに2016年には、ベトナム人は日本における国籍別犯罪者数で、中国人を抜いてワースト一位になってしまった。

もっとも昨今の円安で、彼らにとっても日本は出稼ぎの場に値しないような国になりつつあり、今後はベトナムから日本を目指してやってくる者は少なくなると考えられる。とはいえ、既に生活しているベトナム人が新天地を目指し日本を出るかというと、それはまた別の問題であり、制度との間で宙ぶらりんになったまま滞在を続けているベトナム人も少なくない。

そんなベトナムが目下悩まされているのが中国の拡張主義による南シナ海への進出。勝手に自国領土であることを宣言し、あっという間に埋め立てて土地を作り、そこに基地を設置する。物量に糸目をつける必要のない中国でなければできない戦略だ。もはや侵略と言ってもいいような中国のこの進出にベトナムはどう抗うのか。しかも相手は自国にとって輸出第2位、輸入に至っては第1位の貿易相手国。ベトナムはどこまで我慢を続けるか、注意深く見守りたい。

●微笑みの国タイ

インドシナ半島の中央、まるで玉座につくかのように存在している国がタイ王国。**東南アジアでは唯一、欧米の植民地にならなかった国。アジア全体でも戦前からの独立国は日本とタイだけだ。**

微笑みの国タイは日本の約1．4倍に当たる51万平方キロの国土に6600万人の人々が暮らす国。GDPはインドネシアに次いで域内第2位。

東南アジアの常で多くの民族が生活しているが、国民の85パーセントは**タイ族**であり、公用語も**タイ語**、宗教においても、一部のイスラム教徒を除いて、ほぼ上座部仏教を信仰。敬虔な仏教国として知られている。

以前の教科書では専らコメの生産国であることが強調されていた。もちろん今もコメの生産は行われており、アラフォーより上の世代なら**1993年の平成米騒動**の際にパサパサした食感の**タイ米**に戸惑った覚えがあるのではにだろうか。

時代は変わった。現在タイの輸出品の筆頭はコンピューターおよびそのパーツ。当然かつて半導体生産において一大拠点であり、自動車同様国内に多くのパソコンメーカーを擁した日本企業もかなり進出していて、タイは中国、米国に次ぐ日本企業の進出先第三位になっている。

しかしIT先進国となったタイではハッキングなどの犯罪も問題になり、そのためコンピューター犯罪への対応においても先進的な取り組みがなされている。タイに進出した日本企業を煩わせてもいるのが**コンピューター犯罪法（CCA）**。タイでは企業のサーバーからコンピューターがらみの犯罪が行われた場合、たとえそれが個人によるものでも企業に対して処罰を科すことになっており、そのために企業は90日間のログの保存を義務付けられている。もっともたしかにうっとうしいことではあるし、被雇用者個人の責任を負わされる企業はたまったものではないが、こうすることで企業もコンピューター犯罪に自前で対策をとるようになることが期待でき、社会の安全という面では効率的なやり方だと言えよう。

ところでタイと言えば触れておかねばならないのが首都**バンコクのカオサンロード**。

バックパッカーの聖地とも言われるこの通りには世界各国の貧乏?旅行者が集まって大いに賑わっている。近頃では一般旅行者にとってもタイは人気の観光地となり、それゆえにこだわりのあるマニアックなバックパッカーは物足りなさを感じてかえってタイから離れているとも。このあたりはインドにも通じるものがある。**トムヤムクン**に代表されるようなタイ料理も日本でもすっかりおなじみになった。LGBTに優しい国としても有名で、特にゲイには理解があり中にはゲイの僧侶も。決してタブーがないわけではなく、寺院入場時の男女の服装に厳しい制約があったりする国なのだが、この二面性がタイの魅力なのかもしれない。

そんなタイも円安の進行とタイ自身の経済成長からか、移住先としてはもちろん、旅行地としても、以前ほど日本人にとってコストパフォーマンスが高い国ではなくなってしまった。また元々政情に不安要素の多い国で、戦後に限っても複数のクーデターを経験した国だが、2016年に国民人気の高かった**プミポン国王が逝去**したこともあり、いまのところ治安は落ち着いているとはいえ先行きに楽観視はできない。

そのためか、経済成長もやや鈍化していて、海外企業の進出も一段落した感があるが、その一方で電気自動車の製造に力を入れたいタイは中国と接近。**ASEAN**の雄の動向は東南アジア全体の今後を占うものとなるだけに目が離せない。

●カンボジアの平均年齢から読み取れるもの

タイ、ラオス、ベトナムに囲まれる国が**カンボジア王国**。首都は**プノンペン**。**クメール人**が大半を占めるこの国の平均年齢は26から27歳。高齢者の比率の高さに悩む日本には羨ましく見える環境だが、実はこの若さは世界でも稀な悲劇が招いたものだ。

フランス、ラオスとともに仏領インドシナに編成されていたカンボジアは、第二次世界大戦後の1953年に宗主国フランスから独立を果たす。新生カンボジア王国の初代国王**シアヌーク**はお飾りに満足せず自ら政党を創設して首相に就任する。さらに国家元首職を創設し自分が元首となった上で、独断専行の政治を行う。とはいえ、シアヌーク独裁化のカンボジアは民主的でもなかったし社会主義の導入にも失敗したが、食料輸出国であって国民の生活はそれほど厳しくはなかった。

転機はベトナム戦争だった。フランスが手を引いた後のベトナムにアメリカが介入すると、これに強く抗議したシアヌークはアメリカとの国交を断絶してしまう。正義心あふれる行動ではあったが、これをあっさり受け入れるアメリカではない。**アメリカは反シアヌーク勢力を動かし、クーデターでカンボジアに親米軍事政権を打ち立てる。**これに対し東南アジアの資本主義化を嫌う中国共産党は**クメール・ルージュ（カンボジア共産党）**を支援。親米政権とクメール・ルージュは激しい内戦に突入した。

ベトナム戦争からアメリカが撤退すると内戦に勝利したクメール・ルージュは社会主義を採る**民主カンプチア**を成立。1976年、クメール・ルージュの指導者**ポル・ポト**が首相に就任すると、毛沢東主義による徹底した資本主義的要素の排除に乗り出す。弾圧と粛清は資本主義者、自由主義者、資本家、富裕層、インテリ、文化人に及ぶ。次々に粛清の対象の範囲を広げていき、**一説には国民の3分の1、どんなに少なく見積もっても100万人以上、通説では200万から300万人以上の人々が虐殺されたという。**

その結果が現在のいびつな人口ピラミッドと平均年齢の若さに繋がっているのだ（裏を返せば大量虐殺の結果は、必ず数年後の統計として現れるわけで、それがない場合は創作や誇張を疑う必要がある）。多くの無実の人々が葬られた場所は映画のタイトルにもなった**キリング・フィールド**として、世界中から平和を願ってやまない人々が訪れてくる場所となっている。

そんなカンボジアを解放したのはベトナム。同じ社会主義国であってもベトナムのそれと中国のそれが大きく異なっていたことがわかる。しかし親ベトナム政権を国連が認めず、**ポル・ポトはシアヌークらを取り込み民主カンプチア三派連合政権として、親ベトナムのヘン・サムリン政権と内戦に突入する。**内戦は泥沼化するが冷戦の終結を契機に和平が試みられ、**1990年、東京でカンボジア各派が会談し、翌年、カンボジアの内戦はようやく終結した。**

現在カンボジアは企業や観光客の誘致に力を入れており、それは一応の成功を見せている。特に観光においては世界遺産に登録されていてカンボジア国旗にも描かれている**アンコール・ワット**、アンコール・ワットから数十年後に建設された、やはり世界遺産に登録されている仏教都市**アンコール・トム**の２トップが人気を集めている。

●経済成長を遂げるマレーシア

ここ数十年で特にイメージアップに成功した国がこの**マレーシア**だろう。マレー半島の南とカリマンタン（ボルネオ）島の北に分けて領土が展開されるマレーシアは２０２２年の円安信仰以前はシニア層の移住先候補として大きな注目を集めていた。

以前のマレーシアと言えば、天然ゴムと木材と錫。今、マレーシアの主要輸出品リストにそれらの文字は見当たらない。国民の60パーセント以上は**マレー系**、次いで23パーセントの漢人系、さらにインド系が続く。言語は様々だが国語は**マレー語**。宗教も同じく様々な宗教が存在するが国教はイスラム教。

かつてお隣のシンガポールとは**マラヤ連邦**を形成していたが、マレー系の住民と漢人系の住民が対立。その結果シンガポールを追放し分離独立させている。故にマレーシアの国是は基本マレー人優遇。ちなみにマレーシアは親日的と言われるが、その遠因となっているのが、かつてこの地を一時的にイギリスから奪った日本軍の政策。どちらかと言えば漢民族を優遇したイギリスに対し、日本軍は多数派であり土着のマレー系の人々を優遇した。そのために年配の漢人系のマレーシア人にはあまり日本に対して好感を持っていない人が多い。

現在の主要貿易品は電化製品。自国資本の他に海外企業の誘致にも積極的で、日本からも1000社を超える企業が進出している。

ここまでの経済成長のきっかけとなったのが**ルックイースト**政策。マレー人はのんびりしている代わりにあまり仕事熱心でなく、そのために漢人中心のお隣シンガポールに追いつき追い越されてしまったマレーシアは、1981年、第四代首相**マハティール**の提唱で、日本をはじめとする同じアジアで経済成長を成し遂げた国々に学ぼうと改革を実行。日本の三菱自動車や三菱商事の出資も受けてスタートした国営自動車メーカー、**プロトン**は、三菱の技術で製造した安価な車を周辺諸国に輸出し、90年代には英国の名門スポーツカービルダーでF1のコンストラクターとしても歴史に名を残したロータス・カーズを傘下に組み込むほどに成長した。

また首都**クアラルンプール**のランドマーク、**ペトロナスツインタワー**を本社とする国営石油・ガス供給企業**ペトロナス**も、天然ガスの輸出の他にガソリンスタンドの経営やモータースポーツへの燃料供給などで順調に成長を遂げた。それら国営の強みを活かした民族資本の成長に加えて、海外企業の誘致も積極的に行われ、マレーシアは天然資源依存のモノカルチャーからの**脱却**に成功した。

●人気上昇に伴い、移民の条件を厳しく

東南アジアの中では比較治安が良いこと、英語がある程度通じること、隣国シンガポールに比べて物価が低く先進国型の生活に必要なものが手に入ることなどから移住先として、安価でコストパフォーマンスの高い留学先として近年とみに人気を集めていた。

非常に巧みなのは**人気が上がるにつれて少しずつ移住に際しての条件を上げていること**。財産はもちろん安定した職の有無などその項目は多岐にわたる。

東南アジアでも治安が良いとされるマレーシア、移民への厳しい条件はある意味その担保の一面もあり、現に**マレーシア以上に治安が良いシンガポールでは移住に際してはもはや大富豪以外は不可能であるかのような条件が課せられている。その一方で難民を中心に多くの民を受け入れてきた欧州各国は現在相次ぐテロの恐怖とともに治安が悪化している。**どちらを選ぶかは国策なのでどうこう言える筋合いではないが、マレーシアのやり方は移住希望者の側である日本人サイドに立ってみれば、いささか癪に障るものではあるが、賢いやり方だと認めざるをえないだろう。

なお、そんなマレーシアにも問題がないわけではなく、民族間の貧富と待遇の差は時折デモや暴動に発展しているし、移住を果たした日本人の中にも、やはり馴染めず早々

と帰国をした人も少なくない。先述したプロトンも2017年になって、さらに新興の中国の自動車メーカー、あの日本でも人気のスウェーデンのボルボカーズを傘下に収めた吉利汽車の事実上の傘下に収まってしまっている。まさに栄枯盛衰は世の習いといったところか。

●東南アジアの優等生シンガポール

マレー半島の突端、普通の大きさの地図では言われてもわからないくらいの島国がシンガポールことシンガポール共和国（首都もシンガポール）。そのためシンガポールが島国であることを知らない人も多い。もっともシンガポールとマレーシアのジョホールバルは橋で繋がっていて陸続きと捉えていても特に支障はないのだが。

30年ほど前の日本の教科書では旧宗主国と宗教の他にはたった一つの特産物が取り上げられていただけなのが東南アジアの国々。それも無理はない。当時の東南アジア各国は特定の輸出品に依存したモノカルチャー経済の国ばかりだったのだから。だがそんな30年前にも既にシンガポールは中継貿易で栄えていると記されていた。

当時は第一次産業主体ということはすなわち発展途上国であることを意味していた。しかし貿易は流通で商業なので第三次産業である。周辺の他の国々が天候や気象条件に左右される生産業に従事していた頃、すでにシンガポールは、言葉は悪いが人が作った品を右から左へ流すことで生計を立てていた。

ただし、それは決して先見性だけによるものではない。そもそもシンガポールは東京23区程の国土しか持たない。さらにその**狭い国土の大半が平地なので真水の確保が難しい**。これでは農業にしろ製造業にしろ、大したロットは稼げない。

ちなみにこの水不足については地形が変わっていない今でもアキレス腱になっていて、供給は隣国マレーシアに頼るしかないのだが、そのあたりの事情を知るマレーシアは水をシンガポールとの政治取引の材料としている。それを嫌ったシンガポールが目をつけたのが世界一水道水が清潔で美味しいと言われる日本の技術。シンガポールでは日本の力も借りて下水の再利用を研究し、今やそのレベルは飲料用に使えるレベルにまで達している。

国土は狭いが人口は570万人弱、人口密度は国連加盟国中、モナコ公国に次ぐ第2位。決して条件が良いとは言えないシンガポールが唯一アドバンテージにできたのは、マレー半島の突端で東南アジアのどこへでもアクセスしやすいという位置。シンガポールがモノカルチャーではなく貿易の中継地点となったのも道理だったというわけだ。

公用語はマレー語の他に中国語、英語、タミル語があり、ほとんどの人が英語が使える。欧米人にはたまにシングリッシュなどと揶揄される訛りはあるが、日本人には割合聞き取りやすい。少なくとも文章レベルで通じないわけではないため、これがまたシン

東南アジアの主な世界遺産

ガポールの大きなアドバンテージになっている。

現在の主要産業は貿易ではなく金融と観光。かつて倉庫が軒を並べた港湾には高層ビルや飲食店が立ち並び昼夜を問わずビジネスと観光それぞれを目的とした大勢の人々で賑わっている。

物価が高いのが玉に瑕(きず)なのだが、そんな中でタクシーをはじめとする交通費はむしろ他国より安い。これは観光客集客には非常に好材料なのだが、ただでさえ物価が高いところに狭い土地の殆どが大都市圏とくれば地代家賃はすさまじく、安い乗車賃しか得られないタクシードライバーでは生活ができないのではないかと思いきや、そうでもないとのこと。他国からの出稼ぎ労働者には厳しいかもしれないが、**自国民には安価で住まいが用意され収入が少なくても家族を持つことが容易**だという。

●活気あふれる観光地や空港

ベイエリアには銀行、証券、保険など著名な多国籍金融企業のビルディングとともに、有名ホテルが立ち並び、かつてはがっかりスポットとして有名だった**マーライオン像**も、今や巨大になりSNSに投稿するべくトリック写真の撮影を試みるいろいろな肌の色をした観光客の微笑みと歓声で満たされている。カジノも解禁され、対岸の**セントーサ島**では、大人はカジノ、若者と子供はテーマパークや様々なリゾートアクティビティで楽しめるよう工夫されている。

その昔、シンガポールはただの貧しい漁村に過ぎなかった。その権利を買い取ったのがイギリス人**ラッフルズ**。人気カクテル、**シンガポール・スリング**発祥の地、ラッフルズホテルにその名を残すこの人物によってシンガポールの貿易港としての整備が始まる。貿易によって利益が生じるようになると、利に聡い中国人が大量になだれ込んでくる。良く言えばのんびり屋さん、悪く言えば勤労意欲に欠けるマレー人に対し、東洋のユダヤ人と言えるほど金融や商業に長(た)けている漢人は、やがて富を蓄えシンガポールの多数派となる。第二次世界大戦後のマレーシアがマラヤ連邦として独立するとシンガポールもこの一員に。しかしマレー人の多いマレーシアに対しシンガポールの多数派は漢人。両民族は各地で衝突、ついには内戦に発展しそうになる。

事態を重く見た両国代表はシンガポールの面子も立てる形で、連邦からの追放という形でシンガポールの分離独立を促した。天然ゴムという輸出品目を持っていたマレーシアに対し、シンガポールには何もなかった。指導者リー・クアン・ユーは最後まで残留を希望していたとも言う。その後の努力が実りシンガポールは現在の姿になったのだが、その主流となっている漢民族系のシンガポール人には中国への帰属意識はほとんどない。むしろ同一視されることを嫌がる人が多い。このあたりは何もないところから努力してここまでたどり着いたことへの自負からなのかもしれない。この自負が間違った方向に向かわぬ限りまだまだシンガポールの繁栄は続くだろう。

●さらなる発展が見込まれるインドネシア

マレー半島に平行に弧を描くスマトラ島。さらに弧はジャワ島、小スンダ列島と続いていく。この一帯が1万を超える島々を所領とする世界最大の島嶼国、**インドネシア共和国**。首都は**ジャカルタ**。赤道直下のこの国の人口は世界第4位の2億7000万人、それだけでも驚愕なのだが、さらにすごいのはその増え方。なんと**この30年間で1億人も増えている**。少子人口減に悩む日本にとっては羨ましいような、そうはいってもこれだけの数字となると恐ろしいような。9割がイスラム教を信仰するマレー系の住民であるインドネシア、旧宗主国はオランダだが言語はマレー系の**インドネシア語**。

バリ島などのリゾート地や**ボロブドゥール**のある**ジョグジャカルタ**など観光スポットも人気を集めているが、主要産業は専ら原油だった。豊富な原油がもたらす安定した外貨収入のおかげで東南アジアの盟主と呼ばれていたことも。

そんな**インドネシアを最も援助している国は他ならぬ日本**だったりするのだが、日本がこの島国を大切にした大きな理由は原油の中東依存からの脱却であり、実際90年代までは日本の原油輸入先はサウジ、UAE、インドネシアと続いていた。しかしその目論見は大きくハズレ、現在もなおサウジ、UAE両国への依存は極めて高く、3位以下にクウェート、カタール、5位にようやくロシアが出てくるものの、インドネシアは10位以内にも入っていない。

また国民性なのか権力者が金に目がくらんだのか。インドネシアは日本に対してひどい裏切り行為をしている。それは2015年の**インドネシア高速鉄道プロジェクト**の発注をめぐっての出来事だ。当初先行していた日本は精密なリサーチを進め様々なデータをインドネシアに提供。後に中国が入札に参戦。日中を秤にかけコストが安い中国に発注したインドネシア。まあそこまでは仕方がない。だが、中国の新幹線自体が、車両を見れば一目瞭然、日本からの技術流出あってのものであり、敷設に際して必要なデータも日本のものが丸々流用されたとも。

大いに憤慨した日本だったが、その後、当の高速鉄道は建設が遅れ、コストは増大、インドネシアは、このままでは、港湾整備のお金を借りて港湾そのものを99年事実上奪われてしまったスリランカと同じ状況に陥るかもしれない。建設費用を借款し、建設は自国からの出張者で行い、費用の償還の代償として数十年に渡る高速鉄道の利権を抑えるなど、中国にとってはお手の物。もっとも中国だけを批判するのもまた違っていて、そうした手法はかつての欧米の専売特許でもあり、中国は以前は専らやられる側だった。高速鉄道は完成したが、今度はその延長のためにインドネシアは再び日本の支援を乞うている。外に優しく内に厳しい、日本の政治家が私欲にかられて愚かな選択をしないよう見守りたい。

もっともそうは言っても膨大な人口は市場に転じた折の経済効果が絶大で、それを狙ってというわけでもないのだが日本からも自動車製造業を中心に多くの企業が進出している。

外貨獲得の主役だった原油に代わって昨今頑張っているのはヤシから採取される**パーム油**。世界の生産高のうち4割以上はインドネシア産なのだからかなり立派な一大産業。ただ食用油の筆頭とされるパーム油は最近健康上の問題から槍玉に挙がることが多い。トランス脂肪酸とか悪玉コレステロールとか、マーガリンはよろしくないとか、ショートニングは危険だ、とかいうあれだ。そんな批判があったからでもないのだが、近年はパーム油を食用のみならず**バイオ燃料**として用いている。

燃料と言えば、インドネシアは東南アジア最大の資源大国なのだが、近年、**ボーキサイトやニッケル、コバルトなどのレアメタルの輸出を禁止する政策**をとっている。これは日本のような資源輸入国からすれば癪だが、極めて賢明な政策であると言える。原料そのものを輸出するより、合弁企業の設置を義務付け、そこで製品化した後の輸出のみを認めるとなれば、より多くの外貨を稼げるばかりか中国が行ってきたような技術の取得も期待できる。ちなみにボーキサイトはアルミニウムの原料であり、ニッケルとコバルトはＥＶ（電気自動車）に欠かせない**リチウムイオン電池**の製造に用いられる。もはやメーカーが電気自動車を製造できるか否かはインドネシアとの関係いかんとさえ言える。日本の自動車メーカーはそんな状況下で内燃機関の自動車生産を縮小しているのだが、何か秘策でもあるのだろうか。ちなみにこうした状況を中国が見逃すはずもなく、すでに複数の企業が、リチウムイオン電池生産におけるインドネシアとの合弁企業の設置を働き掛けているという。

くどいようだが世界第4位の人口はとんでもない武器になる。10年先には日本の経済規模を上回るという調査結果を発表したリサーチャーもいる。右肩上がりの経済成長がこのまま続くかどうかは定かではないが、保険なしで無視できる国でないことは間違いないだろう。

●東南アジアで最も若い国、東ティモール

小スンダ列島の一つティモール島、その東半分が21世紀初の独立国であり、アジアで最も若い国、東ティモールこと**東ティモール民主共和国**である。首都は**ディリ**。面積は狭義の首都圏（東京都＋神奈川県＋埼玉県＋千葉県）とほぼ同じ広さ。人口はさいたま市より少し多い１３４万人。特徴は国民の大半がキリスト教徒、それもカトリック信者であるということ。東南アジアでカトリックの国は、他にはフィリピンしかない。こんなところにカトリック？とくれば、その理由はご明察の通り旧宗主国にある。

東ティモールが日本の自衛隊を含む国連のＰＫＯの支援を受けてまで独立を果たした相手国は、この辺り一帯を治めるインドネシア。それに対してかつての領有国はポルトガル。というか、実は法的にはずっとポルトガル。

そもそもティモール島が東西に分割されたのはポルトガルとオランダが島を分け合ったから。統一政権がなく部族対立を繰り返していたこの島にポルトガルがやってきたのが16世紀。後を追ってオランダも進出。共倒れを防ぐ両国が勝手に国土を折半したというわけだ。第二次世界大戦後、大戦中に島を占領していた日本軍が撤退すると、東ティモールはポルトガル領に復帰したが、オランダはこの地の植民地支配から撤退したため

に、西ティモールは新たに独立を果たしたインドネシア領となった。

ポルトガルはフランスとともに欧米列強の中では植民地への諦めが悪かった国で、この両国の植民地だった地域は戦後の独立も比較的遅かったりする。だがそんなポルトガルも1970年代に入ってようやく独立容認に前向きになる。ところがそれを知ったインドネシアは1975年に軍を派遣して東ティモールの実効支配を開始。

かくしてインドネシアの実効支配を受けていた東ティモールだが、宗教や言語などの違いは大きく、住民は独立を強く希望していた。ちなみに東ティモールの住民の多くは**メラネシア系のテトゥン族**で公用語も**テトゥン語**や**ポルトガル語**。

20世紀末になってインドネシアで政権交代があり国際世論が考慮して独立が容認されることになり、2002年、東ティモール民主共和国が建国された。ただしこれまた独立後の国家によくあることで、独立後の政権や利権をめぐって対立が起き内戦に発展。現在はやや情勢が落ち着いているところ。

輸出品として日本でも知られているのは**フェアトレードコーヒー**。ただし単価が高いものではないので国家財源は原油に依存している。主な油田は**ティモール海**。実は東ティモール、東南アジアに分類されてはいるが、オーストラリアのダーウィンとの距離は5〜600キロしかなく、東南アジアというよりはオセアニア圏だったりする。実際近接したオーストラリアとはガス油をめぐって領土問題も発生したが、利益を両国で分割することで合意し生産を軌道に乗せた。ところが2017年になって両国が合意の見直しを主張。2018年に両国は国境を画定する新条約を締結した。

●資源に恵まれ、豊かなブルネイ

カリマンタン（ボルネオ）島の北に細長く広がるマレーシア領。その北側にある小さな地図だと見落としてしまうような大きさの国がブルネイ・ダルサラーム国、通称ブルネイ。首都はバンダルスリブガワン。

おそらく一般的な日本人にとっては東ティモールとともに東南アジアの国名で最後まで出てこない国。三重県とほぼ同じ広さに長崎市や高松市の人口と同じくらいの45万人の人々が暮らしているイスラム教の国。人口が少ないためにGDPは東南アジア最低ながら国民一人当たり国民総所得はシンガポールに次ぐ高い数字。ということはかなり豊かな国ということになる。

イギリスから独立したこのブルネイは東南アジアのご多分に漏れず石油や天然ガスなどの資源が豊富でこれが豊かさを支えている。産油国で豊かな国といえばありがちなのが無税と厚い社会保障の両取り。サウジアラビアやUAE、カタールなど中東産油国でよく見られるシステムがこのブルネイにおいても採用されている。

そんな国だから治安も良く東南アジアには珍しく自然災害も少ないという実に羨まし

い国。観光資源にも恵まれていて世界最大の水上集落**カンポン・アイール**は人気のスポット。ここ、一見すると貧民街のように見えてしまうのだが既に説明した通り、ブルネイは貧民街とは無縁の国。3万人が暮らすこの水上集落にはモスクも学校も病院もあって人々は快適な生活をしている。ああ、ブルネイに行きたくなってきた。

●急成長するフィリピン

フィリピンことフィリピン**共和国**。7600以上の島々からなる島嶼国家。日本の約8割の面積に1億を超える人々が住んでいる。首都は**マニラ**。

特徴は宗教で東ティモールと並ぶ東南アジアでは珍しいキリスト教国。国民の8割が信仰するのはカトリック。フィリピンの国名の由来は世界史履修者にはおなじみのスペイン最盛期を創出した**フェリペ2世**。ガチガチのカトリック擁護者として有名で、そのためにオランダを手放してしまったほど。もちろんフィリピンにカトリック信者が多いのも元をたどれば旧宗主国スペインの影響。

かつての主力輸出品は砂糖だったのだが、世間でのイメージは専らバナナ。それとお父さん向けの飲食店フィリピンパブに代表されるような女性を中心とする出稼ぎ労働者。当時の異名は**アジアの病人**。一時期その影響でフィリピン女性と婚姻する日本人男性も少なくなかった。中には鼻の下を伸ばして乞われるがままにお金を与えたところ、本国にいる家族への送金に使われていたなんてケースもあって社会問題にもなった。最近はこういうケースは随分減った。というのも日本では接待需要などが大幅に減少したのに対し、フィリピンは他の東南アジア諸国と同じように経済成長を遂げ、GDPも2010年代以降大きく伸びている。産業構造も農業中心からサービス業中心に大きく変わり、英語力を活かし**コールセンター事業等が急成長**している。ただ物価上昇率も比較的抑えられある程度うまく行っているはずなのだが、それでも貧富の格差の解消には至っておらず、相変わらず国民の1割が海外へ出稼ぎに出ている。

日本や欧米とは比べ物にはならないが、世界基準で見ればそれなりに治安が良いとされる東南アジアだが、フィリピンの治安に関してはあまり良い話を聞かない。フィリピン人はプライドが高く特に男性は若干カッとなる傾向があるという。以前マレーシアだったかでフィリピン人の気のいいおじさんに「お前は日本人だろ、お隣だ」と親しく話しかけられ驚いたことがある。最初は驚いたが、なるほど言われてみればお隣には違いない。我々が思う以上に隣国の一つが日本であるのは、彼らにとっては重要なことなのだろう。

現在フィリピンは日米と中国の間を行ったり来たり、それどころか東南アジアの中でも立ち位置が安定していない。狡猾な外交が得意な国ならそれもありなのだろうが、フィリピンにそういう印象がないのが隣人の一人としてはやや心配ではある。

第八章
南アジア

タージマハル（写真：Super Stock/アフロ）

●インドの独立と紛争

２０２３年に人口世界一の国になった**インド共和国**。生産年齢人口も増加中であり、今後数十年の経済成長が約束された国だ。

インド大陸は大航海時代にイギリスの植民地になったが、第二次世界大戦後、**マハトマ・ガンジー**などの独立運動を経て、１９４７年に独立を勝ち取った。しかし、ヒンドゥー教徒の多いインドとイスラム教徒が多いパキスタンが対立し、パキスタンは別途独立してしまう。さらに、そのパキスタンも東と西に分裂し、東にバングラデシュができる。48年には仏教国のスリランカも分離独立してしまい、**かつてのインドは4つの国に分裂**してしまった。独立直後の47年には、カシミールの帰属をめぐってインドとパキスタンに紛争が起きる。今なお継続しているその紛争が**カシミール紛争**だ。

さらに62年には**中国との国境紛争**も起きる。これまたカシミール地方の帰属をめぐる紛争。インドはこの紛争をきっかけに核兵器を持つことを決意する。核兵器を持つ中国の恫喝に負けたからだ。そしてパキスタンもインドに対抗して核兵器を持ち、負の連鎖が続いた。ついでに言えば２０１６年核開発の凍結が話題になったイランはこのパキスタンの西隣。**核兵器が抑止力となると同時に、核の与える恐怖はウィルスのように伝播していく**ということがわかる。核兵器のパンデミックなんて願い下げたいのだが。

インド周辺全土図

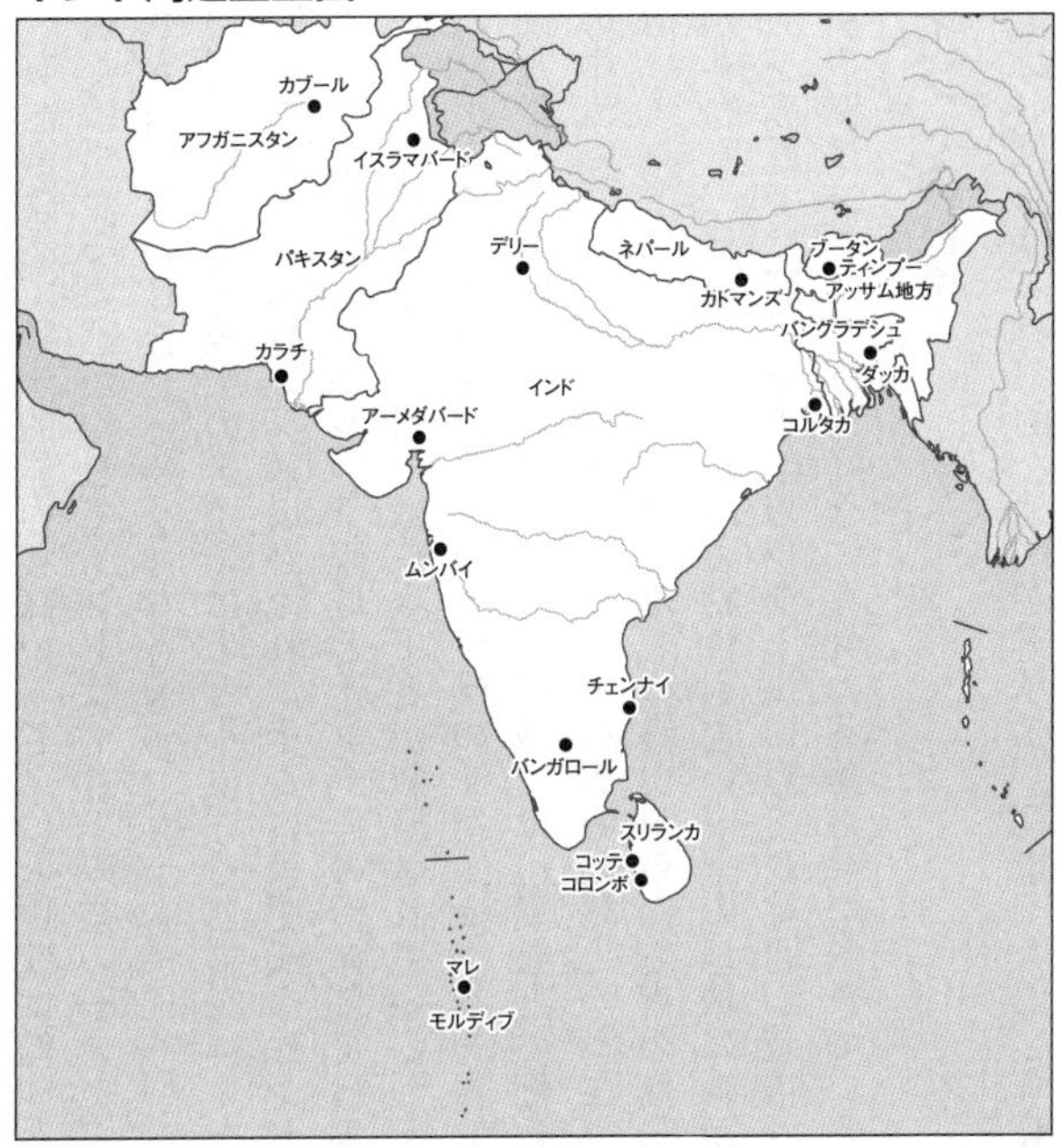

●インドの産業

現在のインドはインターネット、ソフト開発などのＩＣＴ産業、情報通信産業が発展している。インドはゼロという数字を生んだ国。貧困すぎて何もないからゼロという概念が生まれたという説もあるが、数学的思考能力が高かったとも考えられる。二桁の九九ができると話題になったインド式計算もある。インド人はイギリスに長く支配されていたから英語も使える。英語も使えて数学的能力も高い、さらに人件費は低いとなれば、欧米の会社が放っておくはずがない。かくしてインドはＩＣＴ産業の一大拠点となった。

一人当たりのＧＤＰは約２３００ドル（米ドル）。人口が多いとはいえ世界最貧国に近い所得である。農業のメインは米と小麦、そして**ジュート**。インドの北部、ヒマラヤ山脈のふもとには**ガンジス川**が流れ、そこには肥沃な**ヒンドスタン平原**が広がる。モンスーンのため降水量が多い下流域とインド洋の沿岸部では稲作が行われ、特にガンジスデルタと呼ばれる三角州ではジュートが栽培されている。ジュートは麻の一種でインドとバングラディッシュで世界の生産量の96パーセントを占める。

降水量の少ないガンジス川の上中流域では小麦などの畑作が行われている。**インダス川**の中流の**パンジャブ地方**も小麦などの穀倉地帯となっており、綿花なども栽培されている。インドにはヒマラヤがある北の高山地帯から南の熱帯地域まで、様々な気候の場所が存在し、地域ごとに土地の特性も違い、その地域に合った作物が栽培される。南の**デカン高原**では肥沃な土壌の**レグール**に恵まれ綿花が栽培されているし、**アッサム地方**や**ダージリン**では、紅茶好きに人気の茶葉が栽培されている。

●インドの都市

インドにおける首都的な地域が**デリー**。都市圏人口２０００万人。インドの北部にあり、商業、工業、政治の中心。13世紀にデリー・スルタン朝から始まり、いくつもの王朝が首都を置いた。**ムガル帝国**時代に建設されたフーマユーン廟の世界遺産を始め、数々の歴史的建造物が残る。よく誤解され紛らわしいのがデリーとニューデリーの関係。元々はデリーの郊外に建設されたのがニューデリー。従来のデリーはオールドデリー。その後ややこしい経路をたどるのだが、ごくごく簡単に言えば都市圏の名がデリーで、その内部の政治行政の中枢地がニューデリーと覚えておけば、ほぼ間違いない。なおインド政府は公式に**ニューデリー**が首都であるとしている。

インド最大の都市が**ムンバイ**。人口1840万人を擁する。英語読みだとボンベイとなり、東インド会社があった場所として歴史の教科書にも登場する。アラビア海に面した港湾都市からスタートした。多くの産業が集まり、デカン高原で栽培される綿花を原料とした伝統的工業の綿工業が発達した。エレファンタ島の石窟やチャトラパティ・シヴァージー・ターミナス駅の世界遺産、インド門などの観光スポットがある。映画産業も盛んで、映画ファンは、ムンバイを旧名ボンベイとハリウッドにかけて**ボリウッド**と呼ぶこともある。『RRR』の日本での大ヒットも記憶に新しい。

断崖をくり貫いて造られた世界遺産**アジャンターの石窟寺院**はムンバイの北東のおよそ400キロメートル先にある。その他にも、デカン高原南の**バンガロール**、綿工業が栄える**アーメダバード**、ベンガル湾に面した**チェンナイ**、ジュート工業で知られる**コル**

インド周辺地形図

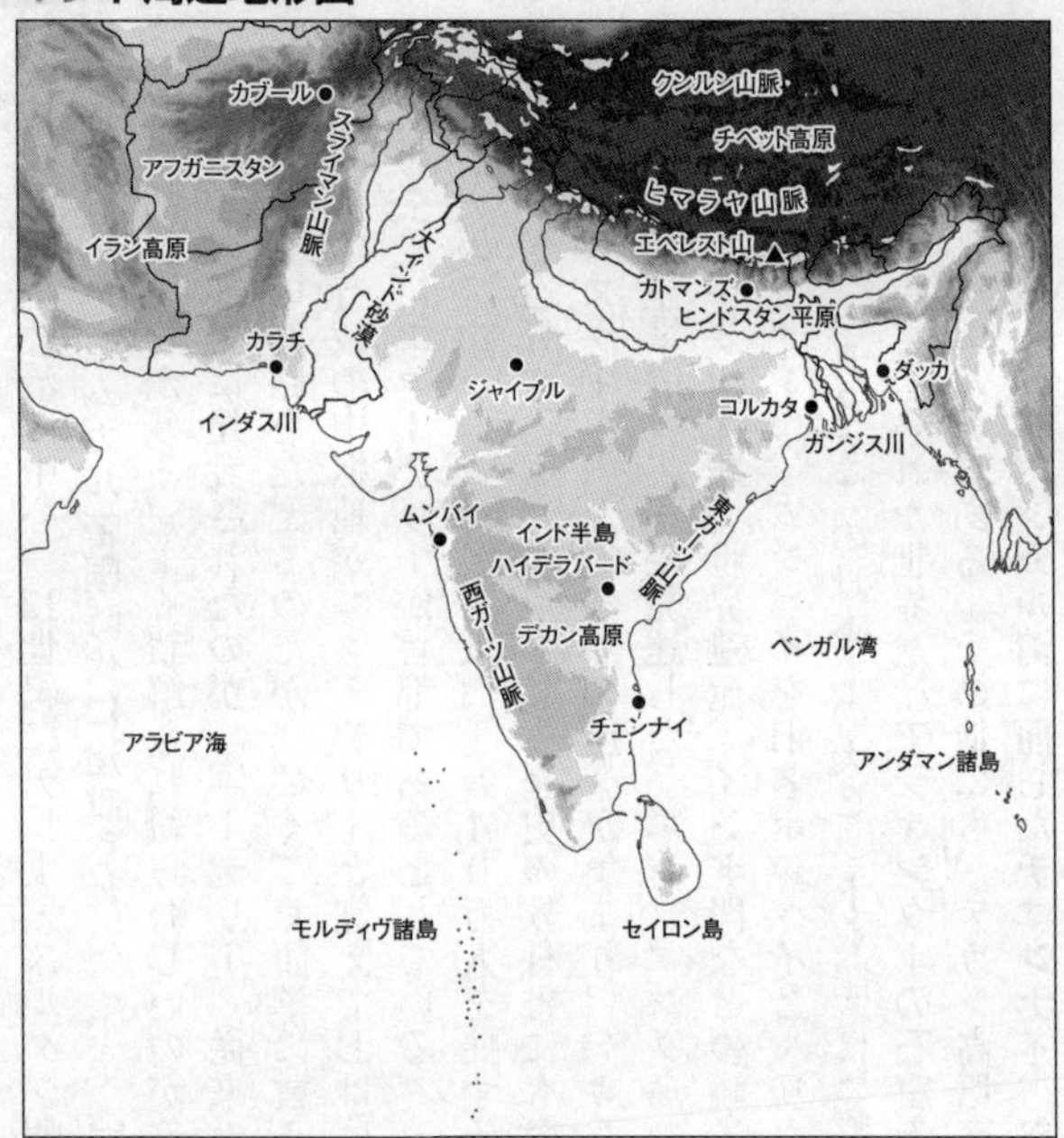

カタなどの大都市がある。

ちなみに、ムガル帝国第5代皇帝シャー・ジャハーンが愛妃のためにたてた世界遺産の**タージ・マハル**は北部の都市アーグラにある。アクセスはデリーからが一般的。

インドの始まりはインダス川沿いにできた**インダス文明**で、この文明を担ったのが**ドラヴィダ系**の人々だった。その後、この肥沃な大地を目指して侵略してきたのが**アーリア人**だ。ドラヴィダ系の人はどちらかと言えば、土着のインド人で、肌が黒く背が低いモンゴロイド系。一方アーリア人は背が高くて色は白くヨーロッパ系である。

そして、このアーリア人が作ったのがヒンドゥー教のもととなる**バラモン教**と**カースト制度（ヴァルナ・ジャーティ制）**。元々はアーリア人が支配を固定化するための制度だった。現在少しずつ崩れつつあるとはいえ、この身分制度の慣習は根強く残っており、インド発展の妨げとなっている。

2023年、インドは世界一位の人口大国となった。人口においてあの中国を追い越したのだ。その数14億2860万人。しかもその65％ほどが生産年齢に属するというのだから人口ボーナス真っ只中といったところ、羨まし限りではある。

そんなインドは同年の9月に行われた主要20カ国・地域会議（G20）の席上で前触れもなく、国号として**バーラト**を自称し世界各国に驚きを与えた。ビルマに対するミャンマー、グルジアに対してのジョージアのように、元々インドの人々はインドではなくバーラトを用いていたとのこと。それも慣習としてではなく憲法にも明記されているれっきとした国号。その意味するところは、古代インド伝説の王バラタが統治する場所。これに対しインドという名称は、元々は旧宗主国であるイギリス側からの呼称。

なるほど近年メキメキと力を付けたインドが、その名を嫌がり始めたのも納得がいく。インドの英国離れというか、アングロサクソンに対する強気な姿勢は他のところにも見ることができる。同年9月、インドはカナダ人向けのビザ発行業務を停止した。国交断絶の手前とも言える措置だ。そもそものきっかけは同年6月にカナダでシーク教徒であるカナダ人が殺害されたこと。シーク教というのは15世紀末にインドで興った宗教で、パキスタンと国境を接するパンジャブ州のゴールデン・テンプルを総本山としている。

インドではヒンドゥー教徒が圧倒的な多数派。そこでパンジャブ州のシーク教徒たちはインドからの独立を望むようになる。中でも過激な一派はシーク教徒のための国家カリスタンの建国を目指し、テロなどの行動を開始。インドとの関係が悪化し今に至っている。そんなこともありカナダ当局は先述のカナダ国籍シーク教徒の殺害にインド政府が関与した疑いがあると発言。今回のインドの措置は、それに対する報復ともとれる。

「時代は変わったな」と感じるのは、従来ならこんな動きに対しては、欧米諸国はカナダを擁護し、場合によってはインドに圧力を加えたはずだが、今回は中立を保っている。なにせインドは人口世界一の大国でＩＴ産業にも強い。そして何より中国との対抗上、安易に敵に回すわけにもいかない。

実際インドは、新興経済成長国による国際組織BRICsの一員でもある。元々はブラジル、ロシア、インド、中国、南アフリカによる組織で、この名称もその頭文字からとったものだが、2024年には新たにサウジアラビア、イラン、アラブ首長国連邦（ＵＡＥ）、エジプト、エチオピア、アルゼンチンが参加する予定となっており、構成国に資源大国が多いこともあって、参加各国の国際社会での発言力が大いに増すことが予期される。また従来世界は南北問題に代表されるように北半球の国々がリードしてきたが、ここへきて南半球はもとより北半球でも赤道近くの低緯度の国々の躍進が予想されている。これらの国々は、かつては発言力も弱く、それ故支援や援助を必要としてきたが、インドはそうした**グローバルサウス**と総称される国々の代表であり、彼らの代弁者としても存在感を増している。

●パキスタン

インドとカシミール地方の帰属をめぐって争うイスラム教国**パキスタン・イスラム共和国**。現在のパキスタンはイスラム諸国との関係を重視し、インドとの対抗上中国に接近している。隣国アフガニスタンとの関係は複雑。アメリカの同時多発テロ以降、反タリバンで一貫していたが、アフガニスタンにタリバン政権ができ、その関係は大きく変わろうとしている。経済は慢性的な財政赤字と貿易赤字を抱え、出稼ぎ労働者の海外からの送金や海外からの援助で賄っている状態。主要産業はパンジャーブ地方の小麦と綿花栽培を基礎とした農業と繊維産業。**パンジャーブ地方**は1960年代以降の高収量品種の導入や耕地の整備、灌漑施設の設置などによる**緑の革命**で小麦などの増産に成功しておりパキスタンの生命線である。

首都はイスラマバード。国土の北部に位置し人口は102万人。パキスタンの人口2億4149万人（出典：外務省）を考えると少ないが、それは1969年にできた新都市だから。もとの首都はカラチ。アラビア海に面した港湾都市で、公称でも1600万人を超える人口を抱え、パキスタンの経済と金融を支える。国土の中央にはインダス川が流れ、インダス文明の遺跡であるモヘンジョ＝ダロはその中流域にあり、80年に世界遺産に登録されている。

●アフガニスタン

パキスタンの西にあるアフガニスタン・イスラム共和国はソ連とアメリカに翻弄された悲劇の国。1978年、ソ連のコミンテルンに操られたアフガニスタン人民民主党によるクーデターが起きる。前大統領が処刑され、社会主義のアフガニスタン民主共和国が設立された。これに対してイスラム義勇兵のムジャヒディンが蜂起しアフガニスタン紛争が勃発。ここにソ連が介入。そしてムジャヒディンを支援したのがアメリカ。ムジャヒディンには後のアル＝カイダの司令官になるウサマ・ビン・ラディンもいた。彼らはアメリカCIAの軍事訓練や兵器の供給を受けながら、ソ連軍と戦う。ソ連軍はソ連経済の疲弊もあり、アフガニスタンから撤退。その後アフガニスタンの支配をめぐりタリバンと北部同盟の戦いが起き、アメリカは北部同盟を支援。タリバンはそれと戦い政権を奪取した。このタリバンにビン・ラディンが合流。その後2001年9月11日に**アメリカ同時多発テロ**を引き起こす。

これに対してアメリカはアフガニスタンに報復攻撃をする。タリバン政権は崩壊。北部同盟が政権を握る。だがその後、2021年に第46代合衆国大統領にバイデンが就任すると事態は大きく動く。バイデンのかねてからの公約の一つがアフガニスタンからの米軍の撤退だった。米軍のアフガニスタン駐留は、アメリカ国民には直接利益をもたらすことがないにもかかわらず、アメリカ市民から膨大な金と命を吸い取ってきた。だからバイデンの主張は間違っていない。ただタイミングが悪くあまりにも性急な実施だった。米軍が撤退を開始すると、息を吹き返したタリバンは三カ月で全土を制圧。多くの犠牲によって進められてきた民主化はあっけなく終了し、厳格なイスラム主義勢力の統治下のアフガニスタンが復活した。

特に大きな被害を受けたのは、過酷な撤退を命じられたアフガニスタン駐留米兵と女性たちだろう。イスラム教は宗旨宗派で解釈は異なれど概ね女性の人権に厳しい。タリバン政権下では女性が中等教育を受けることすら禁じられている。

アフガニスタンの首都は**カブール**。西と東をつなぐ交通の要衝として栄えた。アフガニスタン全体は砂漠気候だから肥沃な土地ではないが、各種金属、稀少金属、貴金属、宝石などの世界最大級の鉱脈が存在する。このまま紛争が落ち着けば経済発展する可能性を秘めている。石油も発見された。それだけになんとももったいない。

●ネパール

インドの西から北に目を転じてみよう。そこには**ネパール**がある。ヒンドスタン平原の北からヒマラヤ山脈の南斜面に国土を持ち、ヒンドゥー教徒が多い。

ネパールの源流は14世紀のネワール人によるマッラ王朝だが、現在のネパールは連邦民主共和国。２０１５年9月に新憲法が公布され**王政から連邦共和制**に変わった。政権も毛沢東派の第一共産党が握っている。気候は高山性の気候だが南部は温暖気候になる。

首都は**カトマンズ**で人口１１８万人。ネパールの主な産業は農業や観光業。衣類やカーペットを輸出している。世界遺産は**カトマンズ渓谷**や**エベレスト**がある**サガルマータ国立公園**などがある。エベレストはネパールの人にとって国の象徴でもある。エベレストを含むサガルマータ国立公園の風景写真はいたるところに張られている。

●ブータン

幸せの国を自称する**ブータン王国**。日本の皇室とブータン王室の関係は良好で日本人にも好感度が高いようだ。ブータンは人口78万人の小国である。「世界一幸せな国」の根拠は前国王が提唱した「国民総幸福量」という基準。国民の幸福はＧＤＰなどの物質の量だけで測るのではなく、精神的な幸せを考慮すべきであるというものだ。これを洗脳ととるか、ほんとうの豊かさととるか、自分で確かめるしかないだろう。

ブータンは国土の大部分が標高2000メートル以上の山地で、南部の低地は比較的温暖だが、高度が上がれば高山気候になり冬の寒さは厳しくなる。**チベット仏教（ラマ教）**徒が74パーセントを占め、経済は農業と牧畜で、ほとんどの消費財を外国からの輸入でまかなっている。主要輸出物は電力。水力発電であまった電気を外国に売って財政を支えている。首都は**ティンプー**。

●バングラデシュ

今度はインドの東を見てみよう。ガンジス川の下流にあり周囲をインドに囲まれたところが先程から頻繁に名前が挙がる**バングラデシュ人民共和国**。肥沃な大地が広がり、かつては「**黄金のベンガル**」と言われた場所。

主要産業は農業で米とジュートが栽培される。ジュートなどを使った衣料品や縫製品は輸出品目で75パーセントを占める。しかし、人口が1億6935万人もおり、穀物は慢性的に不足。貿易も財政も慢性的な赤字状態。一人当たりの国民総所得も2620ドルとやっと2500ドルを超えたくらい。宗教はイスラム教。民族は**ベンガル人**。国名はこのベンガル人からきている。バングラデシュは「ベンガル人の国」という意味のベンガル語だ。首都はダッカで2070万人の人々が住む。

1947年、インドがイギリスから独立するとき、イスラム教徒の多いパキスタンは別途独立。パキスタンは東と西に国土が分かれていたのだが、経済的に貧しい西が政治の中心となったことで東は憤りバングラデシュとして分離独立した。

当時はパキスタンより人口も経済力も上だったが、今では抜かれてしまっている。インフラの未整備と行政の非効率化が問題である。

●スリランカ

インド大陸の先端に浮かぶ島が**スリランカ民主社会主義共和国**。1948年にインドから独立した。72年、共和制に変わるとき、旧植民地をイメージする**セイロン**から「輝く島」を意味するスリランカに国名を変えた。

ただし、北部と東部には**ヒンドゥー教のタミル人**が多く住んでいる。タミル人は19世紀半ばに茶のプランテーションの労働力としてインド南部から移ってきた人々。スリランカ独立後はこのタミル人とシンハラ人が対立し内戦に突入。10万人近くが犠牲になった。しかし、2009年に内戦は終結し、現在はテロも起きていない。目下の悩みは中国の甘い誘いに乗っかってしまったために事実上の国土の割譲を迫られていること。港湾の整備にあたり中国から借金をしたのはよいが、建設業者をはじめすべてを自国から

インド周辺の主な世界遺産

持ってくるのが中国のやり方。その結果地元には何らの経済効果もなく、借金だけが残ってしまった。この借金の支払いを猶予する代わりに中国が求めているのが港湾の99年間の租借。なんてことはない、かつて清王朝がイギリスにやられたことの相手を変えた意趣返しだ。そして租借の先には中国の軍と艦艇の駐留が待っている。進むも戻るも

なんとやら、果たしてスリランカを窮状から救う国は現れるのか。

スリランカの首都は**スリ・ジャヤワルダナプラ・コッテ**で人口は13万人。小学生の間でクイズの問題の常連となっている地名だ。「聖なる勝利をもたらす都市コッテ」を意味するが、いくらなんでも長い都市名なのでコッテと省略される。コッテは昔の王国の名前だ。1985年に**コロンボ**から遷都されたが、国会議事堂以外にめぼしい施設はない。しかし内戦も終わってやっと首都機能の整備に入った。今のところ経済の中心はコロンボで、人口もスリランカで最大を誇る。

以前のスリランカの主要産業は米と茶、天然ゴムやココナッツであったが、最近は工業化が進み衣料品が最大の輸出物になった。内戦終了後は復興需要と観光客の増加で高成長が続いている。スリランカの西にはインド洋に浮かぶ島、**モルディヴ共和国**がある。日本人にも高級リゾート地として知られている。青い海と海の上のコテージ。しかしこの島は温暖化で徐々に浸食されつつある。スリランカの抱える悩みは多い。

モルディヴ共和国（首都マレ）

第九章

中央アジア

カザフスタン、アスタナ（写真：Jon Arnold Images/アフロ）

●「存在しなかった地域」中央アジア

現在の社会人の多くが学校で学んでいないのが**中央アジア**。ではなぜ学んでいないのか。

その答えは意外だが言われれば納得できるもの。実は中央アジア、ほんの三十数年前までは存在していなかった地域なのだった。もちろん地球上に突然中央アジアが出現するわけはないので、中央アジアも物理的な地域としては以前から存在していた。ではどういうことかと言えば、行政区分や学習上の便宜を図る上での地域分けで中央アジアというくくりがないものとみなされていたということ。なぜ中央アジアは無視されていたのか。それは**この地域はかつてそっくりそのまま巨大共産主義帝国、ソビエト社会主義共和国連邦に組み込まれていたから**。さらにソ連の中でも極めてマイナーな地域であったからだ。

●ソ連崩壊後に独立した5カ国

1991年、ソ連が崩壊しウクライナなど連邦の支配下に置かれていた各域が独立する。中央アジアでもカザフスタン、ウズベキスタン、トルクメニスタン、キルギス、タジキスタンの5カ国がソ連から分離独立。これを契機にこの5カ国を中央アジアとして

中央アジア全土図

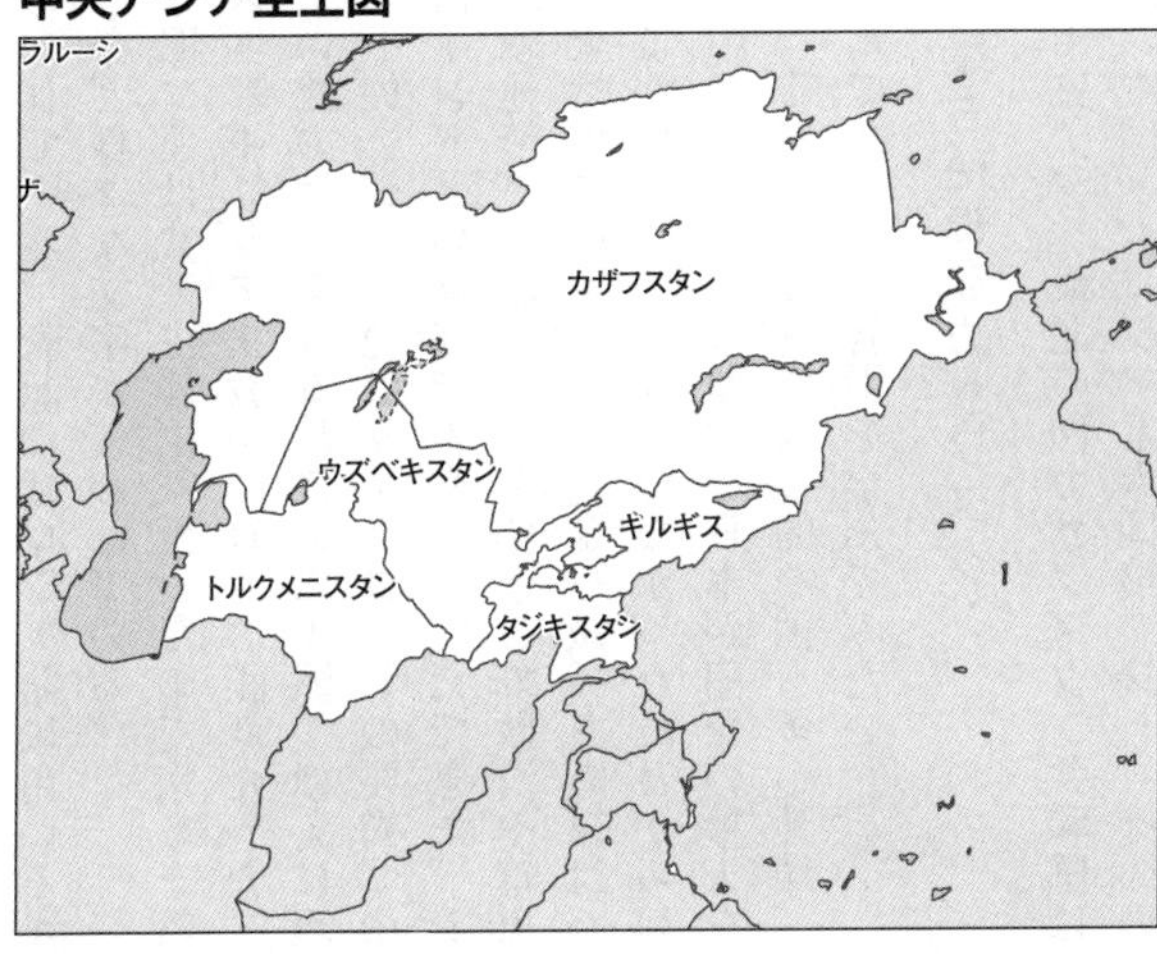

扱うことが主流となった。

中央アジアの国々に共通することは**海のない内陸国**であるということ。さらに国名につく「**スタン**」という言葉。これはペルシアすなわちイラン系の言葉で「〜の土地、国」といった意味の接尾辞。5カ国の中でキルギスには「スタン」がつかないが、かつてはそのキルギスもキルギスタンを国名としていた。となるとそれぞれの国名はカザフ人、ウズベク人、トルクメン人、キルギス人、タジク人の国を意味していることがわかる。

旧ソ連圏であることから言語はロシア語？と思いたくなるのだが、都市部のインテリ層や商人、観光業に携わる人々にはもちろんロシア語が通用するが、公用語としては各民族の言語やロシア語が用いられている。表記にはロシア語に用いる**キリル文字**の他に、アラビア文字、ラテン文字など様々な文字が使われている。

旧ソ連は共産主義国家だったので宗教を禁じていたが、ロシアの伝統的な宗教はキリスト教ギリシア正教系のロシア正教だった。それに対して中央アジアの諸民族が信仰していたのは**イスラム教スンニー派**。ゆえに現在各国はイスラム教国である。

中央アジアの地はシルクロードの要衝。中国と中東、ロシアとアフガニスタンさらにはインドとの陸路での交易を支えてきた。シルクロードから想起されるように海のない内陸地帯であるから、全体として砂漠や草原地域が多い。だが天然資源は豊富で、石油や天然ガスはもちろん、金や銀、さらにはレアメタルにウランと種類も様々。これまであまり目をつけられていなかったことから埋蔵量も期待できるために、ロシアはもちろん中国、さらには欧州や日本が開発の参入を目論んでいる。日本から地理的に近いだけでなく資源が豊富で親日的な国も多い地域。せっかくなのでこの機会に各国をしっかり区別できるよう特徴を学んでみたい。

●最も裕福なカザフスタン

中央アジア最北の国**カザフスタン共和国**はヨーロッパとアジアの間に横たわる広大な国。中国ともロシアとも国境を接し、その面積は日本の約7倍で世界で9番目の広さを誇る。この世界最大の内陸国の国土の大半は砂漠や草原だが、東南にはその半分は塩湖である中央アジア最大の湖**バルハシ湖**があり、南西では**アラル海**や**カスピ海**にも面している。内陸の特徴でもあるが、夏は暑く乾燥し冬は寒さが厳しい。

ここまでの内容で判断するとあまり豊かな国ではないように思えるが、カザフスタンは**中央アジアで最も裕福な国**。それを支えているのは石油、天然ガス、ウランなどの豊富な天然資源。しかし天然資源には限りがあるため余裕のあるうちに天然資源依存型の経済からの脱却を目論んでいる。日本人から見れば羨ましいことに、この国はかなりの**外交上手**。かつての盟主ロシアとも際限なく拡張を続ける中国とも、さらにはそれらの国と利害が対立しがちな欧米とも友好的な関係を維持している。かつての日本を思わせる立ち位置。もはや日本は特別な国ではないのだと実感させられてしまう。

●資源豊富なウズベキスタンとトルクメニスタン

カザフスタンの南に位置するサッカーファンにはおなじみの国が**ウズベキスタン共和国**。ここもまた内陸国特有の乾燥がちな気候で、国土の大半は砂漠と草原なのだが、実は古代から栄えた地域でもある。シルクロードを進む隊商（キャラバン）にとって文字通りオアシスとして機能したのが古都**サマルカンド**。**ティムール帝国**などのイスラム王朝の首都としても栄えたこの旧都はその美しさを「青の都」と讃えられ、現在も世界遺

中央アジア地形図

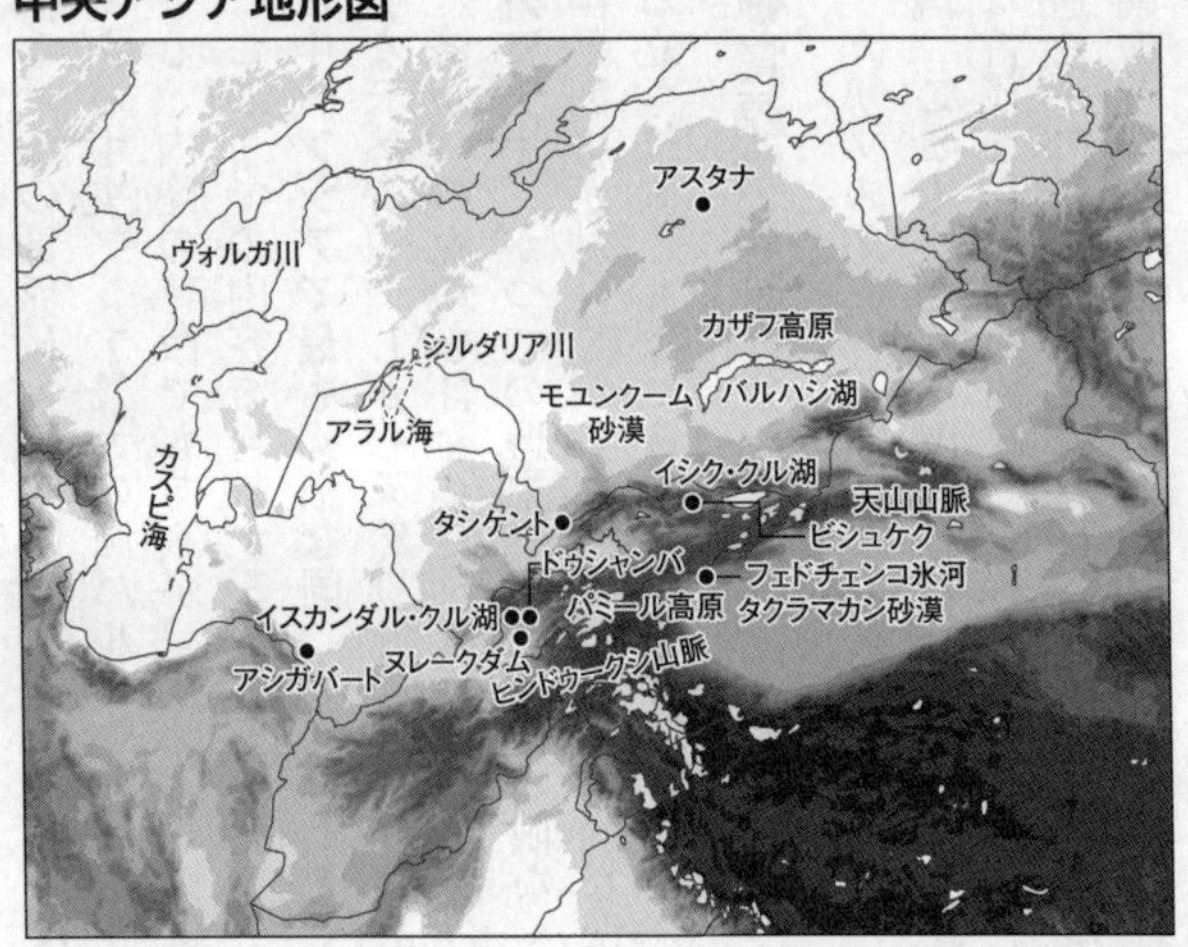

産に登録されている。首都は人口300万弱の人口を擁する**タシケント**。綿花栽培が盛んな他、天然ガス、石炭、金など、やはり豊富な天然資源で外貨を稼いでいる。ただし国民の貧富の差は激しく、一次生産物に頼った経済からの脱却が図られている。

ウズベキスタンの南、カスピ海の東に位置し、イランやアフガニスタンの北に存在するのが、**トルクメニスタン**。やはりここも砂漠地帯であると同時に天然ガスや石油といった資源に恵まれている。

実はこの国、形式上は共和制国家なのだが、**事実上の一党独裁国家**。しかしだからと言って好戦的というわけでもなく、なんと**世界で唯一、国連総会で永世中立国であることを認められた**という変わっ

トルクメニスタン（首都アシガバット）

た国もある。

●山岳国家のキルギスとタジキスタン

北をカザフスタン、西をウズベキスタン、南をタジキスタン、東を中国に囲まれた山間の国が、かつてはキルギスタンという国号だった**キルギス共和国**。日本の半分ほどの面積だがその**9割は山岳地帯**。それどころか**国土の4割は標高3000メートル以上**の高地だというのだからまさに山岳国家。主産業は牧畜や農業だが、豊富な水資源を活かした水力発電に期待が寄せられている。また国土の北東に位置する**イシク・クル湖**は天山山脈の真珠と讃えられる美しさで、近隣のロシアやカザフスタンからの避暑地となっている。

キルギスの南が**タジキスタン共和国**。パミール高原に位置し、国土の9割が山岳地帯というこちらも山岳国家。主要産業は綿花栽培やアルミニウム産業で、後者は水力発電で生じた電力を使ってのものだが、原料のボーキサイトは輸入しているため、あまり旨味はない。

電力の98%を水力発電でまかなう水資源大国らしく土石積みの堤防としては高さ世界一を誇る**ヌレークダム**がある。また金、銀、水銀、原油、天然ガスなどの資源もある。極地圏を除いては世界最大と言われる**フェドチェンコ氷河**をはじめ多くの氷河があるが、

キルギス共和国（首都ビシュケク）、タジキスタン共和国（首都ドゥシャンベ）

中央アジアの主な世界遺産

観光よりは水力発電に使われている。昨今の環境破壊の影響からか、はたまた地球規模での気候変動のせいなのか、このフェドチェンコ氷河も近年融解が激しいと言われ問題となっている。

以上駆け足で中央アジア五カ国を眺めてきた。いずれも可能性に満ちた国であることがわかる。日本にとっても友好関係を持つことが大きく国益に影響しそうな国々だが、この地域でもまた、かつての盟主ロシアさえ差し置くほどに影響力を強くしているのが中国。彼らが提唱する一帯一路構想のまさに要の地域だけに今後の行方を見守りたい。

第十章

中東（西アジア）

広大な砂漠（写真：著者）

●中東、近東、極東

中東と聞いて貴方(あなた)は何を思い浮かべるだろうか。石油、紛争、イスラム教、そして砂漠。どれも間違ってはいない。中東はアジアの最西端にあたることから西アジアとも呼ばれる。同じアジアでも仏教やヒンドゥー教、黄色人種を想起させる東アジアや東南アジア、インドなどの南アジアと比べ、独特の雰囲気を持った地域と言える。そういう意味で中東という呼称はしっくりくる。

とは言え、この地域がなぜ中東と呼ばれるのか。その問いに答えられる人は案外少ない。正しい答えを理解するには、かつて世界の最先端地域だった西欧の立場で考える必要がある。

彼らから見ればアジアは東。中でも西欧から見て最も遠い東が極東になる。我が日本も極東に含まれる。逆に西欧から最も近いアジアは近東。トルコとその周辺、旧オスマン帝国の領土の中心が、この近東にあたる。そして近東よりは遠いが極東より近いのが中東。これがここで取り上げるイランからアラビア半島にかけての地域に対する呼称だ。

歴史に詳しい人は「なんだ、オリエントと同じか」と思われることだろう。その通り、古代ローマ帝国がオリエントと称した地域、日が昇る地方は概ね近東と中東にあたる。シニア世代やアラカンあたりの人たちには**中近東**という言葉が懐かしいかもしれない。

そう、かつては中東ではなく、もっぱら中近東と称されていた。しかし、「中近東」という言葉に対してヨーロッパ史観、それも大英帝国史観ではないかという批判や分析があったことを受けて、近年では近東にあたる地域も含めて単に中東と表現するようになっている。

さてその中東だが、日本人にはあまり評判がよろしくない。なにせイスラム国を標榜したISなど自爆テロも辞さぬ過激な原理主義集団の多くがイスラムを名乗っているため、日本では、イスラム教イコール危険で野蛮という印象が強い。さらにフェミストから見れば一夫多妻制を認め男尊女卑を貫くイスラム諸国は

中東全土図

遅れた非人道的な国々とされる。

砂漠、石油、無味乾燥な色彩感。そして何より途切れることのない戦闘や紛争。物騒で前近代的で難解な地域。そういった評価の中には当たっているものもあるが間違いもある。中東に関わる誤解を解くために、改めて中東を学んでみたい。

●中東の3勢力とユダヤの歴史

極めて単純化すると中東は次の3つの地域に分類できる。一つめはサウジアラビアを盟主と仰ぎイスラム教の多数派であるスンニー派を信仰し、サウジアラビアと外交や行動をともにしてきたアラブ諸国。そして二つめは、イランを中心にスンニー派に比べると少数派であるシーア派を信仰するペルシア人たちが生存し居住する地域。そして最後に三つめとして、イスラム同様厳格な一神教であるユダヤ教を信奉するユダヤ人が旧約聖書に記された「約束の地」に戦後建国した国家イスラエル。若干の例外はあるものの、概ね中東はこのたった3つの地域、勢力から成り立っている。

中東のそうした構造は人為的な要因によるものが大きい。そこでここでは中東の歴史でポイントになるところをざっと振り返ることとしよう。

アラブ人、ペルシア人、ユダヤ人、三者の中でこの地域に最も早く国家を成立させたのは**ユダヤ人**。すでに紀元前１０００年頃には、現在のイスラエルやパレスチナのある地中海西岸に**ユダヤ教徒**たるユダヤ人による**イスラエル王国**が存在していた。
エルサレムを都とした王国は**ダビデ王**のもとで大いに栄え、その息子**ソロモン王**の時代には最盛期を迎える。しかしソロモン王の死後、国は**北のイスラエル王国と南のユダ王国に分裂**。当時この地域には強大な王朝が複数存在していた。それらの中では決して大きくなかったイスラエル王国、それが分裂してしまったとあっては周辺王朝の狩場となるのも無理はない。北のイスラエル王国はメソポタミアと呼ばれる現在のイラク付近を中心に最初の世界帝国に発展した**アッシリア**に滅ぼされ、南のユダ王国は、一時はそのアッシリアに服従し命脈を保ったものの、やがてエジプトの侵略を受けてしまう。これを救ったのがアッシリアを滅ぼした**新バビロニア**。だが新バビロニアへの服従を良しとしなかったユダ王国の支配層はこともあろうに旧敵エジプトに接近する。恩知らずとも言える裏切りを知った新バビロニア王**ネブカドネザル2世**は、報復としてエルサレムを破壊する。生き残った住民はバビロニアに連行され捕囚されてしまった。

これ以降ユダヤ人は国家を持たぬ「まつろわぬ民」として各地に**離散**（**ディアスポラ**）する。イエス・キリストを死に追いやったとしてユダヤ人は迫害を受け、就ける職業も限られたため、多くのユダヤ人が当時賤しいとされた金融業に従事。そこで情報と資金力を得た彼らは神と約束したシオンの丘に帰ってユダヤ人国家を建国しようという**シオニズム運動**を展開する。彼らの思いが結実したのは１９４８年のこと。実に二千年もの長きに渡り何世代をも信仰と民族を維持し続けた執念深さにはただ驚くしかない。

●ペルシア人の国イラン シーア派とスンニ派

ユダヤ人を連れ去った新バビロニアを滅ぼしたのが、アッシリアの後継たる世界帝国**アケメネス朝ペルシア**。その最盛期の版図は、現在のイランを中心にオリエント全域からトルコ・エジプトに至る広大な地域。そしてこのペルシアという名称こそイランの別称に他ならない。イランの地はペルシアの地であり、イラン人もまた**ペルシア人**なのである。

ではそのペルシア人とはどんな人種かというとインド・ヨーロッパ語族に属する**コーカソイド**いわゆる白人の一派。イランの語源はアーリア人。アーリア人とはペルシア人や北インドを支配した人々のこと。ちなみにバビロンに捕囚されていたユダヤ人を解放したのもアケメネス朝、だから現在は仲が悪いが、実はユダヤ人にとってペルシア人は恩人だった。

そのアケメネス朝が国教としたのが火を神聖視し善神悪神の二神論と終末思想を特徴とする**ゾロアスター教**。なんだか厨二心(ちゅうにごころ)をくすぐられそうな教えだが、実際このわかりやすい教えは多くの宗教に影響を与えており、ユダヤ教もゾロアスター教の影響を強く受けていると言われている。

現在のイランはイスラム教シーア派を国教とするイスラム民主主義の国家。世間では穏健な多数派であるスンニー派に対してシーア派は過激な少数派と思われがちだが、やや不正確な認識。サウジアラビアを中心とするスンニー派国家が極めて厳しい戒律に殉じているのに対し、イランではペルシア人の宗教であるゾロアスター教はもちろんキリスト教の**アルメニア正教会**なども保護を受けている。同一民族ながら異教徒の国家であるはずのアケメネス朝の旧都ペルセポリスをはじめとし、国内には多くの非イスラム教の遺跡も存在し、イラン政府や人々によって保護されている。

中東の主な世界遺産

　イスラム教徒に毎日義務付けられた**サラート**と呼ばれる礼拝に関してもスンニー派は日に5回とされるのに対し、シーア派は3回でよいとされている。屋外での女性の服装に関しても非イスラム圏とは比較できないが、イランは

ヒジャブと呼ばれる布で頭髪から概ね膝から上を覆えばよいのに対して、サウジではアバヤと呼ばれる薄手のロングコートのような上衣を着用し、ヒジャブ（ヘジャブ）で、戦後間もない頃の日本で、放送時に銭湯が空になったと言われるドラマ『君の名は』のヒロイン真知子がやった真知子巻きのように、頭髪はもちろん耳やあごも覆い隠す。地域や状況によっては、目以外の頭髪と顔全体を覆ってしまうニカブを着用していることもある。

女子の教育においてもイランでは男子大学生より女子大学生の数の方が多かったりするのだが、サウジアラビアでは数年前まで女子の運転免許取得が禁止されていた。どちらが良い悪いという話ではないが、シーア派国家であるイランが案外寛容だということは知っておいて損はないだろう。もっとも締めつけを緩めた結果、若者らがより広く深く自由を求めるようになり、急激な変化を求める運動も過激化。そのため当局の弾圧を受けると同時に締めつけが以前よりきつくなるという皮肉な事態も起きている。特にオバマ大統領在任時のアメリカとの和解の約束が、次代トランプによって一方的に反故にされてからは時代に逆行するかのような流れも目立つようになっている。

治安は非常に良かった。住民も親日的な人が多く、観光地や街中を歩いていると一緒に写真を撮ってくれと声をかけられることも多かった。アメリカに睨まれたばかりに中東で孤立させられているイランにとって、同じくかつてアメリカによって世界の孤児に追いやられそこから復興した経験のある日本には親近感も湧いたのかもしれない。

かつてゾロアスター教を信奉していたペルシア人がイスラム教のそれもシーア派を奉じるようになったのは、16世紀から18世紀にかけて栄えた**サファヴィー朝**によるものだと言われる。サファヴィー朝はトルコ系イスラム国家であるオスマン帝国の支配からペルシアの地とペルシアの民の独立を久々に実現した王朝で、シーア派を選択したのにはスンニー派であるオスマン帝国への対抗上の理由もあった。ペルシア人の周囲を取り囲むアラブ人も多くはスンニー派であり、彼らとの差別化、平たく言えば選民意識からも、イランがシーア派国家になることは自然なことだった。

アラブ人とスンニー派の雄がサウジアラビアであるのに対し、イランはシーア派の擁護者。中東には少数のスンニー派政権に多数のシーア派国民が支配されている国もあって、例えば地中海に面しシリアとイスラエルに接しているレバノンでは、シーア派武装組織**ヒズボラ**が積極的な活動を繰り広げているが、その背後にイランがいるというのは公然の秘密である。

●イスラム教の創始と発展

さてそのイラン人つまりペルシア人に対抗意識を抱いたアラブ人もまた古くから中東の地に居住していた。ただし当時のアラブ人は遊牧民で、部族単位で行動をとっていたために統一国家を持ったことはなかった。彼らが統一国家を持つきっかけになったのが**イスラム教の誕生**である。

610年、**メッカ**郊外で神の啓示を受けた預言者**ムハンマド**が創始したのがイスラム教。ユダヤ教やキリスト教を古い教えとし、創造主で唯一神である**アッラー**（固有名詞ではない）が正しい教えを伝えるために最後に選んだ預言者がムハンマドであるとされた。ちなみにムハンマドは以前はマホメットとかモハメッドと呼称されることが多かった。その教えは砂漠の民にとって納得がいくものばかりで、ムハンマドは一度は旧勢力から迫害を受けるも、布教の拠点を**メディナ**へ移すことで回避。この出来事は**聖遷（ヒジュラ）**と呼ばれている。

ムハンマドと彼を支持する人々はメディナを足がかりに**ウンマ**というイスラム共同体を形成。やがてウンマは武力を持って旧勢力や異教徒の地域や国家を制圧し、いわゆる**イスラム帝国**（こちらのかつての呼称はサラセン帝国）を築き上げた。これ以降、中東の地にはイスラム教が根付き、多くのイスラム王朝が興亡を繰り返した。

その中でも強大だったのが**オスマン帝国**。13世紀末に興ったこの国はキリスト教圏をも包含する世界帝国となり長きにわたり中近東に君臨する。異民族にも比較的寛容だったオスマン帝国だったが、この地に多く居住するアラブ人たちにとってイスラム教はアラブ人の宗教であり、アラブ人のためのイスラム国家の誕生を願う思いが、日増しに強くなっていった。

●アラブの盟主サウジアラビアの建国と成長

19世紀になるとさしものオスマン帝国も落ち目になる。この機に乗じて交通の要衝である中近東に覇権を拡大しようとしたのがイギリスこと大英帝国。お得意の狡猾な外交でオスマン帝国を封じるため現地の勢力を利用する。このとき利用されたのがアラブ人のイスラム部族**サウード家**。サウード家は、「コーランの言葉に忠実であれ」とするイスラム復古主義を掲げたスンニー派の一派・**ワッハーブ派**を支援し、各地で闘争を繰り広げていた土着の豪族。二度にわたってアラビア半島統一を妨げられていたサウード家は、第一次世界大戦に参戦した各国・各勢力の力関係をうまく利用し、とうとう1920年には英国の支援を受けて半島を統一する。その後31年には国家を樹立、翌年には「サウード家のアラビア」を意味する**サウジアラビア**を名乗った。

サウジにとって幸運だったのは38年にこの地から油田が見つかったこと。しかしながら単独では開発しきれないと判断したサウジは、これを新興で勢いのあったアメリカ資本に委託。これはかなり賢明な選択だった。**第二次世界大戦後には世界最大最強の国家となるアメリカを味方につけたことで、サウジは中東でのリーダーシップを確立**した。

さらにサウジの強みはイスラム教の最重要聖地であるメッカとメディナを抱えていること

と。イスラム教徒は一生に一度はメッカに巡礼することを義務付けられているが、その聖地の管轄を行っているのがこの地を領有するサウジアラビア。ただし巡礼地の運営と巡礼者の安全の確保はたいへんな労力とコストを要するものであり、メッカとメディナがあることはサウジアラビアを中東アラブ世界の盟主たらしめている代わりに、相応の責任をも課している。

●複雑怪奇な三国の関係　カギはアメリカにあり？

そんなサウジアラビア、これまでは親米随米一辺倒での外交を繰り広げていた。そのため、**オイルショック**の引き金となった1973年の**第四次中東戦争**などで争った異教徒の国家で、不倶戴天の敵であるはずのイスラエルとは表立ってやり合うことはできない。なぜなら**イスラエルを支えているのはアメリカであり、アメリカの財界もまたユダヤ資本に支えられている**からだ（これは陰謀論でも何でもない。常識のレベル）。

逆に宗派は違えど同じイスラム教国家であるイランとは中東の各地で互いが支援する国家や武力組織を後押しする形で代理戦争を続けている。というのもかつてイランは親米国家だったが、**1979年のイラン革命**以降、反米に転じたからである。急激な欧米化を推進した親米家の皇帝**パーレビ国王**が、それに反発する守旧派のイスラム指導者**ホメイニ師**らによって追い込まれアメリカに亡命する。ホメイニ師らはアメリカに対しパーレビの引き渡しを要求。これをアメリカが断ると、革命勢力はなんとアメリカ大使館を襲撃して大使館員らを人質にとるという蛮行にでる。これによってイランとアメリカの関係は最悪のものとなった。

追米外交をとっていたサウジアラビアも当然アメリカを支持。国会議員さえ存在しないイスラム主義のサウード王家独裁国家であるサウジアラビアにとって、革命の波及は何が何でも防がねばならぬことであり、そのこともサウジの反イラン政策の大きな理由となった。

ところがだ。世界を襲った**コロナ災禍**が一段落した2023年。ここにきて中東では不思議な動きが起きている。犬猿の仲だったイランとサウジが国交正常化に合意し実現したのだ。その背景には中国の仲介があったという。

むろん、これまでならアメリカが許すはずもない外交関係だが、実は少し前からサウジはアメリカと距離を置くようになっていた。きっかけはアメリカの**シェール革命**と言われている。2000年代後半、アメリカはそれまで難しかった岩盤層に含まれる石油や天然ガスを採掘する技術の開発に成功。これは石油の一大輸出国であるサウジにとって経済的に見過ごせない転換だった。サウジの原油は質が良い。また埋蔵量も豊富。アメリカという枷がなければこれを武器に果敢な外交を展開できる。名実ともに中東の盟主たるべく、その経済力をフルに利用してサウジは積極的に動いている。近代化において同盟国ではあるもののライバルでもあるUAE（アラブ首長国連邦）諸国、特にドバイやアブダビ、いち早くサッカーワールドカップの単独開催をやってのけた本来格下であるはずのカタールなどを猛追している。その動きは外交にとどまらず、日本でも話題になっている全長170キロにわたる巨大な壁と未来都市の建設計画。こちらは既に完成済の日本のアニメなども大々的に取り上げられている大型テーマパーク。そしてオイルマネーに物を言わせ世界中の名選手を集めるサッカーの国内リーグ。サウジの勢いは止まらない。

●非イスラムの中東国家イスラエル

そして中東にありながら非イスラム国家でありユダヤ教を国教とするユダヤ人国家イスラエル国。その建国にもまたアングロサクソンが絡んでいる。間接的にサウジアラビア成立に寄与したイギリスは、イスラエルの建国、さらには同国とパレスチナとの終わらない戦闘の原因となった張本人ならぬ張本国なのだ。

1914年に第一次世界大戦が起こると、イギリスはアラビア半島でサウジアラビアを利用したように、エルサレムにおいてもオスマン帝国に抵抗する各勢力の利用を目論む。彼らの目は当然のようにユダヤ人にそそがれる。なにせお金持ちで有名な民族。この地を聖地とし建国を宿願するユダヤ人からの経済支援を取り付けるため、当時のイギ

イスラエル国（首都エルサレム）

リス外相**バルフォア**は、ユダヤ人の大富豪**ロスチャイルド**に書面で通達した。「イギリスに財政支援してくれたら、その見返りとして戦後エルサレムにユダヤ人国家を建国することを支援する」と。これが**バルフォア宣言**。

しかしイギリスはこのユダヤ人国家建国の約束の一方で、アラブ人とも約束を交わしていた。エルサレムを含むパレスチナ地域に在住していたアラブ人に対し「戦争に協力すれば戦後パレスチナにアラブ人国家を建国する」と。こちらは**フセイン・マクマホン協定**。**一つの土地を二重に譲渡するという悪徳不動産屋がするような詐欺まがい、いや詐欺そのものの約束を、れっきとした一流国家がやった**。

さらに、二重譲渡の対象であったパレスチナの地について、イギリスは当時の同盟国フランスとロシアとの協議で、「表向きは国際管理地とした上で、現実は自分たちで利権を分け合おう」と密約を交わしていた。これがサイクス・ピコ協定。二枚舌ならぬ三枚舌外交、イスラム過激派も怖いが、イギリスも無茶苦茶だ。

第一次世界大戦後、イギリス人はパレスチナをイギリスの委任統治領とし、二重譲渡の発覚を逃れるために先送り政策をとる。だが**約束を当てにしていたユダヤ人はパレスチナに勝手に入植**を始める。**増え続ける入植者が先住者であるアラブ人を圧迫**。こうして**ユダヤ人とアラブ人の対立が始まった**。ヨーロッパでキリスト教社会の白人たちに迫害を受けていたユダヤ人。だがイスラム教を信奉するアラブ人は、意外にもそれまでこれと言ってユダヤ人を迫害したことなどなかった。にもかかわらずこの2つの民族が犬猿の仲になってしまうのだからひどい話としか言いようがない。

第二次世界大戦終了後の47年、新たに結成された国際連合は、パレスチナを分割しイエルサレムを管理下に置くという案を提示したが、**第二次大戦最大の戦勝国であるアメリカの後押しを受けていたユダヤ人は、48年にイスラエルの建国を宣言。**こうして中東三大勢力の一角であるユダヤ人のイスラエルが成立した。

これ以降ユダヤ人とアラブ人の対立は続き、四次にわたって中東戦争が繰り広げられる。その結果イスラエルの国土が拡大膨張し現在に至っている。

ちなみにイランもサウジも毛嫌いしているイスラエルとこっそり仲良くしている国もあって、それが隣国の**ヨルダン**。**ペトラ遺跡**や今や消滅の危機にあると言われるカナヅチでも泳げるほど

中東地形図

ヨルダン（首都アンマン）

の塩分濃度を持つ**死海**、こうした観光資源を持つヨルダンは、パスポートにイスラエルへの入国記録があっても問題なく入国できるこの地域ではほぼ唯一の国である。

そして驚くべきことに、このイスラエルとサウジアラビアもまた永年の恩讐を超えて、2023年現在国交正常化に向けて進みつつある……いや、今となっては「あった」というべきか。サウジ（アラブ）－イラン（ペルシア）－イスラエル（ユダヤ）の歴史的な和解はすぐそこまで来ていた。が、この和解により梯子を外される形となる国や勢力は、なんとしてもこれを阻止したい。2023年10月、**ヨルダン川西岸地区**と**ガザ地区**からなる**パレスチナ自治区**のうち後者を実効支配するイスラム武装集団**ハマス**が突如イスラエルを襲撃。外国人を含む千人近くの市民を殺害、さらに百人近くを人質に取った。この暴挙に対しイスラエルは激怒。即座にガザ地区に報復爆撃を開始、これに他のイスラム武装集団なども絡み、事態は混沌としている。中東に平和が訪れるのはいつの日か。一神教と一神教、寛容と非寛容、これも神の御業なのか。

●アメリカに翻弄されたイラク

かつてアメリカにとってサウジとイランは中東支配における強力な2トップであり、彼らと対立するイスラエルもまた可愛い子供だった。しかし1979年にイランで革命が勃発。イランはイスラム民主主義国家に移行する。王制をとるサウジを筆頭とするア

イラン→イラン・イスラム共和国（首都テヘラン）

ラブ人国家は、革命の波及をおそれてこれに反発。さらに飼い犬に手を噛まれた形となったアメリカも新生イランを敵視。このとき、反イランの尖兵としてアメリカに選ばれ育てられたのがイランの隣国**イラク共和国**だった。

アメリカの後押しを受けたイラクは80年、イラン領に侵入。ここから8年に及ぶ**イラン・イラク戦争**が始まる。イランは国土の防衛に成功。だがイランの一人勝ちをよしとしない国際社会は敗戦国イラクを支援する。軍事力を持て余す**イラクは90年にクウェート国へ侵攻**。イランとは異なりクウェートはアラブ諸国の一員であり親米国家であった。またもや飼い犬に手を噛まれる形となったアメリカはすぐさま介入。国連において多国籍軍を組織し**湾岸戦争**を開始、クウェートからイラクを駆逐した。戦争目的を達成したアメリカはここで休戦を受け入れる。

このとき生き残ったイラクの大統領が**サダム・フセイン**。後にアメリカは戦争後も従おうとしないこの独裁者を葬るため、大量破壊が可能な化学兵器の保持を理由に同盟国とともに2003年にイラク攻撃を開始。11年まで続く**イラク戦争**が始まった。アメリカはフセインを捕虜とすることに成功、06年に新政権が発足しフセインは処刑された。その結果リーダーを失ったイラクの政情はきわめて不安定になってしまう。しかしイラクに混乱を引き起こしたアメリカは11年にさっさと撤退してしまったのだ。

イラク共和国（首都バグダッド）、クウェート国（首都クウェート）

●「アラブの春」の光と影、シリアとイエメン

２０１１年、アラブ諸国に「**アラブの春**」と呼ばれる非暴力による独裁政権打倒運動が広がる。その前年の10年、北アフリカの**チュニジア**で、失業中の青年が、警察官の路上販売に対する取り締まりに抗議して焼身自殺を図った。すると、これを契機に反政府デモが発生、全国規模に拡大し、ついには23年間継続した独裁政権を打ち倒すことに成功した。これが**ジャスミン革命**。その様子はインターネットのＳＮＳ（ソーシャル・ネットワーキング・サービス）を通じてアラブ諸国の若者の心を動かす。これに感化された者たちが立ち上がり、運動はアラブ世界各地に飛び火した。

政情が不安定だったイラクの隣国**シリア**にもアラブの春は波及。40年以上の長きに渡るアサド家による世襲独裁政権に民衆は反発。これを鎮圧するため**アサド大統領**は軍を投入。すると反体制派組織やイスラム教過激派組織が立ち上がる。現政権を支持しない他国がこれらの勢力を支援。こうしてシリアは内戦状態に突入してしまう。

反アサド勢力の中から、実戦経験と武器の供与で得た力を利用し、この地域一帯にかつてのサラセン帝国の版図再現を目論む組織が台頭する。厳格なイスラム主義を標榜したこの組織が「**イスラミックステート**」**を自称したイスラム国ことＩＳ**だった。ＩＳは半ば政治的・軍事的空白地と化しているイラクにも侵攻すると、インターネットを通じ

シリア→シリア・アラブ共和国（首都ダマスカス）

て熱心なイスラム教徒や若者にアピールし勢力を拡大した。

人命を尊重しないＩＳに対し、本来なら国連を中心に武力による介入が行われるところだったのだが、アサド政権を支持するか反政府勢力を支持するかで各国の思惑が異なり国連は動けない。その結果、シリアの内戦は**アサド勢力、反アサド勢力、ＩＳの三つ巴**になり収拾がつかなくなった。

ここに大小さまざまな国家や軍事組織が介入し、いささか不謹慎な物言いをあえてすれば、シリアは軍事勢力の見本市のごとき状況となった。アサド政権を支持するのがロシア、また同じシーア派ということからイランも。一方で反政府勢力側についたのがトルコやアメリカ、さらにイスラエルやサウジアラビアの支援を受けた軍事組織など。

そんな中、欧米人や日本人までも人質にとり身代金目的の誘拐を展開し、インターネットで残酷な処刑を配信したＩＳに、イスラム圏を含んだ世界の世論は猛反発。アサド支持、反アサドの両陣営が一旦は協力するような形でＩＳの各拠点を追い込み、ＩＳの勢力は一気に衰えた。ちなみにこのときにアメリカが現地軍として用いたとされるのが、当時はメディアでももっぱら少数民族と呼ばれ、現在埼玉県南部を中心に不法行為を報じられているクルド人である。クルド人組織を養成したのもアメリカ。さらに言えば、ＩＳを打倒したことで、アメリカは間接的にではあるが、あの９・11同時多発テロを実行したとされるアル＝カイダの復活に手を貸した形にもなっている。

ＩＳ勢力を駆逐した後は再び政府側vs反政府側の図式となり戦いは継続。**この内戦の過程で史上最大規模の難民が発生。**当初ＥＵなどはこれを積極的に受け入れることを表明したため、それを利用し**シリア内戦の犠牲者ではない者までが、豊かさを求めて欧州に向かう。**ヨーロッパ各国はその対応に追われ、グローバル化が一気に加速し、キリスト教国である各国の主要都市の路上でイスラム教徒の礼拝が行われるなど、急激に進んだ自国のイスラム化に、新型コロナのパンデミックも加わって、シリアへの介入どころではなくなっていった。そんな状況の中、一時は亡命寸前にまで追い込まれたアサド政権は勢力を盛り返し、とりあえずは安定第一とそれまでアサド政権を支持していなかった国々とも協調。結果として２０２３年の夏の段階では、政治的にも軍事的にもアサド政権勝利の様相を呈している。いったい何のための大騒ぎだったのだろうか。

追記しておけばアサド政権は反政府側との戦いで人道的理由から使用が禁止されていた化学兵器を使用したことが有力視されている。国際政治において正義とはどこにあるのか、マンガのセリフではないが「正義が勝つのではない、勝った者が正義なのだ」というのがグローバルスタンダードなのかもしれない。

アラビア半島の底の部分に横たわるように存在する**イエメン共和国**。アラブの春はここにも波及。イエメンではスンニー派の大統領を罷免しようとシーア派の武装組織**フーシ**がクーデターを起こす。ここに同じスンニー派の盟主を自認するサウジアラビアが政

イエメン共和国（首都サヌア）

権側で積極的に軍事介入。それに対し、やはりシーア派の盟主たるイランもフーシを軍事援助。こうした状況で内戦が泥沼化し、当のサウジとイランが歴史的な和解へ向かいつつあるにも関わらず、今なお内戦は継続している。

●部族国家のアラブ首長国連邦とオマーン

中東の三大勢力はサウジアラビア、イラン、イスラエルの3カ国だったが、前世紀末期から特に経済発展において、これらの国々を上回る勢いを見せている国（連邦）がある。それがUAEこと**アラブ首長国連邦**。90年代、サッカーの国際大会に注目が集まるようになるまでは、この国家の存在は専門家や商社マンを除けば中学受験生くらいにしか知られていなかった。そもそも首長国連邦というのがなんのことかさっぱりわからない。平たく言えば部族国家の連合体、一定の規模のある部族を束ねて対外的に国家としての利益を得るための組織体と考えれば早い。

アラビア半島の南東、**ペルシア湾**と**オマーン湾**の間にある原油輸送にあたっての要衝地で、有事にはよく機雷が設置されたり封鎖されたり海賊行為が行われることで有名な**ホルムズ海峡**。**機雷掃海のために自衛隊が派遣されたこともある**このホルムズ海峡の半島側はオマーンの飛び地になっているが、その内側に存在するのがアラブ首長国連邦。オマーンとサウジアラビアに挟まれ、連邦国家と言ってもその広さは埼玉県とほぼ同じで決して大きくはない。

連邦国家成立のきっかけは、1820年にホルムズ海峡での海賊行為に手を焼いたイギリスが各部族と協定を締結したこと。各首長国はイギリス軍から保護を受ける代わりに外交権をイギリスに委ねた。また、この際に海賊利権をめぐって発生していた部族間対立も収められ、南部のオマーンは北の部族連合とは別に**オマーン国**を形成することとなった。ちなみにオマーンではスンニー派ともシーア派とも異なるイスラム教の**イバード派**が多数を占めている。イバード派の人々は海賊行為は行っていたものの、原則として聖戦を否定する立場をとる比較的穏健なイスラム教徒である。ゆえに非同盟中立を主張し、サウジとイラン、さらにイスラエルとの橋渡し役や仲介役として大きな役目を果たしている。

国家財政の基軸は中東のご多分に漏れず石油。ただし十数年先には枯渇することが危惧されており、豊かな海洋資源を活かして漁業国家へ転換しようと目論んでいる節もある。もっとも、これまで石油の恩恵に与ってきたことから漁業技術は前近代的なものでしかなく、保険も未発達のため漁業につきもののリスクに対して十分な保証がなされていない。これらの分野において一日の長があるのが日本。オマーンは親日国でもあるため日本にとって存在感を持ったパートナーシップを締結するチャンスのある国でもある。

現在のアラブ首長国連邦を構成しているのは、**アブダビ**、**ドバイ**、**シャルジャ**、**アジ**

ユマン、ウンム・アル・カイワイン、ラス・アル・ハイマ、フジャイラの7つの首長国。

元々この地は真珠産業が盛んだったのだが、20世紀になると乱獲がたたって壊滅状態に。だが資源がないのが幸いし、イギリスによる保護もあって欧米列強による植民地化を免れる。1950年代後半、さびしい漁港であったこの地で油田が発見される。これにより首長国の中から油田開発に成功したドバイが台頭、さらに油田開発に消極的な首長を弟がクーデタで追いやったアブダビがドバイに追いつき追い越した。

68年、戦前に比べ規模が大きく縮小したイギリス軍がこの地から撤退することになると、各首長国は安全保障のため連邦形成を急ぐ。当初は**9つの首長国が連邦参加を目指していたが**、原油生産がすでに軌道に乗っており単独独立が可能と判断した**バーレーンとカタールは離脱**。さらにイランと領土問題を抱えていたラス・アル・ハイマが参加を見送り、残る六首長国で71年、アブダビを中心にアラブ首長国連邦を形成した。なおラス・アル・ハイマは翌年合流している。

●UAE不参加組のバーレーンとカタール

UAEに参加しなかった2カ国について先に触れておこう。両国の位置はペルシア湾の西岸、サウジアラビアの東。南の大きな半島が**カタール**国で、北の小さな島を中心に33の島で形成されているのが**バーレーン**王国だ。

カタールの主要産業もやはり石油。その他に天然ガスも輸出されており、その輸出相手国一位はずっと日本だったが、近年中国とほぼ差がなくなっているので数年のうちには逆転することが考えられる。オイルマネー（ペトロダラー）の恩恵で国民はあらゆる課税を免除されており、さらに社会保障も厚い。ただし当然のことながら、その代わりに政治や国王一族への批判は一切不可。同様のシステムはサウジアラビアでも見られる。衣食足りて礼節を知るというが、**豊かな生活を保障されているので、国民は変に自由など求めたりはしない**。その証拠にあのアラブの春もこれらの国には波及しなかった。

ただし問題は、原油は有限であるということ。そのためにこれらの国には体力のあるうちに新たな産業を育成することが急務とされるが、カタールのそれは情報通信と交通。前者においては報道中心の放送局中東のCNNことアル・ジャジーラが、後者においては日本から首都ドーハへの直行便も飛ばしているカタール航空が存在感を大きくしている。２０２２年には中東の盟主サウジアラビアや世界の大富豪の集積地ドバイを差し置いて、**中東初のＦＩＦＡワールドカップを開催**。夏季には40度超えもあると危惧されたが、開催時期をずらすことでこれを克服。さらに、オリンピック誘致も目論んでいるという。

そんなカタールは目立った成長が疎まれたのか、２０１７年にサウジアラビアから断交される。その後、カタールはイランに急接近。これを警戒したアメリカの要望から２

011年になってサウジの態度が軟化。国交回復がなされた。カタールの首都ドーハは日本のサッカーファンにとってはおなじみの場所。悲劇と歓喜、両方の舞台となっている。バスケットボールファンにとっても歓喜の地として忘れられない場所だ。

UAEに加わらなかったもう一つの国がバーレーン王国、この国、国王はスンニー派だが国民の多数はシーア派。そういうパターンは他にもあって代表的なのはイラク。カタールと異なり政治情勢は不安定。しかしながら王家が同じ一族という誼から、サウジとの関係が良好でサウジとの間に橋も架けられている。

そのサウジは以前は非イスラム教徒の入国を原則として禁じる半鎖国状態にあったが、2019年に日本などいくつかの国々の国民に対し観光ビザの発行と入国を解禁した。

バーレーンはそのサウジの玄関口にあたるという地政学的なメリットを活かし、海外企業を呼び込んでシンガポールのような金融拠点化を目指している。外国企業への課税もはぼなく、エネルギー資源が自前で調達できるので安価に提供できる。意外にも住環境も整備されていて特定の地域を除けば治安も良い。このようなメリットから徐々にではあるがバーレーンへ進出する海外企業も増えている。また2004年、**中東最初のF1開催地となった**ことからもわかるように観光にも力を入れている。果たしてバーレーンが中東のシンガポールになれるのか注目したい。

●世界有数の航空会社エミレーツ、追随するエティハド

さあ話をアラブ首長国連邦に戻そう。アラブ首長国連邦は連邦国家ではあるが、各首長国の独立性が強く、連邦が担当する分野は軍事と外交に限られている。国教はイスラム教だが、他の宗教の信仰の自由も認められている。石油財源によって各首長国は潤っており、首長が世襲で国民の政治批判はほとんど認められていないが、無税でサービスを受けられることもあってアラブの春の影響も受けなかった。

だが、ここでもいつかは枯渇する原油への依存からの脱却は進められている。この分野でもアブダビとドバイがリードする。外資参入の自由化を断行したドバイが一大金融市場と化し中東随一の観光地にもなったのはもはや周知のこと。かつての貧しい真珠採集地には一時、世界一の高層ホテルだったＪＷ・マリオット・マーキス・ドバイが建てられ、世界一高いビル、**ブルジュ・ハリファ**が誇らしげにそびえ立つ。

そして、アブダビは**エティハド**、ドバイは**エミレーツ**という、ともに急成長を遂げた航空会社を持つ。エティハドが国営なのに対しエミレーツは一応民営の形を採っているが、その株式の１００％を保有しているのがドバイ政府なので、こちらも実質的に国営と言っていい。この中東の両翼の初就航はエミレーツが１９８５年、エティハドに至っては２００３年と決して早くはないのだが、国策企業である強み、潤沢なオイルマネー

を利用しての新しく高性能で安全で乗り心地の良い機材の買い付け、裏庭から出てくることからコスト競争最強の燃油、そして何より欧州とアジア、さらにはアフリカとの中間地にあるという地勢的な好条件、これらをフルに活かして急成長を実現した。

両航空会社の発展は当然の帰結として両社がハブ拠点とするアブダビ、ドバイ両国際空港の繁盛にも繋がり、年間利用者数も**アブダビ空港**は約3000万人を、**ドバイ国際空港**に至っては8000万人を超え、ドバイなどは平日の深夜でもあらゆる髪と目と肌の色をしたあらゆる国籍の人々が、まるでスクランブル交差点や歌舞伎町を思わせるような騒々しさで闊歩している。中東の両翼はこれからも航空業界を支えることだろう。

第十一章

北米

アメリカの自由の女神（写真：CuboImages/アフロ）

●歴史以外のすべてを持つ北米

太平洋を挟んで日本と真向かいにある南北アメリカ大陸。「アメリカ」の名は、イタリアの探検家で、現在アメリカ大陸として知られる大陸が、インドなどではなく、新たに「発見」された「新大陸」であることをつきとめた**アメリゴ・ベスプッチ**に由来する。むろんすでに先住民がいたのだから、ここで言う「発見」だの「新大陸」だのはあくまで欧州人からの視点に過ぎない。住民の構成に由来して北は**アングロ・アメリカ**、南は**ラテン・アメリカ**と呼ばれるが、この二つの大陸は陸続き。北米・中米・南米といった分類も便宜上のものでしかない。そのためにどこからどこまでを北米にするかについては様々な解釈があるが、ここでは**カナダ**と**アメリカ合衆国**を北米とし、北部と南部を結びつけているかのような地峡部のメキシコからキューバまでを中米、それ以外を南米としたい。まずは北米から見ていこう。一言で表現するならば、狭義の人文学的な歴史以外のすべてを持つのが北米という地域。広大な自然も富と科学の結晶たる大都会も、農業も工業も資源も、すべて存在するのが北米。

西は太平洋から東は大西洋にまで至り、北は北極海に面する寒帯から南はメキシコ湾からカリブ海につながる熱帯まで。これだけの広大な地域が、カナダとアメリカというアングロ・サクソン系のわずか二つの国家に治められているのだから羨ましい話。それ

アメリカ合衆国（首都ワシントンD.C.）

北米全土図

もそのはず、世界の国別面積ランキングにおいて、カナダは1位のロシアに次ぐ堂々の2位、3位が中国で、もう一方のアメリカ合衆国はそれに続く4位（統計によっては第3位）と、北米の2カ国は共に世界のトップ5に入る広大な国なのだ。ちなみにカナダの面積は日本の面積の約26倍、アメリカも約25倍、全く気の遠くなるような広さ。彼らが航空機での移動を日常茶飯事と

し、昼夜を超えるロングドライブをものともしないのも道理と言える。西の太平洋岸にはおなじみの**ロッキー山脈**が5000キロ近く連なり聳（そび）える。富士山より高い標高4000メートル級の山々を抱くロッキー山脈、特にカナダ領内の**カナディアンロッキー**は絶景が楽しめる観光スポットとして人気。一方東海岸には2600キロに渡って1000メートル級の山々が連なる**アパラチア山脈**が存在する。こちらは山脈に沿った自然歩道**アパラチアン・トレイル**が有名だ。

両山脈の間には西から順に**グレートプレーンズ**、**プレーリー**、**中央平原**と呼ばれる平野が広がっており、乾燥した西から東へ移るにつれて降水量が増えていく。一時期は絶滅の危機にあった北米最重の野生動物である毛むくじゃらな巨牛**アメリカバイソン**や、リスの仲間で後ろ足で直立する姿が愛らしい**プレーリードッグ**が生息するグレートプレーンズでは、肉牛の放牧や小麦やトウモロコシなどの穀物生産が行われる。プレーリーでは肥沃な土壌を活かして、小麦などの穀物と飼料作物生産と牧畜を組み合わせた混合農業が行われ、カナダにおける穀倉地帯となっている。中央平原では、酪農の他にトウモロコシや小麦の栽培が行われ、適地適作と企業による大規模な農業が特徴的だ。

アメリカの南部では南北戦争のきっかけにもなった綿花栽培が、もっと南のフロリダ半島周辺では温暖な気候を活かし、オレンジやグレープフルーツなどの柑橘類の栽培と加工が行われている。ちなみにそこそこ年配の日本人がアメリカの柑橘類と聞いて真っ先に思い浮かべるであろう**サンキスト**は、企業ではなく柑橘類生産農家の組合の持つブランド名。農業企業としては穀物メジャーと呼ばれる巨大企業としてカーギル社、アーチャー・ダニエルズ・ミッドランド社などが有名。これらのアグリ・ビジネス企業は世界の食料ビジネスをリードし、アメリカの天候は食料の輸出先の国々の食卓に多大な影響を与えることから、アメリカは世界の食料庫とも称されている。

広大な土地、適度な人口、自産可能な資源、何もかもが揃うアメリカはもちろん工業においても他の地域をリードしてきた。19世紀後半旧宗主国であり「世界の工場」と称されたイギリスをも追い越し、世界一の工業国となったアメリカ。だが20世紀後半、日本やドイツにその地位を脅かされ、現在は中国をはじめ東南アジアや南アフリカなどの新興地域との競争も激しくなっている。もっとも昨今はＩＴ産業で圧倒的な存在感を示しているけれど。

世界の工業情勢の変化と同様、国内においてもまた浮沈は激しく、かつての一大工業地帯がスラム化する一方で、奴隷制に未練を抱いたかつての保守的な大農場地域が、最先端工業の集積地となっていたりする。

●北米を支えた五大湖

カナダとの国境付近、犬が横を向いたような形で、**スペリオル**、**ミシガン**、**ヒューロ**

北米地形図

ン、**エリー**、**オンタリオ**の5つの湖が連なっている。これらの総称が**五大湖**。地図で見ると小さく見えるけれど、この中で最大のスペリオル湖などは北海道より広い。ちなみに5つの湖は水路で繋がっているが、下流のエリー湖とオンタリオ湖の間にあるのが景勝**ナイアガラの滝**。実はナイアガラの滝はなぜか世界遺産に登録されていない。国境にあるため手続きが面倒だったため

とか、観光地化が進められて自然遺産での登録が難しいからとか、その理由については諸説ある。

ちなみに世界遺産に登録されていない名所は他にもいくらでもあって、ジグソーパズルの図柄でおなじみのドイツのノイシュバンシュタイン城やフランスの凱旋門などがその例としてよく挙げられる。日本人はああいったものは厳格な要件で自動的にセレクトされるものと思いがちだが、実際には世界遺産は各国の観光文化関連の役所の思惑とユネスコの登録への意図があって決定されるもの。人が動かす国際機関が決定することに絶対的な客観性など存在しないのだ。

●全米第三位の都市・シカゴ

さてそんな景勝地も擁する五大湖近辺には、豊富な工業用水と水運の利を活かして、すでに19世紀後半から一大工業地帯が形成されていった。初期の中心地はミシガン湖の南に位置する**シカゴ**。かつては穀倉地帯だったことを活かし、シカゴは食品工業の一大拠点に。後には機械工業も発展。

「風の街」と言われるほど風が強いシカゴ。それゆえに1871年には市街地の大半が被害に遭うほどの大火に見舞われる。

だが大空襲で焼け野原となった東京がコンクリートジャングルとなり、アフリカや東南アジア諸国において独立戦争で荒れ果てた土地に開発独裁による大都市が建造されたように、皮肉なことだが大火によって広大な空き地が生まれたシカゴは建設ラッシュに沸き**摩天楼**発祥の地となる。そんなシカゴは、かつてはニューヨークに次ぐ全米第二の都市だったが、今はロサンゼルスに抜かれ第三位に。それでもまだ交通と金融で存在感を示しており、周辺の他地域に比べれば救われていると言える。

●かつての栄光を失ったデトロイト

シカゴから400キロほど東へ向かうと、五十年近く前にはロックシティとして洋楽ファン憧れの地だった**デトロイト**がある。エリー湖の西端に位置するこのデトロイトに1903年、立志伝中の人でもある**ヘンリー・フォード**が自動車製造会社フォード社を設立。フォードはその5年後には、現在も世界の自動車工業のベースとなっている**大量生産方式を確立**。この地から1500万台の**T型フォード**を全米に送り出した。

フォードとともにアメリカ自動車産業界の**ビッグスリー**に数えられる**GM（ゼネラルモーターズ）とクライスラー**も、後からデトロイトでの自動車生産に参入。こうしてデトロイトは自動車産業の街として栄える。だが70年代に日本が工業技術を高め、より廉価で故障の少ない日本製の車が消費者に支持されるようになりビッグスリーは徐々に衰退、デトロイトもその地位を失った。

ちなみに日本車がアメリカ車に取って代わるようになったきっかけはマスキー法と言われている。70年に制定されたこの法律は自動車からの排気ガスに対して厳しい制約を設けたのだが、これをクリアできたのがホンダのシビックをはじめとする日本の名車たちだった。環境のためとは言え、アメリカは自分で自分の首を絞めたことになる。

雇用が不安定になると、より安定した雇用と良い条件を求め、白人がデトロイトを離れるようになる。結果、デトロイトは人口の8割を黒人が占めるようになり、そのせいだけだとは言いきれないものの治安も大いに悪化、財政破綻し暴力犯罪率全米第2位のスラム街となってしまった。ちなみに黒人と言えば黒人音楽を世に広め世界のミュージックシーンに大きな影響を与えた**モータウン・レコード**もデトロイト発祥。もちろんモータウンとはモータータウンのことだ。

かつて全米の工業の中心地だった五大湖近辺を含む北部地域。あの南北戦争では奴隷制を支持し大農場経営を基盤としていた南部に対して、自由貿易を支持し商業化・工業化が進められていた先進地域が北部。だが今や北部の工業は時代遅れと揶揄される。北部を称して**フロストベルト**、**スノーベルト**、**ラストベルト**といった嬉しくない表現も用いられるようになった。冷涼な気候であることとかけて凍りついた一帯、雪に覆われる一帯、そして錆びついた一帯と。まさに栄枯盛衰は世の常と言える。

●新しい工業が芽生えた南部アメリカ

落ちぶれる地域があれば台頭する地域もある。アメリカの場合のそれは南部。かつて黒人奴隷を労働力に広大な農地で綿花栽培を営んでいた南部。南北戦争とその後の経済成長において北部に大きく引き離された南部だったが、70年代後半から徐々に力をつけ、90年代以降には見事な逆転を果たす。北部では組合の力が強くなり労働者の賃金（人件費）が上昇、さらに地価の高騰から工業用地の確保も難しくなってしまった。そんな北部は、新たな産業を興そうとする企業には障壁が高く、コスト的にも引き合わない。一方で南部は彼らを受け入れるにはもってこいの場所となっていた。

広大な土地がある。しかも地代も比較的安価。労働力についても心配はいらない。この地域にはメキシコやカリブ海諸国からの移民や移住希望者が多数存在した。まだ経済成長の恩恵を受けていない彼らは、北部の労働者のような競争力の妨げになるような条件交渉などしない。安定した雇用とそれなりの待遇さえあれば満足してくれる洗練された北部の労働者に比べれば職業教育の手間はかかるが、たくさんのメリットの前ではそんなことは微々たる面倒に過ぎなかった。こうして南部では鉄鋼や自動車などに代わって時代の花形となる新しい工業が根付いていく。

ケネディ宇宙センターのある**フロリダ**では航空宇宙産業が、コカ・コーラの本社があることで有名な**ジョージア州**では工業用機械製造業が発達した。かつてのアメリカン・ネイティブの一大居住地であり、アフリカ系黒人も多く、公民権運動発端の地でもある**アラバマ州**では、現在は軍関連の航空宇宙産業や電子機器の研究製造が行われており、日本をはじめとする他国の自動車メーカーの製造拠点もあって地元の雇用と経済を支えている。

日本ではカウボーイの州とイメージされているテキサス。その**テキサス州**も今では半導体をはじめとするハイテク産業の集約地。中央部の**オースチン**には、日本のソニーとの提携からブレイクした韓国のサムスン電子やデル、インテルなどパソコンユーザーにはおなじみの企業の研究開発製造拠点があり、地元では**シリコンヒルズ**と呼ばれている。一方同じテキサス州でも北部にあるケネディ暗殺事件で有名な**ダラス**には、ヒューレット・パッカードをはじめとするハイテク企業の生産拠点があり、**シリコンプレーリー**とも呼ばれている。かつての若者たちのあこがれ、あの**ルート66**が良好な状態で保全されている**オクラホマ州**、日本ではフォークダンスのスタイル、オクラホマ・ミキサーでその名を知られるこの州第二の街がタルサ。この街は以前から世界の石油産業の中心地として栄えたが、現在は航空機産業が多くの雇用と税収を支えている。

●シリコンバレー

そして太平洋に面した西海岸カリフォルニア。その北部サンフランシスコ湾岸地域にあるのが言わずと知れたシリコンバレー。かつてはその名が表すように半導体などハイテク機器やそのパーツの研究開発と生産が盛んだったが、現在はソフトウェアやアプリ、さらにはSNSサービスの開発運営の一大拠点となっていて、iPhoneやMacでおなじみのアップル社、検索エンジンのグーグル社、フォトショことフォトショップなど主要ソフトを擁するアドビ・システムズ社、他にもフェイスブックでおなじみのメタ・プラットフォームズやヤフーなど錚々たる企業や組織が集まっている。また日本からの観光客も多いシアトルにはボーイング社の本社があり、ロサンゼルスと並んで航空機産業の中心地となっている。

このようにシリコンバレー、サンベルトに代表されるような南部の経済成長は、南部諸州の政治的発言力の増加にも寄与している。もっともちょっとしたことで揺らぐのもIT系企業の特徴で、そういった面から北部を中心とする重厚長大型の産業も見直され、さすがにデトロイトの中心部はまだ立ち直るには至ってはいないが、その周辺や郊外、さらにはシカゴのような地力のあった都市は近年復権を遂げている。

また「歴史は繰り返される」のたとえではないが、IT関連で大成長を遂げたシリコンバレーも、かつて産業が成長した北部と同じように、地価が高騰し、それに伴い税と家賃も上昇、ちょっとしたエリート程度ではとても住めないレベルの街になった。その結果コスト高を避けるべく、企業はシリコンバレーからの脱出を図るようになった。

シリコンバレーにとっては折悪しく、新型コロナウイルスのパンデミックでテレワークが普及。「なんだ？シリコンバレー近くに居住しなくても仕事はできるじゃないか」と気が付いた技術者たちも、より暮らしやすい土地を求めてシリコンバレーから流出。彼らが選んだ土地がテキサスの州都オースティンの郊外。そこはシリコンバレーならぬシリコンヒルズと呼ばれるようになった。環境の良い**コロラド州デンバー**もシリコンヒルズと並んでシリコンバレーを脱出した企業やテック人材の集積地となっている。

もっとも栄枯盛衰は世の常と言うけれど、21世紀においてはその速度もまた信じられないほど増している。世界の人々が新型コロナの感染拡大にもはや動揺しなくなり、世界がかつての日常を取り戻すと、シリコンヒルズやデンバーから再びシリコンバレーに回帰しようとする企業や人材も少なくないとか。

●「人種のサラダボウル」ニューヨーク

世界の資本主義経済を象徴する大都市**ニューヨーク**。大西洋岸の**ボストン**、**フィラデルフィア**、**ワシントン**に連なる巨大都市帯**メガロポリス**の中心。このニューヨークを表現する言葉としてあまりにも有名なフレーズに「**人種のるつぼ**」がある。「るつぼ」というのは原語ではmelting pot、すなわち、あらゆる金属やガラスを高温でどろどろに溶かして一つにする耐熱容器のこと。

ニューヨークはもとよりアメリカという国自体が元からあった都市や国ではなく、人工的に後からできた都市や国。**WASP**と呼ばれるアングロ・サクソン系でプロテスタントの白人をメイン層に、アフリカから連れてこられた黒人奴隷の子孫、さらには先住民族であったアメリカン・ネイティブの子孫、**ゴールドラッシュ**に惹かれてやってきた中国人や移民政策でやってきた日系人などの黄色人種、そして陸続きの南米やカリブ海諸国から国境を越えてやってくる**ヒスパニック**。こういった人たちが同じ都市、同じ国家の構成要員となっている様を比喩的に表現した言葉が「人種のるつぼ」だった。

しかし、もはやその言葉はアメリカの現状を反映していない。アメリカに居住する各人種は、混血が進んで民族性を失うわけではなく、一定の居住地域、同一民族間の交流や情報交換、同朋意識を維持しつつ、星条旗と合衆国憲法や州憲法そして自由の理念のもとに、アメリカ国民・合衆国市民としてゆるくまとまっている。このように各自が形を崩すことなく、しかし一つになっている現在のアメリカを喩えて、最近では「**人種のサラダボウル**」というフレーズがよく用いられている。ミックスジュースのようにミキシングされることなく各野菜、具材の形が維持されるのがサラダ。それでいて同一のドレッシングをかけられ一つのディッシュで提供されるサラダはまさに多民族国家アメリカの現状。誰が言い出したか知らないが、うまい喩(たと)えを考えたものだ。

●急速にのびるヒスパニックの人口

だが今やそれすらも過去のことかもしれない。移民の増加やそれに伴う元からいた住民との人口比率の反転、特に白人の単純労働者層の失業や黒人によるスラム形成、そしてヒスパニックや中国系移民の増加などから、各人種や民族がそれぞれの色を濃く残すようになりつつある。こういった様を「**人種のパッチワーク**」と表現する人も。

かつてアメリカでは黒人が社会的に成功する道は、スポーツか芸能しかないと言われていた。実際、80年代あたりまでは、公民権運動に代表される活動家を除けば、著名な黒人はことごとくスポーツ選手でありミュージシャンでありコメディアンであった。

しかし人種構成がより複雑になるにつれ、支配階級の白人、非支配階級の黒人というシンプルな図式もまた成立しなくなる。ヒスパニックやアジア系の前には黒人も力関係で上に立ったり、アメリカの伝統を維持するために白人層と黒人層が時として結びついたり。もちろん今でも人種差別はいたるところで見られ感じられるのだが、例えばスポーツにしても90年代以降、それまで黒人が事実上参入を認められていなかった競技での活躍が目立つようになり、経済や政治の世界でも黒人はもはや脇役ではない。ご存じの通り、黒人の合衆国大統領も誕生している。

ただその一方で新たな被支配階層であるヒスパニックへの風当たりが強くなっている。アメリカは**属地主義**を採っているため、国内で生まれた子供はアメリカ国籍を得ることができる。その結果、マイノリティだったヒスパニックは人口構成においてついには黒人をしのいで白人に迫りつつある。現状ではまだまだ入れ替わるには数十年かかる計算だが、白人層には北欧や東欧やラテン系の移民が多く含まれており、純然たるＷＡＳＰの比率は年々低くなっている。

数も比率もさほど高くはないが、インド系の移民も存在感を増している。彼らの多くは、英語を理解しＩＴ系にも強く、他の人種に比べ裕福な層に属しており、企業からの需要も大きいのだが、皮肉なことに母国インドの急成長もあり、コロナ禍にはアメリカから帰国するインド系エリートも多かった。それでも、２０２４年の大統領選への立候補を表明しているインド系アメリカ人の実業家ビベック・ラマスワミをはじめ、アメリカにおけるインド系の存在感はまだまだ増してきたようだ。グローバル化の進展とともに移民問題が大きくなっているのはアメリカのみならず世界共通だが、巨大移民先進国でもあるアメリカの動向は、世界の今後にとっての試金石なのだ。

●アメリカの桁違いの底力

昨今中国に追いつめられ、いささか落ちぶれたとは言え、やはりアメリカの底力は桁違いである。例えば自動車産業が停滞してもITコンテンツ産業もあれば資源もある。ITに関して言えば、そもそもインターネット自体がアメリカで始まったもの。軍事用途から学術研究用、そして商用や私用に拡大されていった。

資源に関しては**シェールガス**の存在が大きい。北米大陸を覆う堆積岩の一種であるシェールの層、そこから石油や天然ガスが採掘できることは以前から知られていたが、技術的な問題からコストが見合わぬものとして実用性に乏しい資源とされていた。しかし近年採掘技術が発達、コストに見合う採掘が可能になると、従来型の資源からの転換が進められるようになり、それに伴いアメリカでは原発の廃炉も進められている。原油輸出国であるロシアやイラン、サウジアラビアなどへの影響も大きく、敵対する国にはシェールガスの輸出増によって原油価格を低下へと導くことで経済的にプレッシャーを掛け、同盟国にも、やはり原油価格の上下をぶら下げることで、従属的な姿勢を維持させることができる。ライセンスビジネス、コンテンツビジネスの分野でも圧倒的な力を持っており、映画、音楽などの分野においてはアメリカ嫌いを自称する人々ですら、そのコンテンツから離れた生活するのが難しいのが現状だ。

軍事においては言うまでもない。これもまた中国人民解放軍の強大化に伴って、差が縮まったように見られがちだが、一国の軍隊としての規模や戦闘力においてはまだ雲泥の差がある。現在核弾頭保有が公になっている国は北朝鮮、イスラエル、インド、パキスタン、イギリス、中国、フランス、そしてアメリカとロシアの9カ国だが、このうちアメリカはロシアに次ぐ保有数第二位。しかも三位以下の全保有数を合わせても千数百発なのに対して、米ロの二国は各々5000発以上を保有している。

核も凄いが通常兵器も半端ではない。圧巻は空母の保有隻数。空母を保有する国は十に満たない。その中でもアメリカはダントツの保有数を誇る。世界で大局的な戦線を維持できる国はアメリカしか存在しない。その軍事力は桁違いなのだ。

●「人種のモザイク」カナダ

人種のるつぼ、人種のサラダボウル、そして人種のパッチワークといろいろな表現を連ねてきたが、お隣の国、カナダには「人種のモザイク」という呼称がある。アメリカが「なんでも世界一を目指しそれを手に入れる国」、「手に入れようとするモチベーションで多民族をまとめてきた国」であるとするならば、カナダは「無理に一番を目指さない国」といったところか。

2007年まで自立式建造物として世界第一位の高さを誇ったトロントのCNタワーのように、その気になればいくらでも世界一を得ることができる。なにせ世界第二位！の広大な国土と豊富な資源、アメリカに勝るとも劣らぬ発達した資本主義的環境と経済力など、カナダは多くのものを持っている。が、無理に競争はしない。アメリカに逆らわず付き従っていれば、最良の友人という安定した地位が約束されているし、逆に妙な動きをすればアメリカに潰されるという恐怖もある。

実際、カナダという国は政治的にはアメリカ追随なのだが、国民感情としてはあまりアメリカ人に良いものを持っていないようで、あるカナダ人は、アメリカを称して「カナダからナンバーワンを奪っていく国」と語っていた。なるほど言いえて妙だ。隣国に対する複雑な感情というのは、洋の東西を問わぬもののようだ。

さてそのカナダ、治安の良い国や住みやすい国ランキングでは常に上位の常連。人種のモザイクの異名は伊達ではなく、あくまで比較的という話ではあるが、肌の色や身体的特徴、言語による人種差別が少ない国であると言われる。それも当然で、例えばトロントの人種構成を見ると、約半分は白人だがアジア系も3割を占め、黒人やその他の人種が残りの2割となかなかのバランス。

ただそんなカナダもやはり近年の急速なグローバル化の弊害は受けており、西海岸の人気都市**バンクーバー**などは移民の増加とともに治安がやや悪化している。特に97年の香港返還時には中国共産党による私有財産の没収をおそれて多くの香港華僑が富と共にこの地に渡っており、バンクーバーは華僑に乗っ取られたなどと言う人もいる。

もっともそうした受け入れの懐の深さがカナダの真骨頂なのだが、一方でアングロ・

北アメリカの主な世界遺産

サクソン系より早くから移住していたフランス系の子孫の多い地域では何度となく独立騒動が起きている。特に有名であり代表的なのが**ケベック州**。モントリオール・オリンピックの開催地**モントリオール**はケベック州の中心で、かつてはカナダ最大の都市だったが、70年代の独立運動の騒動を嫌った企業などがトロントへ移転、現在はカナダ第二の都市となっている。

第十二章

中米・カリブ海諸国

キューバ、旧国会議事堂（写真：三枝輝雄/アフロ）

●分類者泣かせの地域

なぜか見過ごされてしまう項目というのはどんなテーマにもある。世界地理で言えば中米・カリブ海諸国などまさにそんな地域と言えよう。軽んじられてしまう理由としてはまず帰属先が統一されていないことが挙げられる。

例えばメキシコ、本によっては北米として扱われたり南米として扱われたり。まあそれも仕方がないと言えば仕方がないことではある。位置や経済的な依存度を考えるとメキシコを北米に分類するのは間違いではない。だが北米の別名がアングロ・アメリカであることを思い出せば、人種も言語も気質もスペイン語圏であるメキシコはむしろ南米に組み込むべき国となる。そして中米・カリブ海諸国もまた、どこで扱うかが難しい地域。おまけに比較的小さな国々が点々と存在していて、日本人に馴染みのある国も少なく開発援助の対象にはなるけれど、現在進行形で日本の政治や経済に大きな影響を与えている国も少ない。

●共通のバックグラウンドも

さてその中米の共通点をあえて探すと、ベリーズ以外はスペイン語をメインの言語としているということが挙げられる。古代から近世にかけてこの地で栄えていたのがマヤ

中米全土図

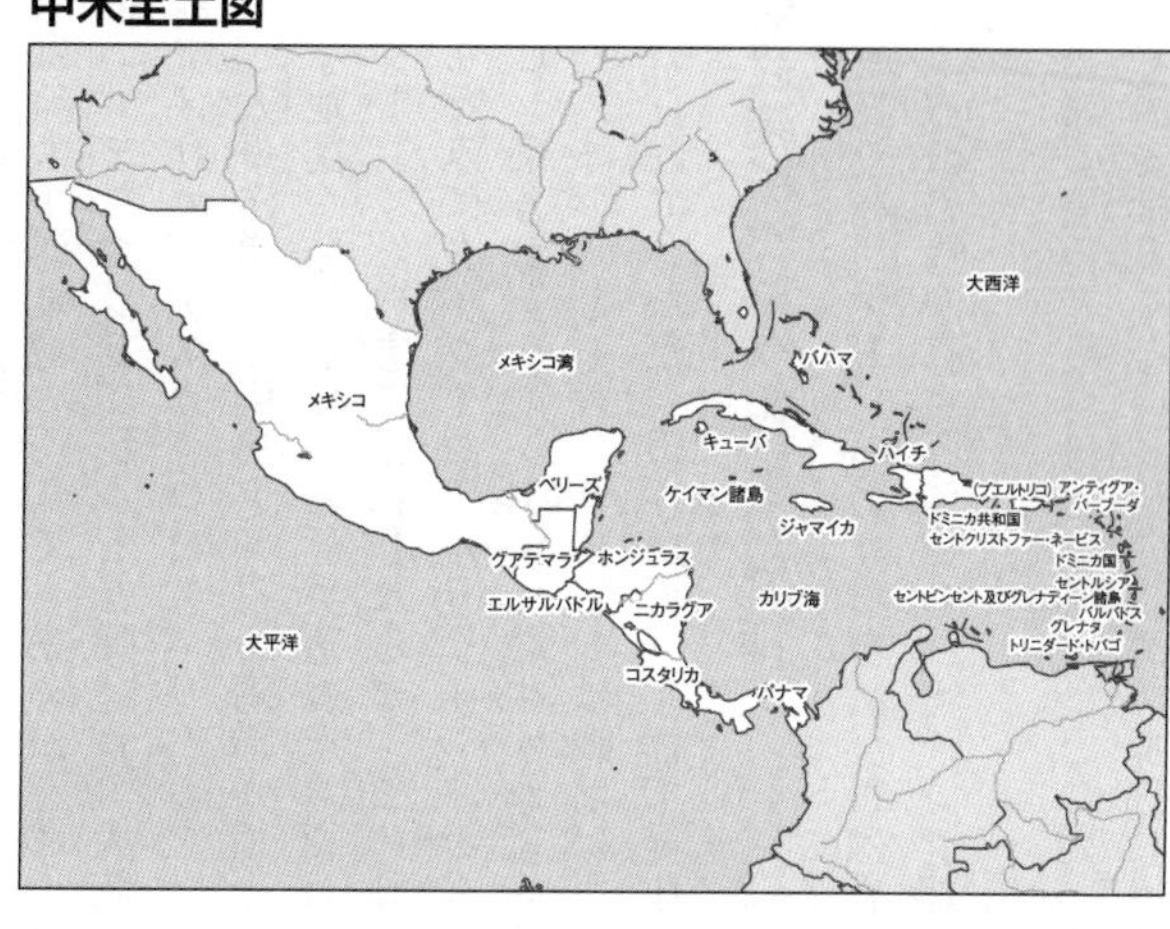

文明。ヨーロッパやアジアの文明と隔絶したその文明は、一時期「2015年地球滅亡説」の根拠としてオカルト好きの人たちからも大いに注目を集めた。

　そのマヤ文明を滅ぼしたのが、かつては陽の沈まない帝国だった**スペインのコンキスタドーレス**（征服者たち）。彼らは14世紀から16世紀にかけて栄えた**アステカ文明**も征服。この地域一帯はスペインの支配下に入る。後に紆余曲折を経て、諸国はスペインからの独立を果たすが、その中心は先住民族ではなく、**白人とインディオの混血メスティーソ**や**現地生まれの白人クリオーリョ**であった。そのため今なおこの地はスペイン語圏だ。

　東はカリブ海、西は太平洋。北米大陸と南米大陸を結ぶ回廊のような地峡である中米は環太平洋地域の一角でもある。そのために火山が多くその当然の帰結として地震も多い。またカリブプレートと呼ばれる大陸プレート上にあり、ユーラシア、北アメリカ、南アメリカ、ナスカ、ココス、リベラといった大小様々なプレートがぶつかり合う地域で、太平洋岸には中央アメリカ海溝が横たわり、プレートの影響によってもしばしば巨大な地震が発生している。災害はそれだけではない。日本は夏から秋にかけて台風（タイフーン）の被害に見舞われるが、この地域にはハリケーンがある。

ちなみにタイフーン、ハリケーン、サイクロンの違いは、発生した地域による。フィリピン東方海上や南シナ海で発生すれば台風、カリブ海ならハリケーン、インド洋ならサイクロン。オーストラリアでは戦前はウィリーウィリーなどという可愛らしい呼称が用いられていたが、現在は南太平洋で発生したものもサイクロンと呼んでいる。

●武装ギャング組織の恐怖

地震やハリケーンのような自然災害は恐ろしい。だが中米にはそれよりもっと身近なところに恐怖が存在している。ギャング組織や日本で言う半グレ集団などによる犯罪行為だ。

一部の旅行者たちは「案外いいとこだった」と伝えてくれるが、中米という地域は概して治安は良くない。治安の悪い原因にも様々なものがある。根底に貧困や格差がある

中米地形図

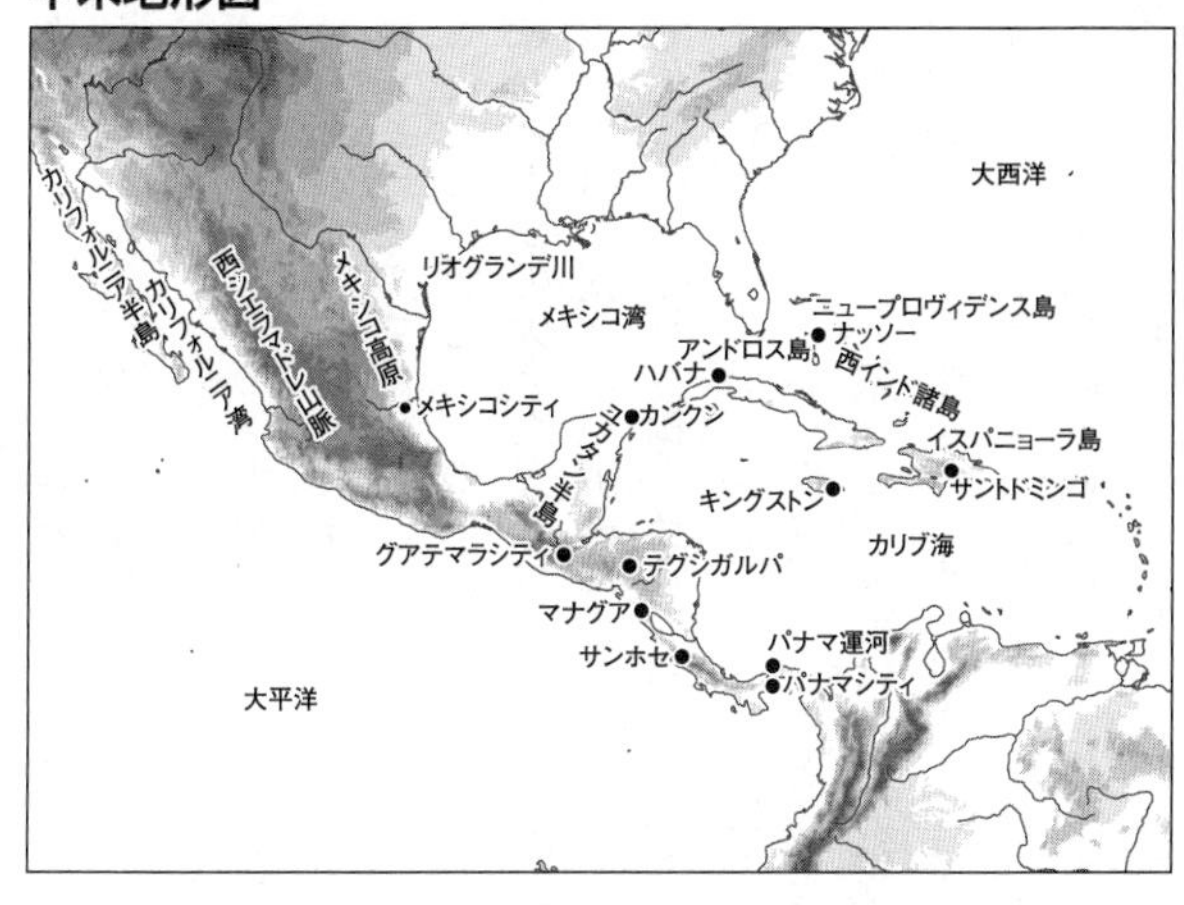

のは共通しているが、それが中東のように宗教宗派の対立に端を発することもあれば、アフリカのように部族間の衝突に起因する場合もある。差別が激しければ自然にスラムが形成されるし、仕事が得られなければ食べるために犯罪を生業（なりわい）とする者もあらわれる。そしてそういう者たちが容易に銃を入手できるような環境があれば、恐怖と被害は拡大拡散する。

中米の住民や旅行者に恐怖を与えているのがギャング組織。それも武装した集団。武装ギャング集団の歴史は意外に新しい。そのルーツは1980年代に夢を追って米国に渡った中米の若者たち。希望を抱いて渡った新天地で厳しい現実を叩きつけられた彼らは、違法な生業に手を染める不法移民集団を形成する。

ちなみに彼らがいわゆるまともな職につけなかったのは何も差別だけのせいではない。そもそも不法入国者である彼らを雇えば、場合によっては雇用者も罰せられるから、安易に雇用することはできない。また彼らの多くは職業教育を受けているわけでもなければ、英語はもちろん下手をするとスペイン語すらまともに使えない。若者たちが被差別感や疎外感を感じるのもわかるが、彼らが職を得られなかったのには、相応の合理的な理由があったのである。

ちなみに言語というのは非常に重要で、今なお中米や南米で貧富の差や、**職にありつけるかどうかの大きな差を生んでいるのは言語スキル**であるという。部族語しか話せずスペイン語が使えない者は論外。スペイン語が使えれば地元の職にありつける可能性は出てくるが、それも個人経営の商店や小さな会社まで。スペイン語に加えて英語が使えるようになると大きな会社での就職や現業以外の職への従事も可能になる。なぜなら中米の大きな会社というのは、ことごとくアメリカ資本だから。

そのアメリカ合衆国は、以前は世界の警察官を自認し、頼まれもしないのに他国の治安安定のために兵士を送り出していた国である。そんな国が自国内の不法移民による武装ギャング団を放置するわけはない。90年代後半、合衆国は彼らを本国へ強制送還した。その結果、中米各国で武装ギャング集団が活動することとなる。ある集団はメキシコの麻薬マフィアと繋がり、ある集団は他国のマフィアと接点を持つ。離合集散を繰り返し、各国で大小さまざまの**マラス**と呼ばれるギャング集団が若者を中心に構成され、警察をものともせず犯罪活動を繰り広げている。

ギャング集団や麻薬組織はもちろん恐ろしいが、中米の治安の悪さは彼らのせいだけではない。取り締まる側の警官にも、賄賂を要求したり不法逮捕を行う悪徳警官が少なくない。また市民と呼ばれる一般の住民の中にも、勝手に関所を設けて特に事情に疎い海外からの渡航者から不当な通行費を徴収する者がいたりする。さらに言えば政府当局にだって公私混同して私腹を肥やす者がいる。

宗教については中東は概ねキリスト教圏。一般的に治安が悪いと言うとイスラム圏を想起しがちだが、キリスト教圏だって変わりはないのだと知らされる。さらにいえば中米は宗教対立が激しいわけでもない。それらを考慮すると、宗教は治安悪化の一因にはなるものの、宗教的に安定していれば治安が良くなるというわけでもなく、宗教は治安の一要素でしかないということがわかる。ちなみに、元来中米はカトリック信者が多い地域だったのだが、現在の状況に幻滅しているせいなのか、プロテスタントや新たな宗派へ宗旨替えする者が多くなっている。

●意外にも政情は安定しているメキシコ

ちょっと怖がらせてしまったが中米にも他の地域に劣らない様々な魅力がある。ここからは各国ごとに特色を見ていきたい。まずは**メキシコ合衆国**。かつてはメキシコと言えば**サボテン**や**ソンブレロ**、それに**ルチャ・リブレ**と呼ばれるプロレスなどが有名だったが、昨今は麻薬組織や汚職警官、ギャング対政府など、物騒な話題に焦点が当てられてしまっている。これはちょっともったいない。

そのメキシコ、人口は1億2600万人。首都**メキシコシティ**では1600万人以上の人が生活しており首都圏人口は驚愕の2000万人超え。首都圏への人口集中が激しいところも日本と似ている。ついでに言えばメキシコ人も日本人も小柄という共通点がある。正式国号はメキシコ合衆国で、アメリカと同じ連邦制国家。面積は日本の約5倍。

高原地帯に存在する国家として知られている。

アメリカ国境近くからメキシコ中部のメキシコ高原までは乾燥帯。サボテンのイメージはここから来ている。そのサボテンと見た目は少し似ているが、実は全く別の種類の植物なのが**リュウゼツラン**。パリピやヤカラのパーティードリンクとして有名になってしまった情熱の酒**テキーラ**は、そのリュウゼツランを原料とする蒸留酒。原料がサボテンでなかったのはちょっとしたトリビア。首都メキシコシティ周辺は北緯19度で本来ならば熱帯もしくは亜熱帯の気候になるはずなのだが、標高2000メートルを超える高さなので涼しく比較的暮らしやすい。

国民の6割はメスティーソで3割がインディオ。9割の国民がキリスト教信者。意外にも政情自体は安定しており、戦後になってからクーデターの発生はない。世界第2位の埋蔵量を誇る銀や石油など資源も豊富だ。

●アメリカとの密接な関係

国境の壁や移民問題の報道で仲が悪そうに見えるアメリカとメキシコだが、その時々の米国大統領の方針に左右されるものの、現実には互いに事情を理解しあっている節があり、国同士の関係は比較的良好。国境を挟んでアメリカ側の都市とメキシコ側の都市が生活圏・経済圏を同じくするという**双子都市**が、ボーダー状のあちらこちらに見られる。

かつてメキシコは**マキラドーラ**という税制の優遇制度を設けていた。アメリカから原材料を輸入し、メキシコ国内で製品に加工し、それをアメリカに再度輸出する加工貿易に対し、輸出入ともに関税を0%にしたのだ。人件費の高騰に悩んでいたアメリカの多くのメーカーがこれに飛びつき、数多くの企業がメキシコに製造拠点を設け工場を進出させた。

他国のメーカーの車を製造しているためにあまり知られていないのだが、メキシコの自動車産業は一大産業で世界でも有数の規模を誇る。アメリカのビッグ3はもとより、日本やドイツ、韓国に中国と様々な国の自動車メーカーが、メキシコで自動車を生産している。

1994年にメキシコはアメリカ、カナダと**北米自由貿易協定（NAFTA）**を締結、北米への製造輸出拠点としてさらなる期待がかけられたが、一方でアメリカは国内製造業の空洞化が進んだことに加え、工場進出という形で雇用を与えたにもかかわらず、メキシコからの不法移民が減らないことに憤りを抱いた。そんな状況下でアメリカでは**ドナルド・トランプ**が大統領に就任すると、早速アメリカに不利な協定の見直しに取り掛かる。結果、北米自由貿易協定は2020年に失効。新たに自動車輸出台数などに一定の制限を設けた**米国・メキシコ・カナダ協定（USMCA、T-MEC、CUSMA、新NAFTAなどと略称）**が締結され、北米自由貿易協定のいわば発展形として、2020年に発効されている。

メキシコにはアメリカ資本のスーパーやコンビニエンスストアもたくさん存在しており、流通業においてもアメリカ依存が高まっている。自動車大国アメリカを模したかどうかは定かではないが、高速道路をはじめ交通インフラも充実。ただし運転マナーの方はラテン系か。

要素だけ見たら日本よりずっと豊かになれそうなメキシコ。産業も、マヤ文明以来の歴史や史跡も、さらには**カンクン**などのリゾート海岸といった観光遺産も豊富なメキシコ。資源においても石油をはじめ不自由なく、南北アメリカを結ぶ要衝地でもあるメキシシコ。そこに加えて政情不安もなければ宗教上の対立もないときては、どう考えても貧乏になる原因が想像できない。

●貧しさの理由

だがメキシコにおける落書きや行方不明者捜索のポスターの多さは日本の比ではない。その大きな理由はやはり命の値段の安さに尽きる。そしてそれを生み出しているのは経済格差。この地が原産地であり経由地である麻薬の影響も大きい。

さらに考えられるのはやはり教育の欠如だろう、貧困層というのは目先のことに追われて生活しているために教育に対して時間やお金を投資できる余裕がない。その上、やはり目の前にぶら下がった餌につられてしまうため、結果として自分たちの首を絞めるような富裕層に有利で貧困層に打撃を与えるような政治家や政党を支持してしまうのもよくあること。こうなってくると、卵が先か鶏が先かになってしまうのだが。

●農業中心のグアテマラ

続いて紹介するのは中央アメリカ5カ国。グアテマラ、ホンジュラス、エルサルバドル、ニカラグア、そしてコスタリカ。この5カ国は19世紀前半に**中央アメリカ連邦共和国**を構成していた仲間。現在もこの5カ国にパナマ、ベリーズ、ドミニカ共和国を加えて中米統合機（SICA）構という経済同盟が存在し、中米の経済統合を進めている。コーヒーで有名な**グアテマラ共和国**から見ていこう。北海道と四国を合わせた広さよりやや大きい面積のグアテマラは人口の約半分をマヤ文明の後裔が占める国。GDPの4分の1は農業に依存しており、コーヒーはもちろんバナナやサトウキビが主な輸出品。多数派であるマヤ系先住民はそれぞれの部族語を話すのだが、それらは汎用性が低い。スペイン語圏である中米でそのことは経済面での障害となっており、自給自足型の生活にとどまるのであれば問題はないが、条件の良い仕事につき比較的裕福な生活をするにはスペイン語の習得が条件となっている。アクセスが良くないが景勝地も多く、首都**グアテマラシティ**を除けば、中米の中では比較的治安も良い。

●貧困にあえぐ、ホンジュラスとエルサルバドル

治安と言えばバックパッカーも恐れる国がグアテマラの東に位置する**ホンジュラス共和国**。どことなく滑稽な国名に反して殺人発生率世界一位になったこともある恐ろしい国だったりする（2021年には4位）。そんなふうになってしまった原因は、国民の7割が貧困にあえいでいるにもかかわらず、かなり自由に銃が売買されていること。食うや食わずの人たちに武器を与えればどうなるか、悲しい必然であり帰結と言える。中続いてそのホンジュラスの南の**エルサルバドル共和国**。国名の意味は「救世主」。中

ホンジュラス共和国（首都テグシガルパ）、エルサルバドル共和国（首都サンサルバドル）

米で一番面積が狭く九州の半分程度しかない。東にホンジュラスがあるため、中米で唯一カリブ海に面していない。人口の8割以上はメスティーソ。長引いた内線と地震やハリケーンの被害もあって経済的にはかなり苦しい。主要な産業は繊維織物と農業。農業生産の3分の1はコーヒーで国民の4人に1人は何らかの形でコーヒー産業に携わっている。お隣のホンジュラスほどではないが、殺人発生率において世界でもかなり上位に位置する国。マヤ文明の遺跡など観光資源もあるのだが、看守のいない更生を諦めた収容するためだけの場所と化している刑務所が有名になってしまう状況では、観光客も呼びにくい。なんとかして観光立国にもっていけないものか。

●独自の外交に走るニカラグア

ホンジュラスの南にあるのが**ニカラグア共和国**。ミドルエイジ以上の方々には80年代のレーガン政権のスキャンダル、**イラン・コントラ事件**のおかげで名前にだけは馴染みがあるのではなかろうか。

国民の45%が貧困にあえいでいるというニカラグア、ご多分に漏れずここもまた首都**マナグア**の治安は極めて劣悪。そうした状況から脱却すべくニカラグアは、中国に接近する。中国の支援の下、第二パナマ運河、パナマ運河のバイパスとも言うべき**ニカラグア運河建設計画**が持ち上がり、期待は大いに高まった。

だがその後、竣工するという報道はあったが、続報は入ってこず、どうやらプロジェクト自体が中止になったとも言われている。もっともそんな状況下でも中国との関係を深める方針にブレはないようで、2021年末には中国が国として認めていない台湾との断交を宣言し、2023年には必ずしも一枚岩ではないものの中国の影響下にある北朝鮮と相互に大使館を設ける旨を発表した。脱アメリカ帝国主義を標榜する現政権、周辺の中米諸国へ与える影響が懸念される。訪問したいのなら今のうちか？

●中米の優等生、コスタリカ

ここまでは暗い話ばかりだった。ここからは明るい話がしたい。舞台はニカラグアの南、国名は**コスタリカ共和国**。意味はスペイン語で「富める海岸」。ちなみにどうでもいいことながらほんとうはコスタ・リカだったりする。一部の人たちには有名だが、この国、**軍隊を持っていない**。そんなことから**中米のスイス**と言われることもあり、日本の憲法9条を絶対視する人たちからよく引き合いに出される国なのだが、コスタリカが所持していないのは常設軍であって**有事の際には徴兵も実施される**。また現在でも**武装した警備隊は普通に街中に存在**しており、純然たるノーガード国家ではない。

ちなみに解釈にもよるが、この近辺には他にもパナマ、ドミニカ国、セントビンセント及びグレナディーン諸島などが常設軍を持たない国と地域が存在している。こういう

コスタリカ共和国（首都サンホセ）

国や地域はたいてい武装した警察による警備隊は所持していたり、大国に外交権を預ける代わりに国防を委託する形をとっている。コスタリカの場合は前者なのはもちろんだが、同時に米軍が駐留しているので、後者に関しても部分的に該当する。やはり**正真正銘の丸腰というのは国際社会において現実的ではない**のだろう。

その武装警官のおかげもあってか治安は中米の中では最も良い。ただし以前は「中米の楽園」と呼ばれるレベルだったが、90年代以降、この地域にも麻薬とギャングの影響が及んでおり、治安が良いと言ってもあくまでも中米にしては、を前提にしての話。

住民の2割はメスティーソ。「**中米の優等生**」と称されるコスタリカは経済状態もまずまずでＧＤＰも概ね世界標準レベル。コスタリカには20世紀末にあの半導体トップメーカー、インテルが進出。以降、半導体はコスタリカの輸出額の2割を占める工業製品となったのだが、インテルがかつての途上国との価格競争に敗れ大幅なリストラを決行。コスタリカの半導体工場も２０１４年末に閉鎖された。

現在その穴を埋めるべく力を入れているのが**医療ツーリズム**の分野の開拓。実はコスタリカの医療技術は周辺諸国に比べかなり秀でており、この地域の富裕層の医療ニーズに応えることを半導体に換わる外貨獲得手段とするべく努力が続けられている。

国土の4割が熱帯雨林であるコスタリカは野生動物にとっては十分な楽園で、四国と九州を合わせたほどのさほど広くない国土に、あの愛らしい**ナマケモノ**をはじめとして世界で生存が確認されている生物の5％に及ぶ種の生息が確認されている。言うなれば国土そのまま動物園。世界中の生物学者の憧憬の地となっている。

●運河をめぐる、パナマの歴史

次に紹介する国も肩の力を抜いて話ができそうだ。その国は**パナマ運河**でおなじみの**パナマ共和国**。「中米のシンガポール」と呼ばれるほどの経済発展を遂げた国。国民の6割がメスティーソ、国土面積は北海道よりやや小さい。

元々コロンビア領だったこの国が独立できたのはアメリカの後押しがあったから。アメリカがそこまでしてパナマを分離独立させたのは、もちろんパナマ運河の利権を狙ってのこと。北米と南米は別々の大陸ではなく中米という地峡で陸続き。そのため船舶が太平洋側からカリブ海や大西洋側へ移動しようとすれば南米の南端をぐるっと回らなければならなかった。それが容易に行き来できるようになったのはパナマ運河の存在があるから。パナマ運河の恩恵は大きい。

パナマの経済はパナマ運河が支えているため、パナマは食料や資源が主要輸出品で第一次産業の比重が高い中米にありながら、例外的に**GDPの8割が第三次産業**によるという先進国型の国になっている。**コロン・フリーゾーン**と呼ばれる西半球最大の免税自由貿易港を利用し、かつてのシンガポールのように中継貿易を充実させ、シンガポール

中米の主な世界遺産

と同じく国際金融センターとして発展、コールセンターやソフトウェア開発なども誘致している。

運河はもちろんだが、首都**パナマシティ**には高層ビルが立ち並び、本家シンガポールに勝るとも劣らない威容を見せている。治安は中米レベルでの良さにとどまるが、可能性の話ではなく現在すでに繁栄しているのは見事だ。

●イギリス領だったベリーズ

中米で最後に紹介するのが**ベリーズ**。北をメキシコ、南と西をグアテマラに挟まれた小国。位置的には紹介の順番が前後することになるのだが、なぜ最後の紹介にしたかと言えば、この国は中米で唯一の**英語を公用語とする国**だから。

ベリーズ（首都ベルモパン）

ベリーズはこの地域にしては珍しく旧イギリス植民地から独立した国なのだ。四国よりやや大きい程度の国土に日本の地方都市レベルの40万人が住むベリーズ、独立も1981年と比較的最近のこと。旧宗主国イギリスとの繋がりは現在も密接かつ良好でその証拠にベリーズの通貨である**ベリーズ・ドル**紙幣にはエリザベス女王が描かれていた。

農業や水産業を行っているが、特に力を入れているのが観光業で、世界第2位のサンゴ礁と、海に存在する巨大な穴のような絶景、**グレート・ブルー・ホール**は、世界中から多くの観光客を呼び寄せベリーズの経済に貢献している。

英語が通じて豊かな絶景に恵まれているとあっては、訪問しやすそうに思えるのだが、この国も中米のご多分に漏れず治安はよろしくない。殺人発生率は2021年調査で世界第五位。銃器を使った犯罪も昼夜を問わず多発しているという。現在人口も増加しておりポテンシャルの高い国だけに、これまたなんとももったいない話だ。

●カリブ海諸国のバハマとキューバ

ここからはカリブ海諸国をざっと眺めてみたい。フロリダの向かいにあるアンドロス島や、その東のニュープロヴィデンス島など700あまりの小さな島々からなる国が**バハマ国**。最近は専らグレーな節税を目的としたペーパーカンパニーを暴露した**パナマ文書**の続編とも言える**バハマ文書**で有名になってしまったが、イギリス連邦の一員で、首都**ナッソー**など、かつてはイギリスの富裕層が訪れる土地として知られていた。

このカリブ海に希望に満ちた視線を集めている国がある。それがフロリダの目と鼻の先に横たわる島国**キューバ共和国**だ。

砂糖や野球のナショナルチームの強さで日本にはおなじみだったキューバは、元はスペイン領だった。**ハイチの独立**で黒人奴隷の使役ができなくなった大農場主たちがお隣のキューバに投資。キューバは棚からぼたもち的に**世界一の砂糖生産国**となった。ただし黒人奴隷の過酷な労働を伴ってのものだったのだが。砂糖に続いて葉巻の流行からタバコ生産でも富を築いたキューバ。なにせ気候がいい。この島国はこうして資本家たちに愛された。やがて経済力をつけたキューバは本国スペインへの不満を抱くようになる。植民地生まれのクリオーリョが社会の中心世代になると独立への動きは高まり、一足先に大国イギリスからの独立を達成していたアメリカという強力な後ろ盾を得て、数次にわたる戦いの末、キューバは独立を勝ち取った。

だがアメリカは、ただで働いてくれるほど甘くない。キューバはスペインの干渉下から逃れた代わりに、軍事や内政においてアメリカの指示を仰がねばならなくなった。経済的にもアメリカに大きく依存していたキューバは**合衆国の裏庭**と言われるこの地域において忠実なお庭番としての役目を果たした。

●革命とキューバ危機、そして現在

しかし1950年代、独裁者**バティスタ**が大統領に就任。アメリカの後ろ盾をいいことに富を独占し、国民は貧困にあえぐようになる。このときバティスタ打倒を掲げ立ち上がったのが、後にキューバの最高指導者となり40年以上にわたって国家元首として君臨した**フィデル・カストロ**だった。最初の武装蜂起に失敗したカストロは逃亡先のメキシコでアルゼンチン出身の医師で革命家の**チェ・ゲバラ**と運命的な出会いを果たす。二人の活躍でキューバは59年にバティスタ政権を打倒し新たな時代に突入した。自国の資源は自国の人々のためのものであるという**資源ナショナリズム**の考え方に基づき、革命政府は石油施設など各施設の国有化に踏みきる。これによりアメリカを敵に回すことになり、キューバとアメリカの独立以来の蜜月関係は解消されることとなった。

アメリカに見放された革命政府に接近したのが、冷戦下におけるアメリカの最大のライバル社会主義国ソ連だった。こうしてソ連の支援を受けたキューバは社会主義化を進める。ソ連はキューバにミサイル基地の建設を計画。これに対し裏庭が赤く染まることを許すわけにはいかないアメリカは猛反発。ついに米ソはキューバを舞台に核戦争も辞さない一触即発の危機に直面する。1962年のこの出来事が**キューバ危機**。米ソ両国指導者の間でギリギリの折衝が行われ、なんとか核戦争は回避された。

その後、キューバはソ連陣営の一角に参入されるも、1989年に冷戦が終結すると、ソ連という後ろ盾を失い経済危機に陥る。カストロは、民営化の一部導入でこの危機を乗り越え、キューバ共産党の一党独裁体制は維持するものの、自由主義的諸改革を実現した。そんなキューバも因縁浅からぬフィデル・カストロが引退し、彼の弟の**ラウル・カストロ**が後継者になるとアメリカとの険悪な関係が見直されるようになり、2015年、ついに両国の国交回復が実現した。もともと潜在能力は高いキューバ、今後もアメリカとの良好な関係が保てるのならば見通しは大いに明るい。

余談だが、キューバでは1950年代のアメリカ車が現役で往来を走っている。自動車大国アメリカとの国交を断絶してしまったキューバは、それまでに輸入していた自動車を大切に使うしかなかったからだ。もちろんこれからはアメリカをはじめ各国からの車の輸入も大いに行われる。鎖国状態の中で育った独自の文化も徐々に薄められていくことだろう。名画『アメリカン・グラフィティ』の世界を思わせるような風景のキューバを見るなら今のうちと世界中から押し寄せる観光客で、今、キューバは沸いている。

●ケイマン諸島とジャマイカ

キューバの南にあるのが**イギリス領ケイマン諸島**。ここは規模の割には知名度が高い。その理由は二つ。一つは**タックス・ヘイブン**と呼ばれる免税地帯なので、この地に本社を登記することで本国での税金逃れを図る企業や経営者が多く、租税回避地として話題になったこと。もう一つはドイツの老舗スポーツカーメーカー・ポルシェのミッドシップモデル、ケイマンにその名を冠せられたこと。スキューバ・ダイビングも有名。

ケイマン諸島の東にあるのが**ジャマイカ**。首都は**キングストン**。イギリス連邦の一員で、大英帝国の誇る女王陛下のシークレットサービス007号も記念すべき映画化一作目で、ジャマイカを舞台に大活躍している。若者にはあの不世出の陸上選手ウサイン・ボルトをはじめ数々の一流ランナーを輩出している国としてもおなじみだろう。秋田県とほぼ同じ大きさで住民の約9割はアフリカ系黒人。観光業の他、主要な輸出品としてはアルミニウムの原料となるボーキサイトくらいで、コーヒーなどの農業も行われているが規模は大きくない。

観光が主要産業なのに、治安はよろしくない。さすがにホンジュラスほどではないが殺人事件発生率は日本の40倍。こういった国や街にはお決まりのパターンがあって、「**治安が悪いから観光客が寄り付かない→観光客が少ないからお金が落ちない→お金が落ちないから生活が苦しくなる→生活が苦しいから窃盗や強盗に手を染めてしまう→治安が悪化**（**以下、無限ループ**）」という悲しい負の連鎖がそれ。何らかのきっかけでこのループを脱却できれば、風光明媚な土地だけに観光客も大いに見込めるのだが。

●英仏の支配を受けたハイチとドミニカ

キューバの南東にあるイスパニョーラ島。その西側が**ハイチ共和国**。ハリケーンなどの災害に悩まされ、なかなか思うように発展できない国だが、**黒人が白人から独立した国家としては世界最初の国家**であり、**ラテン・アメリカ最初の独立国家**でもある。旧宗主国はフランス。皮肉なことにハイチの独立はフランス革命の精神の波及が招いたものだった。かつては常設軍を持たない国として有名だったが、2015年に軍隊が復活。

ハイチのお隣、イスパニョーラ島の東にあるのが**ドミニカ共和国**。ややこしいことにカリブ地域にはドミニカ共和国とドミニカ国がある。

先にドミニカ共和国を紹介すると、九州よりやや広いところに約1000万人の人が住んでいる。言語はスペイン語。国名の由来は、かつてこの地を支配したスペインの宣教師**ドミニコ修道会**の創始者ドミニコ。その名の示す通り元々スペインが植民したイスパニョーラ島だが、空白となっていた西側にフランス人が居住を始め実効支配、その結果島はフランスとスペインで二分される。ところがフランス革命の余波を受けてハイチが独立。一度はこれを鎮圧したフランス軍はそのまま島全体を支配。その後ハイチがフランス軍を撃退すると島の東半分は再度スペイン領に。だがハイチの独立成功の影響でラテン・アメリカ全体に独立の気運が高まり東側もドミニカ共和国として独立。と、ド

ハイチ共和国（首都ポルトープランス）、ドミニカ共和国（首都サントドミンゴ））

ミニカ共和国はやや複雑な経緯の末に誕生している。

最近では野球の代表チームの強さが目立っていて、ワールド・ベースボール・クラシック2013年大会では優勝を果たした。観光の他にこれと言った産業がないドミニカ共和国だけに野球チームの活躍は知名度アップに大いに貢献したと言えるだろう。

もう一方の**ドミニカ国**はイスパニョーラ島からベネズエラの東まで弧を描くように点在する島の一つ、奄美大島とほぼ同じ大きさのドミニカ島にある。こちらはイギリス連邦の一員。多くの植物が生息しており「**カリブ海の植物園**」の異名をとる。この他にもカリブ海には多くの島々があり、たくさんの小国がある。ハリケーンに悩まされながらも懸命に生きているカリブの人々、そこには人間の持つ強さがある。

ドミニカ国（首都ロゾー）

第十三章
南米

世界遺産マチュ・ピチュ遺跡（写真：保屋野参/アフロ）

●渡航につきまとう不安

大方の日本人にとって渡航する際のハードルが最も高いのがアフリカと南米だろう。どちらも日本からの距離は遠く、また不便で治安が悪い印象がつきまとう。それではどちらの方がより渡航に際してのハードルが高いのだろうか?

距離に関しては客観的に数値化できる。東京からエジプトのカイロまでが約1万キロ。所要時間は現在直行便がなくドバイ経由で16時間半ほど。一方の南米は日本から太平洋岸のペルーまでで1万5000キロ。こちらももちろん直行便はなし。比較的便の多そうなブラジルのサンパウロ、日本から地理的に近そうなペルーのリマまで行こうとすると、どちらも概ね2時間半ほどの経由地での乗り換えを含んで24時間から26時間。こうしてみるとアフリカと南米では南米の方が圧倒的に遠いことがわかる。

それでは治安など人為的な条件はどうだろう。外務省が発表している海外邦人援護統計というデータがある。この2021年版の地域別の事故・災害・事件等統計表という指標が参考になる。これによると殺人事件の被害者はアフリカでは1名に対し、中南米(南米のみのくくりにはなっていない)では3名の方が亡くなられている。強盗強奪による負傷者は中南米で18名、アフリカで21名。それほど大差はない。

ただ結局どちらも同じでした、ではさすがに面白くないので、あくまで主観的な意見

南米全土図

ベネズエラ
ガイアナ
スリナム
(フランス領ギアナ)
コロンビア
エクアドル
ペルー
ブラジル
ボリビア
パラグアイ
チリ
ウルグアイ
アルゼンチン

だが、とある人の談話を紹介したい。

その人物は世界でも有数の危険都市と恐れられているヨハネスブルグに数十年滞在している日本人男性。南アでトランジットする折に彼と話す機会を得た私は、アフリカと南米のどちらがより危険なのかを率直に尋ねてみた。彼は、少なくとも人が原因の危険は南米の方が上だろうと答えてくれた。ヨハネですら指定された地域に面白がって足を運びさえしなければ、そうそうとんでもないことにはならない（もちろん日本のように物による場所取りが成立するレベルではない）。それにアフリカではよほどのことがない限り犯罪者に銃で脅されることはない。その点、南米はすぐに銃をつきつけられる。

それに加えて南米には誘拐のリスクがある。

もちろん一個人のアンオフィシャルな形での談話であり、すべてを鵜呑みにするわけにはいかない。しかし、銃が比較的容易に手に入る南米の環境が犯罪の実行を容易にしていることは間違いないだろう。というわけで地域ごとの差が激しいとは言え、やはり治安的にも南米への渡航はハードルが高いようだ。だが困ったことに南米にはそれでも行きたくなるだけの魅力がたくさんある。

●複雑な気候

南米を一言で言えば、様々な分野において上から下まで存在する地域と表現できる。

高いところもあれば低いところもある。とんでもない大富豪がいれば、逃げ出すより他に救いはないようなレベルの貧困にあえぐ人々もいる。高層ビルが立ち並ぶ大都会があれば前人未到かと思わせる密林地帯もある。人種も様々、それが南米の特徴。

ただし言語についてはある程度まとまりがあって、北東部大西洋岸のいわゆるギアナ三国とブラジルのポルトガル語を除いてスペイン語圏。ポルトガルとスペインはかつて同君連合を形成していた時代もあり両言語には共通性もあるので、まったく毛色が違うのは**ギアナ三国**だけということになる。ちなみにこの三国、北から順にガイアナ、スリナム、仏領ギアナ。**ガイアナ共和国**は以前の英領ギアナ。ガイアナという国名自体がギアナの英語読み。もちろん公用語は英語。**スリナム共和国**も独立前はオランダ領ギアナ。面積人口ともに南米最小で南米唯一のオランダ語を公用語とする国でもある。**仏領ギアナ**はフランスの海外領土なので厳密には独立国ではない。公用語はもちろんフランス語。以上、南米でも例外的なギアナ三国を先に紹介させていただいた。

南北に長い南米、その北端、コロンビアのパナマとの国境付近は赤道に近い北緯12度。同緯度には南インドやタイ、フィリピンなど東南アジア諸国が存在することがわかると、その暑さも容易に想像がつく。

一方で南端は**チリ共和国**のブルンスウィック半島突端のフロワード岬で南緯53度。同一線上にある陸地は島嶼部くらいしか見当たらないので、北緯53度線を参考にすると線

ガイアナ共和国（首都ジョージタウン）、スリナム共和国（首都パラマリボ）、チリ共和国（首都サンティアゴ）

上にあるのはカナダや樺太、それにイギリスのウェールズなど。極地ほどではないがかなり寒い地域であることがわかる。世界最南端の都市と言われているアルゼンチン領ウシュアイアもこの近く。南極観光の拠点として賑わうウシュアイア、その周辺はパタゴニアと呼ばれる地域で、一帯ではたくさんの氷河を見ることができる。

北は赤道直下及びその近辺なので低地は当然暑いのだが、国名の由来が赤道そのものであるエクアドル共和国、南米最北端のコロンビア共和国、カリブ海に面したベネズエラ・ボリバル共和国いずれも国内での気候は様々。なぜそういうことになるかと言えば地形と海流が大きな影響を与えているため。南米西側には日本列島とともに環太平洋造山帯を形成するアンデス山脈が連なる。このアンデス山脈、南北8000キロ、最高峰アコンカグアを始めとし6000メートルから5000メートル級というかなり高い山々からなる山脈。よって当然、山地にあたる箇所は赤道近辺であるにもかかわらず冷涼な気候となるわけだ。

このあたりには貿易風という東風が季節を問わず吹いている。地球が西から東へ自転しているために、その影響を受けやすい赤道近辺には自動的に東風が吹くわけだ。この貿易風がアンデス山脈にぶち当たる。アンデス山脈があまりにも高いので空気はそこを超えられない。そのために水分を吐き出す。これによってアンデス山脈の東側は降水量が多い。一方でアンデス山脈の西、ペルーの沿岸部やチリの北部は、すでにすっかり雨

エクアドル共和国（首都キト）、コロンビア共和国（首都ボゴタ）

を降らせて乾ききった空気が届くだけなので、年間を通じて雨に乏しい乾燥帯となっている。あの**ナスカの地上絵**が今なお健在なのも雨が降らない気候によるところが大きい。

以上アンデス山脈について話したが、標高が高いのはアンデス山脈だけではない。ベネズエラの南部からガイアナ、スリナム、仏領ギアナ、そしてブラジルとコロンビアに跨って、見事な景観の多くのテーブル・マウンテンから構成される**ギアナ高地**が存在する。垂直に見えるほどの切り立った崖からなるテーブル・マウンテンとあって居住や農業に供されることはなく、観光資源として活用されているギアナ高地だが、その崖が貿易風の壁となることで周辺に多くの雨を降らせている。このあたりはアンデス山脈の東側と同じ。まったくもって南米の気候は一筋縄ではいかない。

●怪しげな魅力たっぷりの秘境アマゾン

赤道のほんの少し南を赤道に沿うかのように流れているのがおなじみの**アマゾン川**。アンデス山脈を水源とし大西洋に注ぐ。あまりに著名なアマゾン川だが、その厳密な水源地をどこに求めるかについては意見が割れている。数年おきくらいに新たな発見や主張がなされ、そのたびにナイル川との長さ世界一争いが蒸し返される。

今のところ通説では世界一がナイル川で、アマゾン川は世界第二位となっているが、いずれも6000キロを超える大河で、その差は180キロ。これがどこまでをその川

南米地形図

カラカス
ギアナ高地
アマゾン川
キト
ガラパゴス諸島
アンデス山脈
フォルタレーザ
ペルー海溝
リマ
サルヴァドル
ブラジル高原
ラパス
ブラジリア
リオ・デ・ジャネイロ
アスンシオン
サンパウロ
ラプラタ川
サンティアゴ
モンテビデオ
チリ海溝
パンパ
ブエノス・アイレス
マゼラン海峡
フロワード岬
ウシュアイア
ドレーク海峡

と認めるかの解釈によっては変動してしまうので当事者には大変なところ。

もっとも**流域面積**については文句なしの世界一。流域面積というのは広さのことと勘違いしている人も多いが、もう少し複雑で、あえて簡単に言いきってしまうと**雨が降ったときに最終的に水がその川に注ぎ込む土地一帯の面積**のこと。自分の理解にとどめておくならば、その川と生活をともにする地域全体の面積と捉えておいて問題はないだろう。

長さや流域面積もさることながらアマゾン川の人気を支えているのが危険生物の存在。赤道付近でも高地ならば必ずしも熱帯気候になるとは限らないことは先程述べたが、このアマゾン川流域は基本的には平地なので**セルバ**と呼ばれるジャングルが広がる。この世界最大の密林地帯も、昨今では環境破壊の影響を受け縮小しつつあることが社会問題となっているが、それでも人がなかなか足を踏み入れられなかったことなどから、他の地域には存在しないようなマニア垂涎のとんでもない生き物たちが生息している。

●危険な住人たち

筆頭は肉食魚**ピラニア**。実は臆病であることすらすでに周知になっているほどの知名度を持つこの魚だが、刺し身にすると案外イケるとか。

最近動画配信などでピラニアを超える恐怖とよく紹介されているのが、人食いナマズの異名を持つ**カンディル**。見た目は小魚に過ぎないやつなのだが獰猛で、獲物と見るや外から食いつく。さらにコイツが恐ろしいのは、その小ささを活かした攻撃にある（以下、この手の話が苦手な人は数行読まずにとばすこと）。コイツなんと、生き物の内部に侵入して中から肉をついばむというのだ。魚のエラなどからも。人間の前や後ろから侵入するという都市伝説も存在している。

実証する気はないが、さすがはアマゾン、スケールがでかい、いやこの場合は小さいと言うべきか。ちなみにコイツ棘も持ってます。ワニですら敵わないと言われているのが**電気ウナギ**。放電は一瞬ではあるが水中だけに……。

毒と言えば陸上にも。時折バナナに紛れ込んでいることからバナナスパイダーの異名を取る**フォニュートリア・ドクシボグモ**は世界最凶の毒蜘蛛としてギネス公認記録保持蜘蛛。赤、黄、青、緑、そして斑とあまりに美しい彩色にペットとしての人気も高い**ヤドクガエル**も原産地はアマゾン。他にも毒性はないものの世界最大級の大きさと重量で相手を絞め殺す**アナコンダ**や寄生系の昆虫などが多く生息している。

しかしそんな秘境アマゾンも、１９７０年代に建設が始まった**アマゾン横断道路（トランスアマゾニアンハイウェイ）**が開通し、２０１２年には一般車両の通行も開放されたことから、熱帯雨林及び生態系への影響が懸念されている。危険生物も恐ろしいが人間の果てしなき拡張への渇望はさらに恐ろしいもので、熱帯雨林を物ともしない**焼畑農**

業も行われれば、かつては天然ゴムの産地だったこの地に広大な牧場や農場も広がりつつある。「行くなら今」なのか。おっかないけれど妙に人を惹きつけるアマゾン。まさに南米を体現していると言えるだろう。

●スペイン・ポルトガルによる支配

南米の北部にアマゾン川があるなら南部には**ラプラタ川**という大河がある。かつて南米の南半分は事実上のスペイン領である**リオ・デ・ラプラタ副王領**だった。**アルゼンチン**、**ボリビア**、**パラグアイ**、**ウルグアイの前身**リオ・デ・ラプラタとはスペイン語でラプラタ川そのもの。この川は多くの支流を持ち、**アルゼンチンの首都ブエノス・アイレス**や**ウルグアイの首都モンテビデオ**、**パラグアイの首都アスンシオン**も、ラプラタ川流域に所在する。そのラプラタ川中流の大草原地帯が**パンパ**。小麦栽培が行われる一方で広大な草原であることを活かして大規模な放牧が営まれている。

南米の別名はラテン・アメリカ。ラテンの本来の意味は古代ローマを建国したラテン人あるいはラテン語に由来するものだが、ラテン・アメリカはラテン語系の言語、すなわちスペイン語、ポルトガル語、イタリア語系の人々が生活するアメリカという意味。そう、ラテン・アメリカこと南米の国々は、ことごとくスペイン・ポルトガルの支配を受けていた。コロンブスがアメリカに到達するよりずっと以前に南米には独自の文明があった。アジアやヨーロッパはもちろん中米の文明とも一線を画する**アンデス文明**がそれだ。紀元前から栄えていたこの文明は文字や滑車を持たなかったという興味深い文明でもある。

その後15世紀にはやはり現在の**ペルー**を中心に**インカ帝国**が栄える。天空の都市として数ある世界遺産の中でも非常に人気のある**マチュ・ピチュ**を築いたのもこのインカ帝国（およびその前身）と言われている。彼らは縄の結び目の種類によって何らかの意味を表す**結縄（キープ）**という表現手段を持っていたが、なにせ文字に比べてわかりにくい。そのためアステカ文明、インカ帝国、そしてマチュ・ピチュについては謎が多い。

15世紀から16世紀にかけて世界を股にかけ大航海時代を体現したのがスペインとポルトガル。インカ帝国もスペインのコンキスタドール（征服者）、**ピサロ**に滅ぼされてしまった。以後スペインは領有権を主張し植民を開始。現在のアルゼンチンの首都であるブエノス・アイレスや同じくパラグアイの首都アスンシオンを建都。その後開拓に必要な労働力を補うためにアフリカから奴隷として黒人が連れてこられ、さらに先住民とスペインからの移民の混血も進みメスティーソと呼ばれる混血の人々も増えた。

アメリカが独立した1776年、スペイン国王により、アルゼンチン・**ボリビア**・ウルグアイ・パラグアイ・ブラジルの一部・チリがリオ・デ・ラプラタ副王領に編成される。ヨーロッパでフランス革命が勃発、さらにナポレオンが台頭しスペイン本国を占領

ペルー→ペルー共和国（首都リマ）、ボリビア→ボリビア多民族国（首都ラパス）

するとリオ・デ・ラプラタはこの機を捉えて事実上の独立を果たした。つまりアルゼンチン・ボリビア・ウルグアイ・パラグアイ・チリは元々一つの準国家だったということ。今はさほどつながりが強固であるとは思えないこれらの国々なのだが、共にスペインという親から独立した国なのだ。

そこから**パラグアイ**が分離独立、しかし既得権益を手放そうとしないスペイン。そこにスペインから軍人**サン・マルティン**が帰国。彼はクリオーリョと呼ばれる新大陸生まれの白人。サン・マルティンの活躍もあって、リオ・デ・ラプラタの諸地域は、順次完全独立を果たす。一方、大陸の北部ではベネズエラ出身のクリオーリョである**シモン・ボリバル**が、同じくスペインから、**コロンビア・エクアドル**の解放を勝ち取っていた。

●異色のブラジル独立の経緯

スペインに支配されていたこれらの国々とは異なる独立の経緯を持つのがポルトガル領だった**ブラジル連邦共和国**。普通、植民地というのは本国との交渉や戦争の末に独立を果たすのが一般的なのだが、なんとこのブラジルは一時期本国に取って代わってしまったという信じられない歴史を持っている。

きっかけはアルゼンチンなどと同じくフランス革命。スペイン同様、ポルトガルもまたナポレオン率いるフランス軍によって占拠されてしまう。ところがここからがスペイ

パラグアイ→パラグアイ共和国（首都アスンシオン）

ンとは違う。ポルトガル国王は王室の維持のために驚くべき手を打つ。それが植民地であるブラジルへの王室の移転だった。

この当時のブラジルは実に運に恵まれた場所。というのもブラジルは元々国名にもなった**パウ・ブラジル**という木から絞り出す赤色の染料が売りだったのだが、それが下火になると今度はサトウキビを栽培して砂糖の一大輸出国となる。そのうち砂糖の相場が下がると今度はなんと金鉱が見つかりゴールドラッシュに沸き返る。さらにはダイヤモンドまで採掘され本国から多くのポルトガル人が押し寄せた。ちなみに、あのイギリスの産業革命を後押ししたのもこのブラジル産の金だったりする。

この折に金やダイヤを運ぶために整備された港町が**リオ・デ・ジャネイロ**。サッカー・ワールドカップや夏季五輪の開催地にもなった、カーニバルでおなじみのブラジル最大の都市だ。やがて金とダイヤが枯渇すると、仏領ギアナからコーヒーが導入される。奴隷を利用したプランテーション経営により、コーヒー栽培はブラジルの一大産業となった。ちなみに現在のブラジルは牛肉と大豆の有数の輸出国となっている。

さてそんな恵まれた新天地ブラジル、国王も大いに気に入ってしまい、ナポレオンが失脚しフランス軍が引き上げ、本国から帰国の要請が来ても断ってしまう始末。最終的には国王は嫌々帰国したが、その際に王子をブラジルに置いていく。この王子が1822年にブラジルの独立を宣言、**ブラジル帝国**の初代皇帝となった。

●先進地域だったアルゼンチン

その後ブラジル南部に属していた**シス・プラチナ州（現在のウルグアイ）**の帰属をめぐってブラジルはリオ・デ・ラプラタと戦争を開始。結局シス・プラチナはどちらにも属さず**ウルグアイ**として独立。一方でリオ・デ・ラプラタではブエノス・アイレスとその他の地域との武力衝突が勃発。結果、ブエノス・アイレスがその他の地域を併合して**アルゼンチン共和国**が成立した。

その後、アルゼンチンはブラジルやウルグアイと手を組み、パラグアイとの戦争に勝利。畜産物を中心とするモノカルチャー経営で経済発展を遂げ、首都**ブエノス・アイレス**は、「**南米のパリ**」と称される大都市に発展した。

ちなみにこれだけ栄えていたアルゼンチンがなぜ落ちぶれたかと言えば、その理由は無理な工業化にあった。さらに、大いに栄える都市部と旧態依然とした生活を強いられる農村部との格差は治安の悪化や政情不安を招いた。こうなると社会主義に希望を託すのもまたありがち。アルゼンチンではミュージカル『エビータ』の主役でもある女優エビータを妻に持つ**ペロン**が、妻の人気に後押しされ改革を実行したがうまくいかず、その後、軍政と民政を繰り返していたが、1983年以降、民政に移管している。

さてライバルブラジルの方はと言えば、1889年にクーデタにより共和制に以降。

ウルグアイ→ウルグアイ東方共和国（首都モンテビデオ）

黒人奴隷が廃止されるとそれに換わる労働力として日本を含む世界中から移民が集められた。今なおブラジルでは140万人を超える日系人が暮らしている。その後、幾度かの軍政を経て、1985年に再民主化、現在に至っている。

●豊富な資源に恵まれて

比較的貧しい印象のある南米だが過去はもちろん現在も、豊富な食料資源、エネルギー資源、観光資源に恵まれた惜しい地域なのである。五輪開催前までその通貨**レアル**が投資対象としてやたらと推され、ロシア・インド・中国などと共に21世紀の経済成長国BRICsともてはやされたブラジルでは鉄鉱石はもちろん海底油田やアマゾンの地下資源の開発も進められているし、**バイオ・エタノール**用のサトウキビ栽培も盛んに行われていて、すでに国内のガソリンスタンドではガソリンや軽油とともにバイオ燃料も供給されておりエネルギー資源は十分に足りている。他にもあの**サンホセ鉱山事故**も記憶に新しいチリの銅、ベネズエラやエクアドルの原油、さらにはボリビアのあの**ウユニ塩湖**にもレアメタルが眠っており（他の周辺の国々にもレアメタルは埋蔵されている）、南米はまさにエネルギー資源大陸と呼べる。

食料資源も豊富だ。イタリア料理やスペイン料理に欠かせないトマトは南米が原産地。チリをはじめ多くの土地で栽培されている。それだけじゃない、世界中で様々な料理や

南米の主な世界遺産

コロとその港
カルタヘナの港、
要塞群と
歴史的建造物群
カナイマ国立公園
中央スリナム自然保護区
キト市街
ガラパゴス諸島
サンガイ国立公園
チャン・チャン遺跡地域
オリンダ歴史地区
ワスカラン国立公園
セラ・ダ・カピバラ国立公園
チャビン遺跡
マチュ・ピチュ
クスコ市街
チキトスの
イエズス会伝道施設群
サルヴァドール
・デ・バイーア
歴史地区
ナスカとパルパの地上絵
ブラジリア
ティワナク文化の宗教的・政治的中心地
古都スクレ
古都
オウロ・プレト
イグアスの滝
グアラニーの
イエズス会伝道施設群
コルドバの
イエズス会街区
バルデス半島
チロエの教会群
ロス・グラシアレス国立公園

スナックに用いられているじゃがいも、さらには食べてよし飼料としてもよしのトウモロコシだって、やっぱり南米原産。世界の食卓がいかに南米のおかげで潤っているか。意外なところでは、安くて美味しいと言われるチリワイン、さらに南半球であることの利点から欧州などへ供給の少ない時期に出荷できるアルゼンチン産の牛肉や小麦と、食料においても南米は恵まれている。

観光に至っては今や世界の旅人たちの垂涎の地と言っていいだろう。ボリビアのウユニ塩湖、ペルーのマチュ・ピチュ、チリ領である**モアイ像の島イースター島**、さらにビクトリアの滝と世界一の座を競うブラジルとアルゼンチンの国境にある**イグアスの滝**、そして近年注目を集めているベネズエラの**エンジェル・フォール**。**ガラパゴス諸島**もナスカの地上絵もキリスト像のリオ・デ・ジャネイロも、みんな南米。いずれもスケールが大きく集客力も十分に期待できる。にもかかわらず、なぜ南米は先進地域になりきれないのか。たとえばとんでもないインフレに見舞われたベネズエラなどはトップの政策の失敗が大きな要因だろう。だが他の地域に関しても一般的に言えることとしては、やはり人種の構成が複雑であることが挙げられるのではないか。

ヨーロッパと同じキリスト教圏であるにもかかわらず全く異なる不思議な地域・南米、もしかしたら思いもよらぬ形で21世紀をリードする地域となるかもしれない。

第十四章

オセアニア

コアラ（写真：AGE FOTOSTOCK/アフロ）

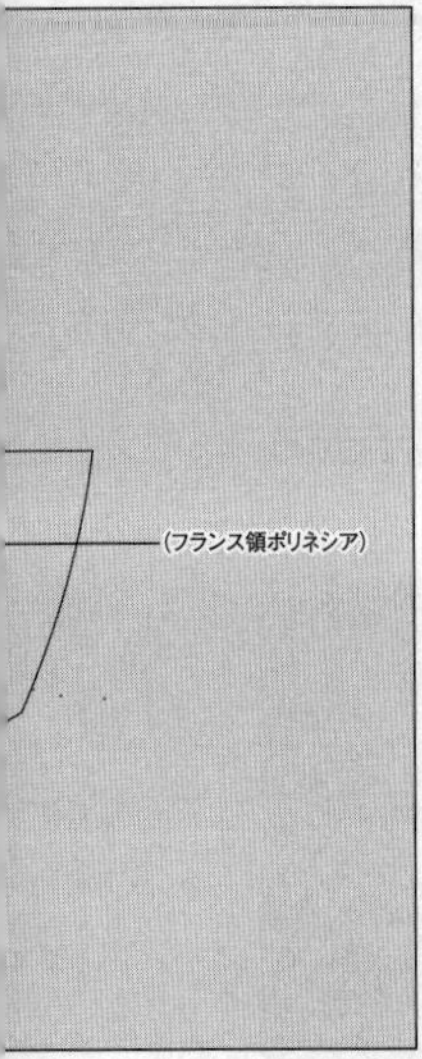

●名前の意味は「太平洋に分布した地域」

アジア・ヨーロッパ・北米・南米・アフリカ、そして**オセアニア**。「この中で最も特徴に乏しい地域は？」と問われたとき、おそらく大半の方が挙げるのがオセアニアではなかろうか。太古から先住民族が居住していたとは言え、世界史の表舞台に登場してからの年月はこれらの州のうちで最も浅く、アジアやヨーロッパが持つような歴史も、北米が持つような華やかさも、南米やアフリカのような壮大な自然も持ち合わせていない印象のあるオセアニア。

いや、ほんとうはいずれもそれなりに持ち合わせているのだが、それが余計に器用貧乏や中途半端感を醸し出し、海外旅行好きの間では海外初心者向けの地としていささか軽く扱われているようなところも。そう言えば教科書や地理に関する一般書でも扱いは小さく、大抵後ろの方に紹介されていたような。そんなオセアニアだが日本にとっては非常に重要な地域で、また確かに派手さはないが多くの魅力を持ち合わせている。それでは、そんなオセアニアについて学んでいきたい。

(フランス領ポリネシア)

オセアニア全土図

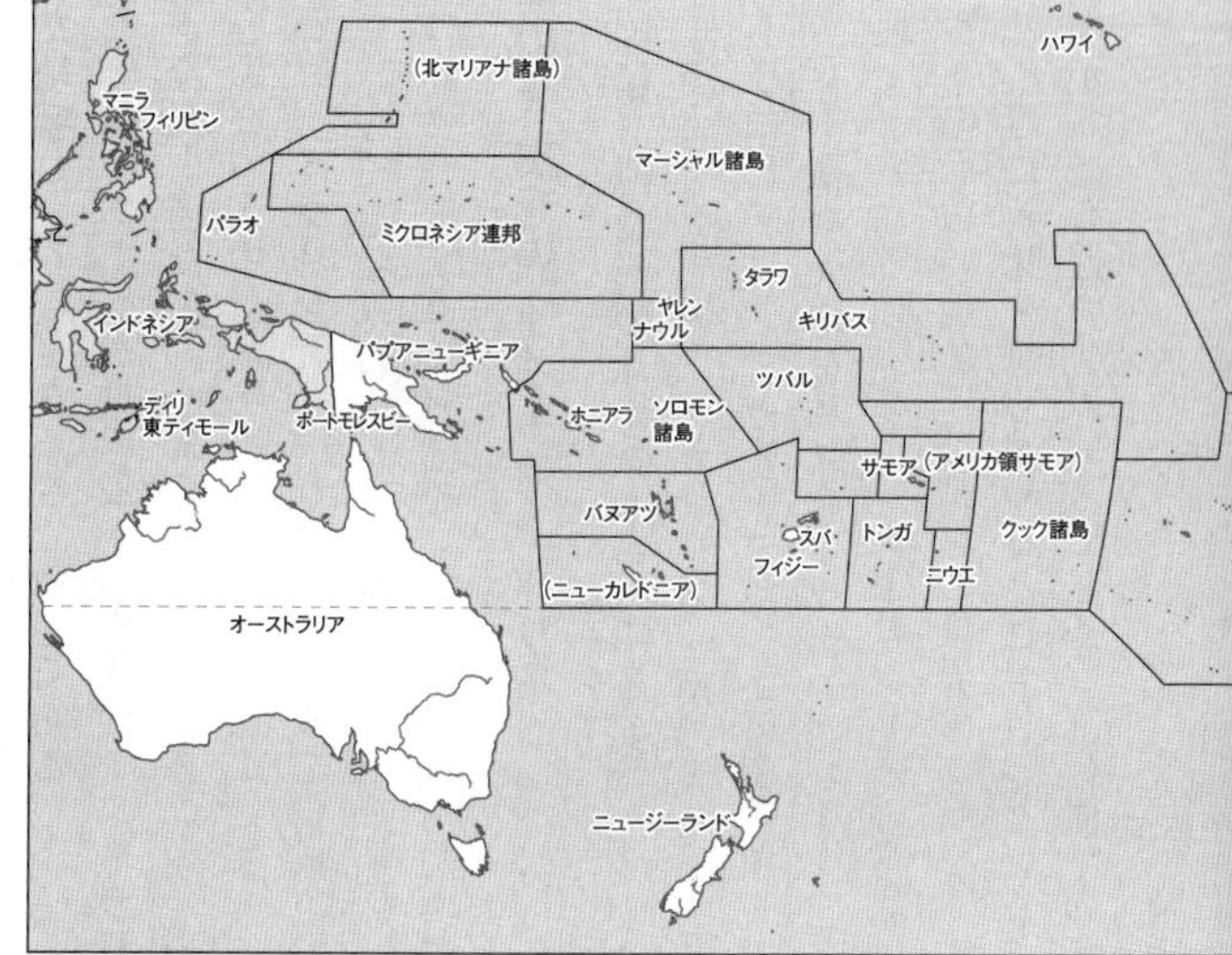

オセアニアについて最初の誤解は、その語源から始まる。おそらく多くの方がそのメインの大陸たるオーストラリアにちなんだものと考えられているのではなかろうか。しかしオセアニアは英語で表記するとOceania、オーストラリアはAustraliaなので明らかに別物だということがわかる。

Oceaniaの中に隠れているのがOcean、和訳すると「大洋」。世界で大洋に分類されるのは太平洋、大西洋、インド洋、北極海、南氷洋。このうち前の3つが三大洋と称される。その三大洋の中でオセアニアの語源になっているのは太平洋。**オセアニアとは太平洋に分**

布した地域ということからきた命名である。

オセアニアの中心が世界最小の大陸オーストラリア、そしてその南東にある南北二つの大きな島と多数の、小島から構成されるニュージーランドがこれに続く。地理にあまり関心のない人の認識するオセアニアはここまで。だが実際はこれにポリネシア、ミクロネシア、メラネシアという多くの島々で構成される3地域が加わってオセアニアを形成している。ちなみにネシアは英語表記でnesia、諸島部を意味する接尾辞で、やはり多くの島々を擁するインドネシアの国名にも見られる。

●南の大地を表すオーストラリア

四国にも似た形のオーストラリア大陸。オーストラリアの語源はラテン語のTerra Australis（テラ・アウストラリス、南の大地）、かつて最古の人類と考えられていたアウストラロピテクス（Australopithecus南の猿）でおなじみのラテン語austel（アウステル）、と土地や大地を意味するラテン語terra（テラ）。つまりオーストラリアとは「南の大地」という意味である。日本でも古い地名には神話の世界のエピソードが隠されていたりするけれど、ヨーロッパ系の言語は語源をたどるといろいろな発見がある。こういうところに興味を持ち始めると社会科学というのはやめられない道楽になってしまう。日本から最も近いケアンズでさえ、直行便での所要時間が7時間を超えるにもかかわ

オーストラリア→オーストラリア連邦（首都キャンベラ）

らず、日本人旅行者の多いオーストラリア。英語が通じることや治安の良さのためだろうか、バックパッカーの「聖地」がタイならば、こちらはワーホリことワーキング・ホリデーで真っ先に候補に挙げられる地でもある。

広大な国家は面積第六位。何と言っても大陸一つ、まるまる国土（さらに諸島部が加わる）という国は他にはない。ちなみに大陸と島の区別は、オーストラリアからが大陸でグリーンランドまでが島という、あっさりしたものだったりする。

2000年の夏季五輪開催地にもなったのが南半球で最大級の都市**シドニー**。ランドマークである**オペラハウス**は、1973年完成と歴史の浅い建造物ながら世界遺産に認定されている。口さがない人にはシンガポールのマーライオン、デンマークはコペンハーゲンの人魚姫の像などと並んで世界三大がっかりスポットに数えられたりするのだが、柱を一つも用いていない建築様式は一見の価値がある。

オーストラリア第二位の都市が**メルボルン**。近代的なシドニーに対して、こちらはオーストラリア基準では歴史ある街。この他に東部に位置する**ブリスベン**、南西部の200万都市**パース**、観光保養地として注目を浴びている**ゴールドコースト**、北端の**ダーウィン**など魅力的な街が数多く存在する。

●対照的な2つの国

だがこれらの都市はいずれも臨海部。実はオーストラリアは国土の3分の2が砂漠。人々は周辺部、特に気候の穏やかな南東、南西部に集中して生活を営んでいる。東部の海岸沿いの諸都市の背後には**グレートディバイディング山脈**が連なる。その内陸側には広大な**大鑽井盆地**（さんせい）が広がる。降水量の不足を補うために大地を掘って井戸（鑽井）をつくって水を確保。大地の圧力が加わった地下水の層、そこに井戸という出口を設けることでポンプを利用し、噴水のように地下水が湧き出るよう導いた。ただし塩分の高い水のため飲用には適さない。

そこで行われているのが羊の放牧。**メリノウール**で有名な**メリノ種**が主体、つまり羊毛を得ることが目的となる。お隣のニュージーランドでも羊の放牧は盛んだが、あちらはラム肉としての食肉種が中心。ニュージーランドに比べて放牧地に余裕があるために、ローテーションにおいて焦る必要がないのがオーストラリアのメリット。ただし昨今では化学繊維の品質向上でウールの需要が落ちてきており、オーストラリアでも食肉種への切り替えが進んでいる。

面白いことにお隣同士の差異は牛にも言える。91年の牛肉輸入自由化の導入以降、日本でも安価で美味しいとして評判のオージー・ビーフはもちろん食用。その生産地は北東部のクイーンズランド州など。牧場で育った牛はフィードロッドと呼ばれる大きな肥育場に送られ肥育される。

一方でニュージーランドでは食用牛の牧畜はさかんではなく、メインは乳牛で、用途は乳製品の生産。日本ではまだあまりその名に馴染みはないがフォンテラ社という巨大企業が主に生産輸出に携わっており、なんと同国輸出額の4分の1はフォンテラの乳製品が稼ぎ出している。

郊外の内陸部では小麦の栽培がさかん。これもまた規模が大きい。グレートディバイディング山脈に沿うような形で北から南へ、そこから時計回りに南西部のパースよりやや先まで、実に広大な範囲で小麦は生産されている。オーストラリアの形は四国に似ていると話した。四国と言えば様々な名産品があるけれど、非常に人気が高いのが讃岐うどん。実はそのうどんを作るためのうどん粉の原料である小麦でもオーストラリア産が大活躍している。アメリカに代表される適地適作は、同じく広大な国土のオーストラリアでも行われている。もっとも昨今温暖化の影響で降水量に変動がありオーストラリアの農業も過渡期を迎えつつあるが。

●食料資源だけでなく鉱山資源も豊富

食料資源にも鉱山資源にも乏しい日本から見れば羨ましい限りなのだが、オーストラリアは鉱物資源も豊富な地である。まずはかつて「産業の米」ともてはやされた鉄鋼、その原料となる鉄鉱石。オーストラリアは海岸沿いに多くの良質な鉱山を抱えている。産出高において中国、ブラジルと常時トップ3を形成。この三カ国だけで世界の鉄鉱石産出高の半分以上を占めているのだから凄い。

次に石炭。1950年代のエネルギー革命で原油にエネルギーの主役の座を取って代わられた感のある石炭だが、火力発電の燃料としての役割は大きく、日本も総発電量の3割超を石炭に依存している。日本は世界でも有数の石炭輸入国であり、オーストラリアの石炭の最大の買い手もまた日本である。

まだまだある。アルミニウムの原料であるボーキサイト。世界の実に3割のボーキサイトがオーストラリア産というのだからおそろしい。**原子力発電に不可欠なウランもオーストラリアは埋蔵量世界一**。ただしその取り扱いの難しさはオーストラリア人にとっても同じなようで、2011年にはウラン鉱からの放射性物質を帯びた汚染水が流出し、**先住民族アボリジニ**の居住地に影響を及ぼした。現在オーストラリアはインドへのウラン輸出を検討中。インドはオーストラリアにとって貿易相手国第一位である中国にとっての仇敵であるため、このことは大いに注目を集めている。

羊毛、小麦などに加え豊富な鉱産資源を誇るオーストラリアは一大輸出大国なのだが、このことはオーストラリアの内政及び外交方針に少なからず影響を与えている。196

0年代、オーストラリアにとって第一位の貿易相手国はイギリスだった。形式的とは言え、今なお英国君主チャールズ3世を国家元首と仰ぐオーストラリア。宗主国というのとはイメージが若干異なるが、イギリスはオーストラリアにとっていわば母国。それゆえ貿易依存度も高かった。

しかし極東の南半球に位置するオーストラリアは英国からはあまりに遠い。そのため徐々にアジア諸国との通商が深まる。中でも日本は、20世紀中はアジアでほぼ唯一の先進国であり、オーストラリアが欲するもののことごとくを生産していて、一方でオーストラリアで産出されるものもまた日本がことごとく欲するものだったことから、いわばＷｉｎ－Ｗｉｎ（ウィンウィン）な関係にあり、イギリスに代わり日本が貿易相手国のトップになったのも必然だった。

だが90年代にバブルが弾け、生産拠点を次々に海外に移した日本は、加工貿易大国の座から転がり落ちる。代わって台頭したのは、「世界の工場」となり驚異的な経済発展を遂げた中国だった。日本や中国との関係を深めたオーストラリアは、オセアニアの盟主であるとともにアジア、環太平洋地域の一員としての存在感をさらに増しつつある。

エアーズロックと呼ばれる巨大な一枚岩**ウルル**をはじめオーストラリアには10カ所もの世界自然遺産がある。これに加えて**カンガルー**や**コアラ**、**タスマニア・デビル**など珍獣も多く、観光には事欠かないオーストラリアだが、意外なことに危険な国ランキング

オーストラリアの主な世界遺産

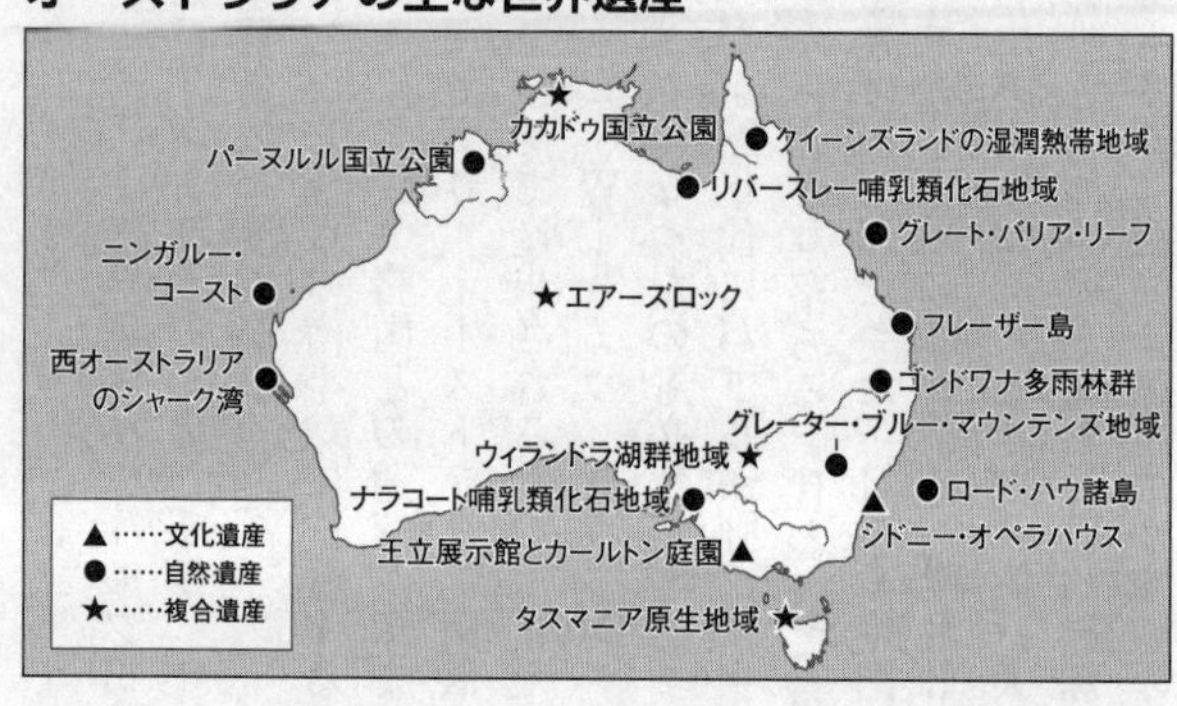

の上位に顔を出すことがある。火山や地震もなく、治安も良いオーストラリアなのだが、実は毒を持った生物の一大生息地でもある。観光や滞在の際には注意をした方が良いだろう。

●日本とよく似たニュージーランド

さてオーストラリアを後にして、お隣のニュージーランドへ。放牧のところでも述べたように、この二カ国、オセアニアの中心であり共に英連邦に属し、ラグビーやクリケットがさかんという多くの共通点を持つものの、対照的な面も多い。例えばすでに述べたようにオーストラリアは国土の大半が砂漠で都市は臨海部に集中しているのだが、ニュージーランドの気候は同じ島国である日本に近い温暖湿潤である。また火山大国で地震が多いことも日本にそっくり。あまり思い出したくないことではあるが、日本で東日本大震災が発生した2011年、その二十日ほど前にニュージーランドでも大地震が発生していたのは記憶に新しい。クライストチャーチでは日本人留学生も尊い命を失っている。目と鼻の先のオーストラリアでは、地震はほとんど起きないのだが。

土地の高さも対照的。そのほとんどが砂漠であるが標高500メートル以下のなだらかな高原が多いオーストラリアに対し、ニュージーランドは標高2000メートル以下の土地は国土の4分の1以下にとどまる。オーストラリアに多種存在した毒を持つ危険生物も、ニュージーランドにはあまり出没しない。ニュージーランドは山地が多いため林業が盛ん。先述した乳製品と並んで木材は一大輸出品となっている。

山がちな国土は日本も同様なのだが大きく異なるのが電力源。東日本大震災以前にはその3割を原子力に依存していた日本の電気事情だが、ニュージーランドには、そもそも原子力発電所自体が存在しない。では何で電力を賄っているかと言えば、およそ半分が高低差を活かした水力発電、そして2割近くが火山の多さを活かした地熱発電。このあたりは日本にとっても大いに参考になるところではある。

●地形だけでなく先住民族も違うニュージーランドとオーストラリア

先住民族および歴史においても両国は大きく異なる。ニュージーランドの先住民族はポリネシア系の**マオリ**。8世紀にこの地に到達、現在は絶滅してしまった飛べない巨鳥モアを追って生活圏を拡大した。一方オーストラリアの先住民族は**アボリジニ**。こちらはすでに数万年前から、後にオーストラリアと呼ばれることになる地で、狩猟採集の生活を営んでいた。名前の由来もマオリがマオリ語発祥であるのに対し、アボリジニはラテン語発祥。文字通り「先住民」あるいは「原住民」を意味する言葉である。

ニュージーランドに最初に到達したと言われるヨーロッパ人は、**タスマニア島**にその名を残すオランダ人**タスマン**。日本では江戸幕府が鎖国を導入したばかりの1642年のことである。新大陸アメリカがインドであると錯覚されたように、ニュージーランドも当初は南米チリの南であると誤解されていた。だが翌年調査の結果、別の新たな地であることがわかり、オランダ語でNieuw-Zeeland（新しいゼーラント州）と名付けられた。

一方のオーストラリアにも、ニュージーランドに遡ること四十年ほど前にオランダ人が到達していたが、当初は入植価値を認められず放置されていた。だがその後の調査で領土拡張の学術研究の対象に値すると判明。動いたのはオランダから世界の覇権を奪っていたイギリス。1766年、キャプテン・クック（クック船長）の呼び名で知られている海軍士官**ジェームズ・クック**が派遣され、3年後にはニュージーランドに到達、二つの大きな島であることを確認。現在の国名New ZealandはクックがNieuw-Zeelandを英語読みにしたものである。さらにクックはオーストラリアに向かい、後にイギリスはオーストラリアの領有を宣言した。

本国イギリスでは産業革命により都市と工業が発展するも、失業者が増加し治安が乱れていた。そのため囚人を収容する場所が不足するという事態に陥る。最初に流刑地に選ばれたのは新大陸アメリカだったが、1776年に独立してしまう。その代替地とされたのがオーストラリアだった。

1787年に総督が派遣され流刑者を中心とする1500名が入植。その後彼らはアボリジニの権益を奪い植民を拡張した。1840年に流刑による入植を廃止。1851年には金鉱が発見され、これを目当てに世界から移民が押し寄せ、ゴールド・ラッシュとなった。だが中国から大量になだれ込んできた鉱夫と白人の鉱夫が富をめぐって激しく対立。イギリス政府は中国人を中心とするアジア系移民の排斥措置を実行、**「白豪主義」**と呼ばれる白人オンリーの移民政策に舵をとった。

第二次世界大戦後、アジアやアフリカで白人支配からの脱却が隆盛となり、黄色人種や黒人への差別が強く否定されるようになると、1973年にオーストラリアもようやく白豪主義の撤回を宣言、多文化主義へ移行した。

●クジラやアザラシの捕獲地だったニュージーランド

オーストラリアが流刑地として出発したのに対し、ニュージーランドはクジラやアザラシの捕獲地とされた。マオリはイギリス人が持ち込んだ病気に対しての免疫がなく、さらにやはりイギリスによってもたらされた武器が部族間紛争に利用されるようになって、人口が激減してしまった。1838年にイギリスの国策会社ニュージーランド会社が創設され、40年に入植が開始される。英国とマオリの間では**ワイタンギ条約**が締結されたが、50年代後半にマオリと白人の人口比が逆転すると、両者は戦争状態に突入。勝利したイギリスはオーストラリアとともにインフラを整備し、都市を創設しニュージーランドを近代化させた。その後英連邦の一員として成長。だが第二次大戦後の1947年に独立を果たしている。

オセアニア地形図

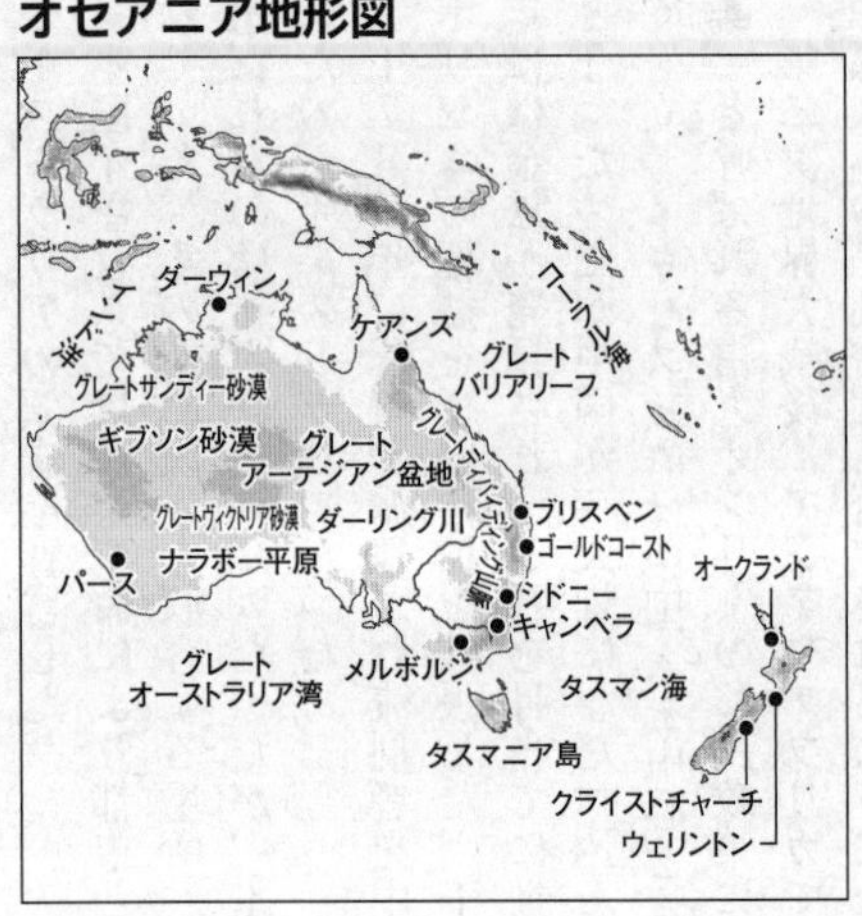

両国共に現在は脱イギリスを果たし、さらに脱アメリカを目指して独自の外交を繰り広げている。両国共に移住の希望者が多い国だが、国力と国民の平和と治安と福祉の維持のため、最低年収や職務技量、英語の語学力等の条件を課し、国益を損なわぬ

形での多文化・多民族化を推進中だ。成長を続ける東南アジア諸国と並んでオセアニアの両国はグローバル化の波に今のところうまく乗っていると言えるだろう。

●太平洋上の島嶼国

最後にポリネシア、ミクロネシア、メラネシアの諸島部について触れておこう。芸能人を始め日本人に絶大な人気を誇るアメリカ合衆国の一州にして南海の楽園**ハワイ**や、日米海戦であまりにも有名な**ミッドウェー諸島**、謎の巨石像モアイが世界中から観光客を呼び寄せる**チリ領イースター島**、そしてニュージーランド諸島、これらを頂点とするトライアングルが**ポリネシア・トライアングル**。ポリネシアとはギリシア語で「多くの島々」を意味する。熱帯雨林に覆われた火山島が多く、比較的大柄な**ポリネシア人**によって風習や制度の異なる様々な部族が入りみだれ。現在もその生き方は多種多様で、狩猟採集や地産地消を続けている部族や地域もあれば、火山やサンゴ礁が織りなす絶景を利用し観光で賑わう地域も存在している。

ポリネシアの西側の島々のうち、赤道以北が**ミクロネシア**、以南が**メラネシア**。ミクロネシアの語源もギリシア語で、これは大方の予想通り「小さな島々」の意味。日本では**パラオ**やアメリカの準州**グアム**がおなじみだろう。メラネシアは暑い島々かと思いきや、「黒い島々」の意味。島が黒いのではなく、肌の黒い人々が居住しているということ

パラオ→パラオ共和国（首都マルキョク）

とからの命名。女性の天敵、メラニン色素のメラと語源は同根だ。メラネシアと呼称される地域に存在するのが**パプア・ニューギニア**、**フィジー**、女性作家、森村桂氏の処女作『天国にいちばん近い島』で有名になった**フランス領ニューカレドニア**など。やはり火山島が多く、地産地消の他、絶景を活かした観光業が営まれている。

これらの地域にとって現在、最も重要な問題は地球温暖化による海面水位の上昇。中には国土の消滅が深刻に心配される地域もあり、いわゆる先進諸国は、この問題に程度の違いはあっても有責であることを自覚し、率先して解決に取り組むべきであろう。

パプア・ニューギニア→パプア・ニューギニア独立国（首都ポートモレスビー）、フィジー→フィジー共和国（首都スパ）

第十五章

北極と南極

ペンギン（写真：AGE FOTOSTOCK/アフロ）

南極の全土図

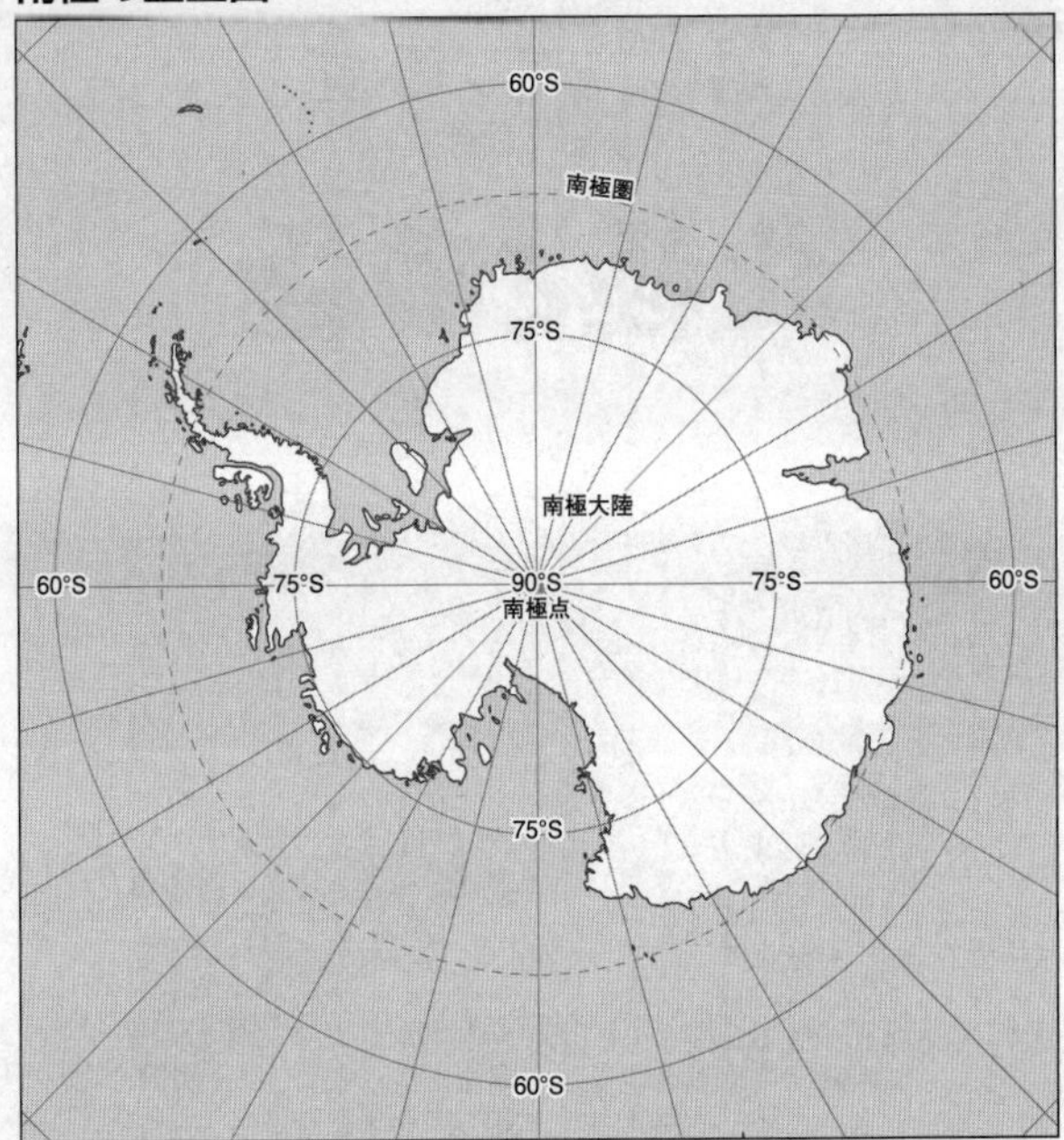

戦後という言葉がある。しかしそれはあくまでも第二次世界大戦のことであって、それ以降も世界中の至るところで戦争は継続しており、国と国の衝突に限っても「戦争」が一日として地球上で起こらなかった日はない。

だが、そんな悲しい習性の人類をもってしても戦場とすることなく保全されている地域がある。それが北極と南極。活字世界旅行のフィナーレは、この二つの地域で締めくくることとしよう。

北極の全土図

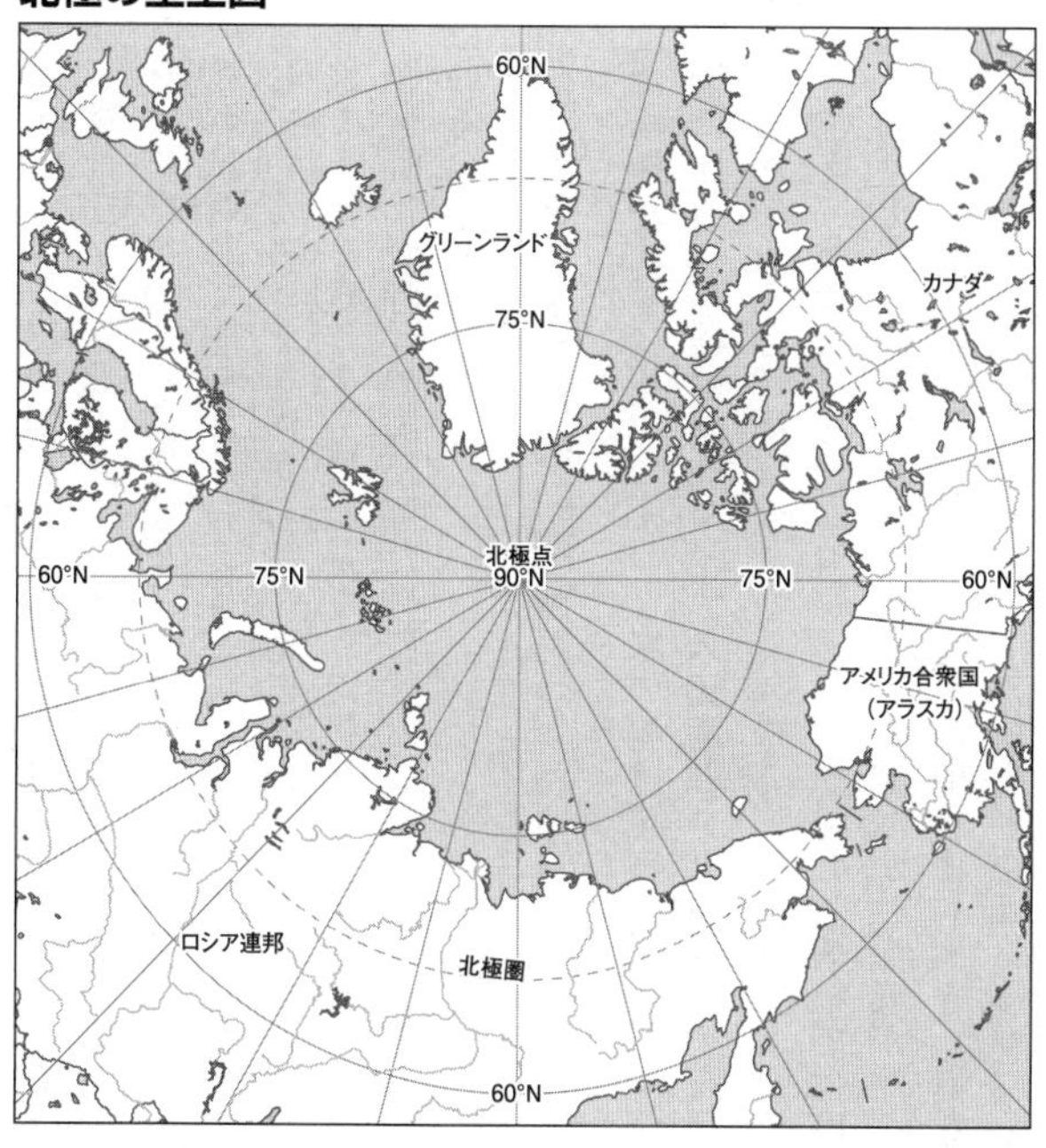

北極と南極の決定的な違いは、北極には陸地がないこと。犬ぞりで北極探検家が走っているのは分厚い氷の上。その氷が溶けないから陸地であるかのように錯覚してしまう。それに対し南極はれっきとした大陸。面積もオーストラリア大陸の1・5倍とかなり大きい。

氷の厚さも北極と南極ではかなり差があり、北極の氷は南極に比べればずっと薄い。**南極の氷の厚さが最大で4500メートル**に達し平均でも2

450メートルなのに対し、**北極の氷の厚さは最大でも10メートルほどでしかない**。

同じ極地ながら気温も大きく違う。地球上で観測された中で最も低い温度は1983年7月にロシアの南極観測基地であるボストーク基地で記録された摂氏マイナス89・2度。それに対して北極はと言えば、実は北半球の最低気温の記録も持っておらず、それを有しているのは北極圏からやや南に当たるロシアのシベリア地方の東部オイミャコン。この地で1926年1月に記録された摂氏マイナス71・2度というのが北半球の記録。もっとも時代が時代で国が国だけに、どこまで正確なのかについては疑念の声も挙がってはいる。

●北極よりもずっと寒い南極

ただ南極が北極に比べてずっと寒いのは事実で、年平均気温も**北極の摂氏マイナス18度前後に比べ、南極は摂氏マイナス50度**とダブルスコアを超える。それではなぜその差が生じるかと言えば、標高が大きく異なるのに加え、北極が海なのに対し南極は陸地だから。加えて北極には暖流が流れ込むのに対し、南極では**南極環海流**という寒流が南極大陸の周りを取り囲むように流れており、温かい海流が注ぎ込むのをブロックしてしまっていることもある。そのため生息する生き物も大きく異なり、北極には**ホッキョクグマ**などがいるが、南極にはそんなに大きな生物はおらず、その代わりに**ペンギン**が生息している。

　地球儀を真上から見ると真ん中に広がる白く描かれた海が**北極海**。極地では夏には夜になっても日が沈まない**白夜**の日があり、冬には昼でも太陽を見ることができない**極夜**の日がある。この現象を観測できる地域が極圏で、北極圏は北緯66度33分以北、南極圏は南緯66度33分以南。北極圏には大陸がない代わりに、北極海の周りに様々な国の領土を見ることができる。ほぼ150度分を占めるロシア、スウェーデンがほんの少し、スカンジナビア半島のノルウェー、世界一平和な国とも言われるアイスランド、世界最大の島グリーンランド、そして北米のカナダとアメリカ領であるアラスカ。

　実は**地球を真上から見るとロシアとアメリカは隣同士**。北極圏は第二次世界大戦中は旧ソ連絡みの戦闘があったものの、その後の実戦はなかったが、冷戦の主役である米ソ両国にしてみれば互いを行き来する最短の近道は北極圏を通過することで、それゆえに両国の戦闘シミュレーションにおいては北極圏は重要な戦場の一部だった。冷戦終結で北極圏が戦争に巻き込まれなかったのは、世界の人々にとってほんとうに幸いだった。

●決まりさえ守れば南極旅行もできる

　対する南極には各国の観測基地がある。南極大陸に加え周辺の島々にも基地は存在し、その数80以上。30近くの国々が基地を持ち、冬は1000人ほど夏は3000から40

00人ほどが働いている。日本も、昭和基地、みずほ基地、あすか基地、ドームふじ基地と、4つの基地を保有している。南極ロケを敢行した映画も話題になった小松左京の傑作SF『復活の日』では、パンデミックによって絶滅の危機に瀕した人類を救うべく南極にいる各国の隊員が協力する様が描かれていた。映画では現実の70年代後半の南極の様子を見ることができる。

ちなみに一般人でも南極への旅行は可能。ただしツアーのみ。上陸までの間にレクチャーを受け、様々な決まりを守る義務を課せられた上で上陸が認められる。

よくありがちな認知で、1959年に締結された南極条約で、南極はどこの国の領土でもなく平和利用にのみ供用されることが決められているというものがあるが、実際はもう少し事情が複雑で、確かに南極条約では、軍事基地の建設・軍事演習の実施等の禁止が謳われ、南極地域における領土権主張の凍結も記されているが、この条約を締結しているのはわずか56カ国でしかない。しかもその中には保留はするものの領有権の主張をしている国がいくつかある。「南極よ、お前もか」と言いたくなってしまう、ここでも恒久平和はファンタジーなのかと。

ただ幸いなことに、その56カ国の中に国連の常任理事国五大国を含む軍事大国、経済大国は概ね含まれているので、当面の間は領土権主張の凍結は維持できるだろう。地下と深海を除けば人類最後の平和の地、南極大陸、そこは永遠の緩衝地帯であってほしい。

著者プロフィール

後藤武士

1967年生まれ、岐阜県出身。岐阜県立恵那高校理数科、青山学院大学法学部公法学科卒。教育評論家、著述家。公益財団法人理事、一般社団法人顧問などを歴任。株式会社文理スクール取締役。著書発行部数は累計500万部超。なかでもミリオンセラー『読むだけですっきりわかる日本史』（宝島社文庫）をはじめとする、「読むだけですっきりわかる」シリーズは、15年にわたり20タイトル以上を上梓し、人気シリーズとして多くの読者に愛されている。

https://www.takeshigoto.net/

スタッフ

編集／小林大作

カバー装丁／藤牧朝子

カバーイラスト／山田タクヒロ

本文デザイン＆DTP／株式会社ユニオンワークス

読むだけですっきりわかる世界地理
増補改訂・最新版
(よむだけですっきりわかるせかいちり　ぞうほかいてい・さいしんばん)

2023年11月21日　第1刷発行

著　者　後藤武士
発行人　蓮見清一
発行所　株式会社 宝島社
〒102-8388　東京都千代田区一番町25番地
電話：営業 03(3234)4621 ／編集 03(3239)0927
https://tkj.jp
印刷・製本　株式会社広済堂ネクスト

Printed in Japan
First published 2017 by Takarajimasha, Inc.
ISBN 978-4-299-04636-9